Grußwort

»Die Stadt hört nicht auf. Wenn sie aber einmal aufhört, beginnt sofort eine andere. Die Städte reichen einander die Straßen. Es ist keine Landschaft, es ist eine Art langgedehnter Stadtschaft, Industrieschaft, von blühenden Gartenlokalen unterbrochen.« So schilderte Joseph Roth seine Eindrücke von Essen und dem Ruhrgebiet im Jahr 1926.

Mit der Industrialisierung entwickelte sich im Ruhrgebiet ein Identitätsbewusstsein, das seinen Niederschlag auch in der literarischen Darstellung findet. Ob aus heimatlicher oder »touristischer« Perspektive, all diese Zeitdokumente schreiben imaginäre Landkarten des Ruhrgebiets und dokumentieren seinen Wandel zur Kulturlandschaft in der und auch durch die Literatur.

Vieles hat sich im ehemaligen »Rheinisch-Westfälischen Industriebezirk« durch den Strukturwandel verändert: Kultur und Kreativität sind mittlerweile die Bodenschätze des Ruhrgebiets, die Landschaft um die Industriedenkmäler ist ergrünt, und die 53 Revierstädte reichen einander nicht mehr nur die Straßen, sondern auch die Hände. Mit Netzwerken und Kooperationen baut auch die Kulturhauptstadt Europas 2010 »Essen für das Ruhrgebiet« an der neuen Metropole Ruhr.

Die hier versammelte Literatur lädt dazu ein, die unverwechselbare Atmosphäre des Ruhrgebiets noch einmal kennenzulernen und die wandlungsfähige Vielfalt in der Metropole Ruhr selbst zu entdecken.

Dr. h. c. Fritz Pleitgen
Vorsitzender der
Geschäftsführung der
RUHR.2010 GmbH

Prof. Dr. Oliver Scheytt
Geschäftsführer der
RUHR.2010 GmbH

RUHR.BUCH

Das Ruhrgebiet literarisch

Herausgegeben von
Gregor Gumpert und Ewald Tucai

Deutscher Taschenbuch Verlag

Die Herausgeber

Gregor Gumpert, geboren 1962, lebt in Berlin, ist Literaturwissenschaftler und neben seinen Gastprofessuren seit 2005 als Herausgeber und Ausstellungsmacher im Bereich Literatur tätig.

Ewald Tucai, geboren 1963, lebt in Berlin und ist als freier Architekt, Ausstellungsmacher und Herausgeber im Bereich Literatur und Kunst tätig.

Ausführliche Informationen über unsere Autoren und Bücher sowie Themen, die Sie interessieren, finden Sie auf unserer Website
www.dtv.de

Originalausgabe
November 2009
Deutscher Taschenbuch Verlag GmbH & Co. KG,
München
© 2009 Deutscher Taschenbuch Verlag, München
Umschlaggestaltung: Nick Jungclaus,
KNSK Werbeagentur GmbH
Gesetzt aus der Monotype Garamond 10,25/12,5
Gesamtherstellung: Druckerei C. H. Beck, Nördlingen
Gedruckt auf säurefreiem, chlorfrei gebleichtem Papier
Printed in Germany · ISBN 978-3-423-13826-0

INHALT

Vorwort

Literatur aus dem Ruhrgebiet – Literatur über das Ruhrgebiet: RUHR.BUCH stellt literarische Texte zusammen, die in der Region spielen oder sich mit ihr befassen, geschrieben von Autorinnen und Autoren, die aus dem »Revier« stammen oder es mit dem Blick »von draußen« sehen. Der älteste Autor, Carl Arnold Kortum, wurde 1745 in Mülheim an der Ruhr geboren, der jüngste, Florian Neuner, ist Österreicher, geboren 1972 in Wels.

Viel älter als Kortums autobiografischer Bericht ›Von meinen Jünglingsjahren‹ ist ein hier abgedruckter Text, bei dem sich manche Leserin und mancher Leser fragen wird: Was hat das ›Nibelungenlied‹ mit dem Ruhrgebiet zu tun? Das zweite Abenteuer der Dichtung spielt in Xanten – lange bevor der Name »Ruhrgebiet« überhaupt aufkam. Bei der Auswahl der Texte wurde als geografischer Raum die Region gewählt, die heute den »Regionalverband Ruhr« bildet, mit Hauptsitz in Essen, also das Ruhrgebiet in seinen heutigen Grenzen, das 2010 europäische Kulturhauptstadt ist. Und hierzu zählt Xanten im Nordwesten wie Hamm im Nordosten oder der Ennepe-Ruhr-Kreis ganz im Süden.

Das Ereignis RUHR.2010 bietet den unmittelbaren Anlass für diese Sammlung, die den historischen und kulturellen Werdegang eines der größten europäischen Ballungsräume mit literarischen Zeugnissen dokumentiert. Das Buch soll ein möglichst lebendiges Bild von den Menschen, den Städten und Landschaften an Ruhr, Lippe und Emscher vermitteln, das Bild einer Region, deren Vergangenheit und Gegenwart nicht auf einen Nenner zu bringen sind: vielgestaltig, widersprüchlich, immer neu im Aufbruch.

Gregor Gumpert | Ewald Tucai

PROLOG

Heinrich Böll

Heimat*
(1958)

Nicht weit hinter Duisburg, kurz vor Oberhausen, an einer
Stelle, wo die Silhouette großer Industriewerke schon zu
sehen ist, führt die Straße durch grüne Uferweiden, führt
eine Brücke über einen hübschen Fluß mittlerer Größe, den
ein Blechschild lakonisch als *Ruhr* kennzeichnet. Mitten auf
der Brücke, den Vorschriften zuwider, hält ein kleines Auto,
dessen Dach mit Camping-Komfort bepackt ist: Zeltplanen,
Bambusstangen, Geschirr, hübsche Stühle, zusammenge-
klappt; Camping-Komfort, genossen an der Côte d'Azur,
genossen in Venedig, der Schweiz und bei der Heimfahrt am
Rhein entlang; drei Wochen Urlaub in Gefilden, wo es weder
Hochöfen noch Zechen gibt. Das kleine Auto ist mit Plaket-
ten beklebt aus Chamonix und Genua, von der Lorelei und
dem Drachenfels. Innen baumelt eine bastumflochtene Rot-
weinflasche: ein Andenken aus Italien.

Dem Auto, das kurz vor dem lakonischen Schild *Ruhr*
angehalten hat, entsteigt eine junge Frau; sie ist etwa dreißig
Jahre alt, modisch gekleidet, schlank, blond; sie geht auf das
Brückengeländer zu, lehnt sich über das Eisengestänge, blickt
in den Fluß hinunter, hebt dann schnuppernd den Kopf in
die Luft, löst sich vom Brückengeländer, geht zum Auto
zurück, steigt ein, und das Auto fährt langsam auf die düstere
Kulisse zu.

»Was war denn los?« fragt der Mann am Steuer.

»Oh, nichts«, sagt die Frau, die gerade ihre Sonnenbrille mit
nüchterner Endgültigkeit wegpackt. »Nichts war los, ich wollte nur sehen, wollte riechen, ob wir wirklich zu Hause sind.«

»Warum gerade hier?«

»Weil es hier anfängt«, sagt die junge Frau, »hier fängt der Lichtwechsel an, hier schmeckt die Luft bitter, werden die Häuser dunkel, und hier sprechen die Leute so, wie ich spreche. Und ich bin ausgestiegen, weil ich einen Augenblick allein sein, dir nicht meine Rührung zeigen wollte.«

»Du bist gerührt?«

»Ja. Ich freue mich, daß ich wieder zu Hause bin, ich war all die Schönheit und den blauen Himmel ein wenig leid.«

Kopfschüttelnd, ohne zu antworten, steuert der junge Mann das kleine Auto weiter nordwärts, auf Oberhausen zu. »Und alle die schneeweißen Berge, die Seen, diese sauberen Dörfchen, ich hätte es keine zwei Tage mehr ausgehalten; und diese Barockkirchen da unten, so viel Gold, so viel Gips, so viel liebliche Engel; nein, ich freue mich, wenn ich heute abend mit dir im Kintopp sitze, weißt du, in dem alten, unten an der Ecke der Bochumer Straße.«

»Ausgerechnet in dem?«

»Ausgerechnet in dem, in dem will ich sitzen und will die Leute riechen, und nachher will ich ein Bier und einen Schnaps trinken in der Kneipe unten an der Ecke zum Wiehagen.«

»Da?«

»Ja, da. Ich will so richtig wissen, daß ich wieder zu Hause bin. Und am Sonntag will ich auf den Fußballplatz gehen und auf die Kirmes auf der Wiese hinter Stratmanns Haus, ich will …«

»Langsam«, sagt der Mann am Steuer, »langsam …«

»Ich will zu Großvater gehen, in seinen Schrebergarten hinter der Kokerei, will sehen, ob die Tomaten reif geworden sind und die Kaninchen fett. Und er muß mir erzählen, ob die Tauben, die er nach Brüssel geschickt hat, alle zurückgekommen sind. Und ich werde mich von Tante Else zum

Kaffee einladen lassen und das ganze Geklatsche und Geklöne anhören, über Anita und Willi und ...«

»Werde mir nur nicht romantisch«, sagt der junge Mann lächelnd.

»Ich will ja nur wissen«, sagt die junge Frau, »daß ich wirklich zu Hause bin.«

Langsam steuert der ruhige junge Mann das Auto durch Oberhausen.

1.
RUHR.TOUR

Friedrich Rautert

Die Ruhrfahrt
(1827)

So oft ein kleines Lied ich auch gesungen, –
Ich sang für Freunde nur und muntern Scherz,
Und Freunde sagen bald: »das war gelungen!«
Denn nicht der Kopf ist Censor, nein, das Herz; –
So bangt mir doch, wenn ich vor Allen singe,
Und so mein Lied dem größern Kreise bringe.

Doch sagt: was thut's? Bekritteln, Recensiren,
Stell' ich Euch frei, wenn's Lied erst vor Euch liegt.
Ich ließ durch Eitelkeit mich nicht verführen,
Nein! Hang zum Lande, das mich einst gewiegt,
Zum Fluß, an dem ich schon als Kind mich freute,
Das war's, warum ich dieses Lied ihm weihte.

Das Thal, das seine Woge stolz durcheilet,
Der hohe Felsen, der das Thal umschanzt,
Der dichte Wald, wo Philomele weilet,
Die grüne Matte, wo die Heerde tanzt,
Der Erde Tiefen selbst, wo Erze rasten:
Das Alles giebt dem Flusse reiche Lasten.

Und gerne trägt er auf dem stolzen Rücken
Den Schatz der *Mark* zum fernen Ausland hin,
Und freu't sich, wenn die Schiffe schwer ihn drücken,
Je schwerer, desto größer der Gewinn!
So hat er seinen Ufern emsig Leben,
Dem Handel frohe Regsamkeit gegeben.

17

Michael Holzach

Im Eilschritt zum Pütt*
(1982)

Im Eilschritt durch Müschede, Holzen, Lendringsen, immer
Richtung Ruhrgebiet. In Menden: ein gutes altes Dreipfund-
brot vom Bäcker und vom Metzger vier Schweinepfoten für
meinen Begleiter. Hier sagen die Leute »Wuast« und »Kia-
che«, das klingt schon nach Doatmund und Gelsenkiachen,
aber auch sonst spüre ich die Nähe zum Pütt: Pommesbuden
an jeder zweiten Straßenecke, wo Liebesperlen an die Kinder
und Bochumer Schlegelbier an die Väter verkauft werden,
breite Straßen, auf denen sich mehr Lastwagen als PKWs
drängen und die frische Sauerlandluft kaum eine Chance
mehr hat.

In Drüpplingsen an der Ruhr ist Schützenfest. Grüne
Papierfähnchen und Girlanden nehmen den eintönig weiß-
verputzten Häusern des Dorfes nichts von ihrer Gesichts-
losigkeit. Die Schnapsbrennerei Bimberg hat zur Feier des
Tages ihren Tag der offenen Tür. Menschenschlangen vor
der Probierstube. Mir schmeckt der Johannisbeerlikör am
besten, obwohl Korn, Kirschwasser, aber auch Aquavit nicht
zu verachten sind. Anne Bimberg, Tochter des Hauses, füllt
mich innerhalb einer halben Stunde so restlos ab, daß mir ein
gradliniges Weiterkommen unmöglich erscheint, zumal jetzt,
da der Regen immer kürzere Pausen einlegt, zumal hier, an
der Grenze des Ruhrgebiets, das nördlich des Ruhrtals beginnen müßte, ja eigentlich schon beginnt, denn das Ufer ist
kilometerweit mit Stacheldraht eingezäunt. »Wasserschutz-
gebiet – Betreten verboten.« Ein wogendes Haferfeld vermittelt den lang ansteigenden Hang hinauf noch einmal die

Illusion ländlichen Friedens; dann wieder Stacheldraht, der das Gelände einer amerikanischen Raketenabschußbasis sichert, zwei kohlschwarze US-Soldaten gehen dahinter Patrouille; dann auf einmal ein Stück Wiese, die Kühe darauf glotzen so verloren in die Gegend, als hätten sie hier eigentlich gar nichts mehr zu suchen; dann eine Autobahn und, wieder vor weidenden Kühen, das Stadtschild von Dortmund. Es ist, als könne sich die Landschaft noch nicht recht entscheiden. Grün und Grau wechseln unaufhörlich, Fabrikgelände drängen sich ins hohe Getreide, hinter verrußten Zechenhäusern blöken Schafe, wilde Brombeerbüsche umrahmen stinkende Mülldeponien, am Horizont werden hohe Pappeln von Fabrikschloten überragt.

Ein Schild an einer Garage verweist mich auf die Emscherquelle. Daß die Emscher, der dreckigste Fluß Deutschlands, eine Quelle haben soll, ist eigentlich naheliegend, denn irgendwo entspringt schließlich jeder Fluß. Doch allzuoft während meiner Studentenzeit habe ich sie sich als stinkenden Abwasserkanal durch Rauxel, Herne oder Gelsenkirchen quälen sehen, um glauben zu können, daß diese Brühe einmal quellreines Wasser war.

Ein paar Hundert Meter weiter ist das Wunder wahr: vor einem stattlichen Fachwerkhaus ein kristallklarer See, auf dem sich perlweiße Gänse tummeln. Am Ufer prächtige alte Kastanien, Ulmen, Eschen. Ländlicher Frieden, wie man ihn selbst im Sauerland suchen müßte. Und das soll nun der Emscher Anfang sein! Die Besitzerin des Grundstücks, die hier einen Ponyhof betreibt, bestätigt: »Jawoll, dat isse, die kommt direkt unterm Haus längs und geht gleich in nen See rein.« Von dem Genuß des Wassers rät sie mir allerdings ab, auch sie denkt beim Namen Emscherquelle wohl ein bißchen weiter, aber die Fische gedeihen hier »astrein«, die Enten ißt sie jede Weihnachten, »und Se sehen ja, ich leb nicht schlecht.«

Wie aber wird die Quelle zur Emscher? Erst plätschert der Bach unschuldig zwischen Hecken und Sträuchern am Rande eines Feldes entlang. Das Wasser ist klar, einige Steine des Bachbetts sind von grünen Algen leicht verfärbt, ein Rinnsal im Allgäu kann nicht sauberer sein. Doch dann, hinter einem dichten Gestrüpp, ein großes schwarzes Loch, und die Emscher ist verschwunden, in einem Kanalisationsrohr unter die Erde getaucht, einfach weg. Feldmann steckt seinen Kopf in das etwa einen halben Meter hohe Rohr, traut sich aber nicht ins Dunkel. Eine Straße und mehrere kleine Gärten weiter spuckt ein ähnliches Loch das Bächlein wieder aus. Zwei Kinder inszenieren ein Spiel, das sie »Totenreich« nennen, mir aber nicht weiter erklären, weil sie mit den Großen nichts zu tun haben wollen. Meinen Hund dagegen finden sie ganz nett, er ist ja ungefähr in ihrem Alter, und so sehe ich eine Weile zu, wie er ihnen Hölzer aller Größen für den Dammbau heranholt. »Ene, bene, dittje, dattje/zippel, ribbel, bonekatje«, beschwören die beiden in rhythmischem Sprechgesang die Geister der Toten da drin im dunklen Rohr. Nachdem sie das Wasser hoch genug aufgestaut haben, gehen die Jungen über die Straße zum anderen Rohrende und schicken kleine Papierkugeln auf die Reise durch den Hades. Von fünf »Totenbällchen« kommt nur eines durch, die andern »hat der Geist gefressen«, sagen sie und reiben sich aufgeregt die Hände.

Ich folge dem »Totenbällchen« ein Stück Wegs, bis es sich hinter der nächsten Windung aufgelöst hat und von der Strömung in viele Stücke zerrissen wird. Jetzt hat die Emscher ihre Unschuld verloren, denke ich, es fängt ja oft ganz harmlos an. Bis zu den nächsten Papierfetzen ist es nicht weit, dann kommt die erste Zigarettenschachtel, die erste Coca-Büchse, ein Nylonstrumpf ist an einem Ast hängengeblieben und windet sich wie eine Schlange. Die Besiedlung am Ufer nimmt zu. Aus der Böschung ragen kleine Tonröhren, aus denen es unheilverkündend herauströpfelt, zunehmend verlieren die Algen an Farbe, zunehmend wird das Wasser trübe: das Totenreich – schon wenige hundert Meter von der Quelle entfernt kündigt es sich an.

In Dortmund-Aplerbeck verschwindet die Emscher wieder. Direkt vor dem Rathaus taucht sie unter einer belebten Kreuzung weg, und ich suche sie vergebens. »Die Emscher«, geben drei Rocker in voller Ledermontur breitgrinsend Auskunft, »die gibt's hier nicht, die gibt's nur drüben in Castrop.« Daß ich bis vor fünf Minuten noch an ihr entlanggelaufen bin, ja, daß wir möglicherweise gerade über ihr stehen, weil sie ja hier irgendwo unter der Erde weiterfließen muß, quittieren die drei nur mit einem schulterzuckenden »Na-wenn-schon«.

Im Grunde haben sie ja recht, wo die Emscher nun steckt, ist auch für mich im Moment gar nicht mehr so wichtig. Die Rathausuhr geht auf halb fünf, und seit den vielen Bimberg-Schnäpsen habe ich heute nichts mehr in den Magen bekommen. Im Bahnhof Aplerbeck gibt es leider keine Mission, die befindet sich auf dem Hauptbahnhof in der Innenstadt, fast zehn Kilometer von hier. Sozialamt, Bäckereien und Schlachter haben geschlossen, heute ist Sonntag, da läuft also nichts. Verloren irre ich durch die Straßen. Wäre ich jetzt auf dem Land, ich fände schon irgendwo einen Bauern, bei dem ich die Füße unter den Küchentisch stecken könnte. Hier aber, in der steinernen Anonymität der Stadt, traue ich mich nicht, auf die Menschen zuzugehen, es sind einfach viel zuviele. Alle haben es eilig, kaum einer schenkt mir Beachtung. Nur die Rentner, die in den offenen Fenstern, auf kleine Kissen gestützt, ihren Lebensabend vertun, scheinen Zeit zu haben. Einen frage ich, wie spät es ist. »Gleich fünf«, sagt er knapp, ohne die Hand vom Kinn zu nehmen. Mehr ist nicht von ihm zu erfahren.

Um zehn nach fünf stehe ich vor einem großen Gebäude-komplex, dem Landeskrankenhaus, einer psychiatrischen Anstalt, die Aplerbeck im ganzen Ruhrgebiet bekannt gemacht hat. »Ab nach Aplerbeck«, rufen die Kinder, wenn sie jemanden für verrückt erklären, »ab inne Klapsmühle.«

Ich zögere nicht lange. »N Abend«, grüße ich im Vorbei-gehen den Pförtner. Der guckt nur kurz von seiner Zeitung hoch und wundert sich nicht einmal über uns zwei. Ein Weiß-kittel zeigt mir den Weg zur Küche, auch er scheint keinen Verdacht zu schöpfen. Hinter der Neurologie begegnen mir ein Dutzend Damen im besten Alter, und alle stürzen sich auf Feldmann. »Ja, wie heißt du denn?« wird er gefragt, »und was hast du für schöne traurige Augen, bist wohl hungrig vom vielen Laufen?« »Ist er«, bestätige ich, »deshalb wollen wir auch zur Küche.« »Die ist sonntags geschlossen«, höre ich von den Frauen, »am besten, ihr kommt mal gleich mit.«

Schlag sechs sitzen ich und Feldmann im Gemeinschafts-raum von Haus Nr. 36, Abteilung für suchtabhängige Frau-en, und lassen uns aufgewärmte Nudeln mit Hack schmek-ken. Die Zahl unserer Betreuerinnen ist auf über zwanzig gewachsen, alles eher biedere Bürgersfrauen in bester Stim-mung, die so gar nicht in mein Bild von Suchtkranken passen. Es herrscht eine Atmosphäre wie bei einem Betriebsausflug. Mir fällt es schwer zu glauben, daß ich hier in einem Kran-kenhaus bin. Ärzte und Schwestern sind nirgendwo zu sehen, der Stationsleiter hat heute frei, aber auch werktags soll es nicht allzu streng zugehen auf der Station. »Wir versorgen uns selbst«, sagt eine der Frauen, »wir können auch nach draußen zum Einkaufen, und mittwochs kommen unsere Männer.«

Warum die Frauen hier sind, brauche ich gar nicht zu fra-gen, denn freimütig schildern sie mir, eine nach der andern, ihre »Krankheitsgeschichte«: wie sie während der Wechseljahre ihre alte Vitalität verloren haben und sich langsam an das vom Hausarzt verordnete Captagon gewöhnten, bis es dreißig Tabletten am Tag waren und die Überaktivitäten durch Putzen, Tapezieren und zwanghaftes Kochen abgebaut wurden, wie man die gute Hausfrau zu mimen verstand, jahrelang den Ehemann liebte, die Kinder versorgte, die Wäsche wusch und tagsüber, wenn alle endlich aus dem Haus waren, das Trinken anfing, weil sich alles immerzu wiederholte, weil man den täglichen Trott vom Saubermachen, Spülen, Bettenmachen, jahraus, jahrein, nicht mehr aushielt, wie man lernte, die Flasche gut zu verstecken, und fast wahnsinnig wurde, wenn man sie selber nicht wiederfand, bis die lieben Angehörigen dann, mißtrauisch geworden, alle Schlupfwinkel kannten, bis auf den einen, den letzten, den besten: den Tank der Scheibenwaschanlage im Zweitwagen.

So plaudern sie, während ich es mir schmecken lasse, über Suizidversuche, Schnapsdiebstähle, Rezeptfälschungen und Prostitution, als sei's das Normalste von der Welt, was es in der Welt dieser Klinik anscheinend auch ist.

Hier werden nun Alkohol und Tabletten ersetzt durch Abhängigkeiten anderer Art: Kaffeegier, Kettenrauchen, Konsumfieber, Freßsucht, Jieper nach Sprudel, nach Gewürzen, nach allem, was süß schmeckt. Eine Frau legt sich abends fünf Tafeln Schokolade auf den Nachttisch, und am Morgen sind sie verschwunden, »im Halbschlaf weggeputzt, wie in einem süßen Traum«. Eine andere muß sich nach Tisch zwei halbe Hähnchen aus der Imbißstube holen, obwohl sie eigentlich keinen Bissen mehr herunterbekommt.

Mein unersättlicher Appetit und auch Feldmanns Freßwut begeistern meine Zuschauerinnen, für Maßlosigkeit haben sie größtes Verständnis. Im Anschluß an die reichliche Mahlzeit laden mich vier Damen zu einem Eiskaffee in das »Sozialzentrum« ein, die andern hüten den Hund. In einem niedrigen

Pavillon löffeln wir unsere doppelten Portionen, und meine Begleiterinnen stellen mich stolz der Bedienung vor: »Das ist Michael, unser neuer Pfleger, der ist uns grade zugelaufen.« Schallendes Gelächter. Es herrscht eine ganz unerwartet entspannte Atmosphäre. Etwa fünfzig Patienten sitzen in Gruppen oder auch einzeln an den Tischen, man plaudert, man lacht, und wüßte ich nicht, wo ich bin, ich könnte meinen, ich säße in meinem Stammcafé »Lindtner« in Hamburg-Eppendorf.

Der Vergleich erschreckt mich selbst. Pausenlos liest man von den katastrophalen Zuständen in psychiatrischen Anstalten, und nun bin ich mittendrin und fühle mich sauwohl. Dabei vermute ich, daß auch hier, irgendwo hinter den sauberen Fassaden, in Gummizellen gesperrt, in Zwangsjacken gesteckt wird, daß Psychopharmaka und Elektroschocks an der Tagesordnung sind. Daß ich die Atmosphäre trotzdem so gedankenlos genießen kann, mag eine Menge mit mir zu tun haben, mit meiner geistigen Verfassung nach über sechs Wochen auf der Straße. Da genügt schon der Geruch von Kaffee, um mich in Hochstimmung zu versetzen. Natürlich übersehe ich nicht die traurigen Existenzen hier, den Einsamen hinten im Eck, der nur immer gegen die Decke starrt, als fürchte er, sie käme ihm jeden Moment entgegen; oder die beiden Greise, die vor lauter Tattrigkeit ihre Kaffeetasse kaum noch zum Mund führen können. Aber solche Leute gibt's beim »Lindtner« auch. Was es dort nicht gibt, wer dort sofort von einem der beiden chronisch mißgelaunten Kellner an die Luft gesetzt würde, ist dieses nicht mehr ganz junge Paar uns gegenüber. Die beiden müssen frisch verliebt sein, während sie sich angeregt unterhalten, streichelt er ihr ganz zart, aber ohne jede Scheu, über den Busen. Als der Mann seine Freundin nach langem Streicheln auf die Wange küßt, holt sie dankbar eine Flasche 4711 aus ihrer Handtasche und tröpfelt es ihm aufs schüttere Haar. Kein Mensch wundert sich darüber, nur ich verschlucke mich fast vor Staunen. Wer ist hier der Kranke, wer sind die Gesunden? Hier könnte ich, ohne weiter aufzufallen, auf den Tisch steigen und »La Paloma« auf vier Fingern pfeifen oder einer meiner vier Begleiterinnen eine Kugel Erdbeereis in den Ausschnitt stopfen, aber so verrückt bin ich leider nicht, ich bin hier nur Zaungast.

Joseph Roth

Nächtliche Erkundungen*
(1931)

Abend in Essen

Ich habe ein wenig Angst vor diesem Abend, aber ich habe
ihn auf mich genommen, freiwillig, wie ein lockendes Unglück. Ich weiß: in einer Stunde, wenn die Lichter erstrahlen,
um die Finsternis sichtbar zu machen, werde ich der Einsam-
keit anheimgefallen sein wie einem treuen, verläßlichen
Feind. Ich hätte auch am Vormittag ankommen können, am
Abend weiterfahren. Aber es scheint mir, daß die Ruhrgebie-
te der Welt in den spärlichen Stunden besser zu erkunden
sind, in denen die Natur sie leider zwingt zu rasten und in
denen das Vergnügen der Arbeit von der bitteren Arbeit des
Vergnügens abgelöst wird. Ich werde versuchen, im wohl-
tätigen Dämmer eines Kinos unterzutauchen, ohne mich
über den Film zu ärgern, obwohl er Anlaß genug dazu gibt.
Es ist ein Film aus Amerika. Die Handlung ist einfach, wenn
auch unverständlich: Eine junge, strahlende Erbin großen
Reichtums, Besitzerin von Schiffen und Fabriken, führt sich
sympathisch dadurch beim Publikum ein, daß sie die Forde-
rungen streikender Arbeiter bewilligt. Ein junger Kapitän
wirft einen zweifelhaften Mädchenhändler zu den Haifischen
ins Meer, weil dieser gewagt hat, den Namen der Erbin zu
beleidigen, einen Namen, den hochzuhalten der Kapitän
geschworen haben will. Der Kapitän wird gekündigt, entlassen, gerät ins Elend und doch noch am Schluß durch die
zufällig, das heißt schicksalsmäßig entzündete Liebe der reichen Erbin ins Glück. – Ferner: ein reicher Fabrikant wütet

gegen seine streikenden Arbeiter. Sein einziger Sohn und Erbe verschreibt sich dem Laienorden der Franziskaner. Der Fabrikant, der schließlich das Stillstehen seiner Räder nicht erträgt, stürzt sich entschlossen ins Werk, fängt an, selbst zu arbeiten, bricht zusammen und versöhnt so durch seine letzte Anstrengung sowohl die streikenden Arbeiter als auch seinen heimkehrenden Sohn. Ein Programm, für Industriegebiete zugeschnitten und zur Versöhnung der Klassen bestimmt. Ein paar Zuschauer lachen laut. Jemand ruft: »Ho, ho!« Ich frage mich, wo in aller Welt noch so viel Naivität zu finden ist, die glaubt, durch diese hirnlosen Märchen die Unbarmherzigkeit der Wirtschaftsgesetze mildern zu können? In Hollywood ist sie zu finden … Ich bleibe noch eine Weile vor dem Ausgang des Kinos stehen. Ich sehe die herausströmenden Zuschauer. Alle Gesichter sind aufgeheitert. Vermutlich nicht von dem englisch erbrachten Hollywooder Beweis für die Möglichkeit einer Aussöhnung aller Klassen. Es ist vielmehr die humoristische Wirkung, die der amerikanische Ernst auslöst …

Um sie zu steigern, gehe ich in die Bar. –

Die Bar erster und zweiter Klasse

Es ist eine gutbürgerliche Bar. Sie ist mir wohlbekannt. Vor Jahren habe ich hier einmal meine Verlassenheit genossen. Aber damals sah sie anders aus. Sie war sozusagen und wie sie selbst zugestand: »intim«. Heute ist sie »renoviert«. Der Tanzboden ist ein Schachbrett. Er besteht aus matten bunten, von unten her beleuchteten Glasplatten, ein höchst moderner Tanzboden. Er hat eine (immerhin sehr entfernte) Verwandtschaft mit der Hölle, die ich mir auch ein wenig transparent vorstelle. Man tanzt sinnbildlich auf einem heißen Boden, auf einer Art zivilisiertem Vulkanplateau, durch dessen matte, gemäßigte Durchsichtigkeit man das bunte Flammen der Unterwelt erahnen kann. Die Musik spielt gottvergessene Schlager: »Nimm dich in acht vor blonden Fraun« und: »Ich bin von Kopf bis Fuß auf Liebe eingestellt«. Manche Lieder werden mit der Zeit so unwiderstehlich, daß selbst die ruhigsten Gäste genötigt sind, sie zu singen. Aber der leichtsinnige Schmelz, den so ein sinniger Kehrreim den Lippen, der Kehle und dem singenden Schwung schöner Beine allein zu verdanken hat, verwandelt sich in ein gräßliches Fett aus Baß mit Falsett-Augen, das die Stimmen der zufälligen Dilettanten auf den Text streichen. Es ist, als wäre man gezwungen, ein schönes Kleid, gefertigt für den schönen Körper eines Modells, zahllos vervielfältigt, auf den plumpen Körpern häßlicher Verkäuferinnen zu erblicken. Ja, ich darf sagen, daß jene Minuten in einer Bar die schlimmsten sind, in denen man der schmeichelnden, mit Augen und süßem Bogenstrich vorgebrachten Lockung des Musikanten nicht mehr widerstehen kann und anfängt mitzusingen. Aus allen unberufenen Kehlen schallt es. Der Geiger verläßt seinen Platz und wandelt von Tisch zu Tisch, die noch Stummen zu ermuntern. Die Tanzpaare können nicht aufhören, sich zu drehen, und aus noch so kurzen Atempausen wird die Kapelle durch rebellisches Händeklatschen zu weiterm Tun gewaltsam aufgeschreckt. Ein Operettentaumel sondergleichen hat die Welt erfaßt. Und der Gegensatz zu dem anderthalbdeutigen Unsinn des Schlagers und den eindeutigen Gesichtern, die in ihm schwelgen, offenbart sich so scharf, so grausam, so traurig, daß der Schmerz um die Welt noch größer wird als ihre Sangesfreudigkeit. Ja, da sitzen die verdienenden und die zu wenig verdienenden Männer, haben den Ernst des industriellen Lebens glücklich abgelegt, Mitternacht ist vorbei, und sie stellen sich von Kopf bis Fuß auf Liebe ein. Männer, die gewichtige Berufe haben mögen, tagsüber vielleicht mit

Arbeitnehmerverbänden verhandeln, lebendige, bedeutsame Räder der Wirtschaftsmaschinerie, sogenannte »Faktoren«, fischen mit spielerischen Strohhalmen kandierte Kirschen aus Cocktail-Kelchen – – und sie haben recht. So ist das Leben. Auch im Ruhrgebiet läßt es sich genießen.

Ich genoß es, zahlte und ging. –

Die andre Bar

Abwärtsgehen! Die Vergnügungsindustrie unsrer Zeit besorgt für alle Schichten und Zwischenschichten dieselben Genüsse. Es gibt auch eine Bar, in der nur Bier ausgeschenkt wird – und dennoch ist es eine »Bar«. Man tanzt auch hier. Nicht mehr auf mattbunten Fensterscheiben, sondern auf zuverlässigen, wenngleich ein wenig knarrenden Brettern. Die Schlager, die soeben noch das musikalische Gut der gehobenen Stände zu sein schienen, werden auch hier gesungen, richtig entstellt wie drüben, heftig und süß wie drüben. Sie sind eben das gemeinsame Sangesgut des Ganzen, beinahe sage ich, der »gesamten« Bevölkerung. Wie verräterisch ist diese Hingabe der Armen, der Besitzlosen, der Arbeitermädchen an die musikalischen Ausgeburten einer kleinbürgerlichen Zivilisation, einer kleinbürgerlichen Vorstellung von »Leben«, »Liebe« und »Genuß«! Wie verräterisch dieses Schwelgen im schmachtenden Gefühlsschatz einer Welt, die eine sentimentale, aber auch gefährliche Operette ist und gegen die sich das Klassenbewußtsein, die Gesinnung, der proletarische Freiheitswille derselben Tänzer und Sänger so opferwillig auflehnen. Fast bin ich geneigt, den früher erwähnten Filmen aus Hollywood recht zu geben, ihnen eine psychologische Weisheit zuzumuten, die spielerisch den richtigen Ausweg ersinnt: Versöhnung der Klassen durch Liedchen und Liebchen, Kehrreim und Tänzchen, Bravheit und Fügung, Sitte und Lohn. Vielleicht gibt just die Verlogenheit der Operette die treffende Dramatisierung der Wirklichkeit, und die geile Süßigkeit des Schlagers enthält die Wärme und Stärke des menschlichen Gefühlslebens. Die Romantik in den Kneipen der Besitzlosen war mir immer schon in einer Zeit verdächtig, in der jene noch nicht »Bar mit Bierbetrieb« hießen und diese noch nicht zu Barbesuchern aufgestiegen waren. Ach! Hinter der Kragenlosigkeit der Unbürgerlichen muß ich leider die unerfüllte Sehnsucht nach dem Stehkragen vermuten und hinter der Auflehnung gegen das Gesetz der sozialen Ungerechtigkeit den unerfüllbaren Wunsch nach einem Platz unter den Ungerechten! Die kleinen Mädchen in den dünnen, billigen und blumigen Fähnchen, Töchter von Schwerarbeitern, sie selbst Arbeiterinnen wahrscheinlich, drehen sich beseligt zum widerlich verweinten Kehrreim eines Liedes, in dem das heiße Spanien und ein »Wein von Tarragona« das kühle Ruhrgebiet vergessen lassen, in dem man lebt, und das süffige Bier verwandeln, das man trinkt. Die Geschmeidigkeit der jungen Tänzer, deren glänzende Scheitel, wattierte Schultern und breitflatternde Hosen aus einer Welt stammen, der die Träger so töricht gern angehören möchten, entspricht vollkommen der musikalischen Geschmeidigkeit des Komponisten. Und der stämmige Mann in Hemdsärmeln, der das Bier unermüdlich ausschenkt, bemüht sich, fast so zierlich auszusehen wie ein geschminktes Mädchen in der »bessern« Bar – vielleicht ist es seine Tochter – und mit einer gekünstelten, lächerlichen, schnörkelreichen, dem »Tarragona« entsprechenden Grandezza den perlenden Schaum von den grün-gelben Bierbechern abzustreifen. Und von Kopf bis Fuß ist eigentlich alles hier wie dort …

Heinrich Heine

Ein westfälisches Wintermärchen*
(1844)

Caput IX.

Von Cöllen war ich drey Viertel auf Acht
Des Morgens fortgereiset;
Wir kamen nach Hagen schon gegen Drey,
Da wird zu Mittag gespeiset.

Der Tisch war gedeckt. Hier fand ich ganz
Die altgermanische Küche.
Sei mir gegrüßt, mein Sauerkraut,
Holdselig sind deine Gerüche!

Gestofte Kastanien im grünen Kohl!
So aß ich sie einst bei der Mutter!
Ihr heimischen Stockfische seid mit gegrüßt!
Wie schwimmt Ihr klug in der Butter!

Jedwedem fühlenden Herzen bleibt
Das Vaterland ewig theuer —
Ich liebe auch recht braun geschmort
Die Bücklinge und Eyer.

Wie jauchzten die Würste im spritzelnden Fett!
Die Krammetsvögel, die frommen
Gebratenen Englein mit Apfelmuß,
Sie zwitscherten mir: Willkommen!

Willkommen, Landsmann, – zwitscherten sie –
Bist lange ausgeblieben,
Hast dich mit fremden Gevögel so lang
In der Fremde herumgetrieben!

Es stand auf dem Tische eine Gans,
Ein stilles, gemütliches Wesen.
Sie hat vielleicht mich einst geliebt,
Als wir beide noch jung gewesen.

Sie blickte mich an so bedeutungsvoll,
So innig, so treu, so wehe!
Besaß eine schöne Seele gewiß,
Doch war das Fleisch sehr zähe.

Auch einen Schweinskopf trug man auf
In einer zinnernen Schüssel;
Noch immer schmückt man den Schweinen bei uns
Mit Lorbeerblättern den Rüssel.

Caput X.

Dicht hinter Hagen ward es Nacht,
Und ich fühlte in den Gedärmen
Ein seltsames Frösteln. Ich konnte mich erst
Zu Unna, im Wirthshaus, erwärmen.

Ein hübsches Mädchen fand ich dort,
Die schenkte mir freundlich den Punsch ein;
Wie gelbe Seide das Lockenhaar,
Die Augen sanft wie Mondschein.

Den lispelnd westphälischen Accent
Vernahm ich mit Wollust wieder.
Viel süße Erinnerung dampfte der Punsch,
Ich dachte der lieben Brüder,

Der lieben Westphalen, womit ich so oft
In Göttingen getrunken,
Bis wir gerührt einander an's Herz
Und unter die Tische gesunken!

Ich habe sie immer so lieb gehabt,
Die lieben, guten Westphalen,
Ein Volk so fest, so sicher, so treu,
Ganz ohne Gleißen und Prahlen.

Wie standen sie prächtig auf der Mensur,
Mit ihren Löwenherzen!
Es fielen so grade, so ehrlich gemeint,
Die Quarten und die Terzen.

Sie fechten gut, sie trinken gut,
Und wenn sie die Hand dir reichen,
Zum Freundschaftsbündniß, dann weinen sie;
Sind sentimentale Eichen.

Der Himmel erhalte dich, wackres Volk,
Er segne deine Saaten,
Bewahre dich vor Krieg und Ruhm,
Vor Helden und Heldenthaten.

Er schenke deinen Söhnen stets
Ein sehr gelindes Examen,
Und deine Töchter bringe er hübsch
Unter die Haube – Amen!

Roger Willemsen

»Kein Satz über Moers«*
(2002)

Ich sitze in einer Gaststätte in Moers und suche nach Sätzen über Moers. Das dauert. Immer wenn ich den Kopf hebe, sehe ich in die Augen von Wladimir Putin oder Bahnchef Mehdorn, dann Medikamente, Zwieback, Autoreifen. Ich streiche.

Wenn ich den Kopf nicht mehr hebe, bis ich den Satz habe, dann kriege ich Moers zu Papier, bevor ich hier rausgehe. Die Kellnerhose berührt fast die Tischkante. »Nein, danke.« Die Kellnerhose zieht sich zurück.

Eine elektronische Frau spricht, ihre Stimme hat eine Dauerwelle, ihre Modulation ist mondän, Pausen macht sie zur Unzeit. »Ficken, ficken!«, kreischt es aus einer Ecke im Lokal. Ich hebe den Kopf. Das Gesicht der Moderatorin sieht bedrückt aus. Jetzt kommen Reporter ins Bild, ihr Beistand. Aber gleich ist sie wieder allein. Ihre Frisur ist unerschütterlich.

»Ficken, ficken«, kreischt es aus dem Lokal mit Papageienstimme. Da muß einer verrückt sein. Jemand lacht, jemand anderes sagt etwas Begütigendes. Sie nickt. Abgerissene Häuser kommen ins Bild, eine Textzeile. »Ficken, ficken!« Die Stimme erstirbt, nicht freiwillig. Die Elektronische bleibt sachlich, schüttelt aber den Kopf. Der Kellner schüttelt den seinen noch Minuten später.

Kein Satz über Moers.

Johann Wolfgang von Goethe

Duisburger Gastfreundschaft*
(1792)

Duisburg, November

Und so fand ich mich denn abermals, nach Verlauf von vier Wochen, zwar viele Meilen weit entfernt von dem Schauplatz unseres ersten Unheils, doch wieder in derselben Gesellschaft, in demselben Gedränge der Emigrierten, die nun, jenseits entschieden vertrieben, diesseits nach Deutschland strömten, ohne Hülfe und ohne Rat.

Zu Mittag in dem Gasthof etwas spät angekommen, saß ich am Ende der langen Tafel; Wirt und Wirtin, die mir als einem Deutschen den Widerwillen gegen die Franzosen schon ausgesprochen hatten, entschuldigten, daß alle guten Plätze von diesen unwillkommenen Gästen besetzt seien. Hiebei wurde bemerkt, daß unter ihnen, trotz aller Erniedrigung, Elend und zu befürchtender Armut, noch immer dieselbe Rangsucht und Unbescheidenheit gefunden werde.

Indem ich nun die Tafel hinauf sah, erblickt' ich ganz oben, quer vor, an der ersten Stelle einen alten, kleinen, wohlgestalteten Mann von ruhigem, beinahe nichtigem Betragen. Er mußte vornehm sein, denn zwei Nebensitzende erwiesen ihm die größte Aufmerksamkeit, wählten die ersten und besten Bissen ihm vorzulegen, und man hätte beinahe sagen können, daß sie ihm solche zum Munde führten. Mir blieb nicht lange verborgen, daß er vor Alter seiner Sinne kaum mächtig, als ein bedauernswürdiges Automat, den Schatten eines früheren wohlhabenden und ehrenvollen Lebens kümmerlich durch die Welt schleppe, indessen zwei Erge-

bene ihm den Traum des vorigen Zustandes wieder herbei-
zuspiegeln trachteten.

Ich beschaute mir die übrigen; das bedenklichste Schicksal
war auf allen Stirnen zu lesen: Soldaten, Kommissäre, Aben-
teurer vielleicht zu unterscheiden; alle waren still, denn jeder
hatte seine eigene Not zu übertragen, sie sahen ein grenzen-
loses Elend vor sich.

Etwa in der Hälfte des Mittagsmahles kam noch ein
hübscher junger Mann herein, ohne ausgezeichnete Gestalt
oder irgendein Abzeichen; man konnte an ihm den Fußwan-
derer nicht verkennen. Er setzte sich still gegen mir über,
nachdem er den Wirt um ein Kuvert begrüßt hatte, und
speiste, was man ihm nachholte und vorsetzte, mit ruhigem
Betragen. Nach aufgehobener Tafel trat ich zum Wirt, der
mir ins Ohr sagte: »Ihr Nachbar soll seine Zeche nicht teuer
bezahlen!« Ich begriff nichts von diesen Worten; aber als der
junge Mann sich näherte und fragte, was er schuldig sei,
erwiderte der Wirt, nachdem er sich flüchtig über die Tafel
umgeschaut, die Zeche sei ein Kopfstück. Der Fremde schien
betreten und sagte: das sei wohl ein Irrtum, denn er habe
nicht allein ein gutes Mittagessen gehabt, sondern auch einen
Schoppen Wein; das müsse mehr betragen. Der Wirt antwortete darauf ganz ernsthaft: er pflege seine Rechnung selbst zu
machen, und die Gäste erlegten gerne, was er forderte. Nun
zahlte der junge Mann, entfernte sich bescheiden und ver-
wundert; sogleich aber löste mir der Wirt das Rätsel. »Dies ist
der erste von diesem vermaledeiten Volke«, rief er aus, »der
schwarz Brot gegessen hat; das mußte ihm zugute kommen.«

Friedrich Adolf Krummacher

Abschied nach Wanheimer Art*
(1804)

An Christiane Engels in Essen
Duisburg im Juni 1804

Gestern habe ich einmal wieder gepredigt, und zwar auf eine
besondere Weise. In Wanheim, einer Bauerschaft eine starke
Stunde von hier, war eine achtzigjährige Frau aus einer der
angesehensten Bauernfamilien gestorben. Herr Spieß ersuchte mich die Leichenpredigt zu halten, das habe ich denn getan.
Wir gingen des Morgens durch den göttlich schönen Wald,
der bis zu dem Dörfchen führt. Es war ein unbeschreiblich
schöner Gang. Der alte patriarchalische Witwer, der voriges
Jahr seine goldene Hochzeit gefeiert hatte, empfing uns herzlich, und nun führten wir die Leiche hinaus durch ein weites,
großes Feld, mit einer ungeheueren Begleitung aus weiten
Gegenden. Sanfte Lüfte wehten und erhoben über den vollen
Kornfeldern ganze Nebelwolken von Blütenstaub. Ich hatte
das nie so gesehen. So kamen wir zu dem neu angelegten
Kirchhof dicht am Rhein, den die Bauern mit Linden und
Akazien bepflanzen wollen und wo die Toten reihenweise in
die stillen Kammern gelegt werden. Als das Grab geschlossen
war, sprach ich den Segen über der Entschlafenen Gebein
und wünschte ihn zugleich dem, dem das nächste Plätzchen
bestimmt sei. Darauf zogen wir in das Schulhaus, das so
gedrängt voll war, daß selbst die ausgehobenen Fenster besetzt waren. Mein Text war: Wir sind Pilger und Gäste auf
Erden, und die solches sagen, bekennen damit, daß sie ein
Vaterland suchen. Meine unstudierte Predigt ging mir wohl

von Herzen und auch wohl bei den meisten zu Herzen. Wenn man so predigt, vor allem unter guten, einfachen Bauersleuten, so ist man unendlich besser und frommer, als man ist.

Darauf ging es nun zu dem Leichenmahle. Die einfachen Menschen trauern gewiß so innig und herzlich als jeder gebildete Mensch, das habe ich an dem biedern achtzigjährigen Altvater, an den Kindern, Enkeln, Urenkeln wohl gesehen, und war mir sehr rührend. Aber das Besondere haben sie zum voraus, daß übrigens alle Dinge und so auch das Essen in gewohnter Weise fortgehen und sie von dem Leichenbegängnis sogleich hurtig und mit gutem Appetit daran gehen. Es wurde im Baumgarten in vier langen Reihen gespeist und waren grade 102 Gäste, außer noch etwa 30 andern, die im Hause aßen. Ich habe lange nicht so vergnügt und an einer solchen Tafel gespeist. Das Essen bestand hergebrachter Ordnung gemäß zunächst aus Biersuppe, die köstlich schmeckte. Es wurde in unzähligen, irdenen Näpfen aufgetragen, und als dieselben leer wurden, kamen die jungen Bauernsöhne und -töchter mit den Milcheimern mit breiten glänzenden Messingreifen und füllten die Schüsseln von neuem. Bei Trauermahlzeiten dürfen keine Fleischsuppen erscheinen, die Biersuppen haben doch etwas Tragisches in sich, Fleischsuppen sind bei Hochzeiten. Dann kam Rindfleisch neben dem Gemüse und neun ungeheure Schinken, die, wenn man den langen Weg hinuntersah, wie Felsblöcke hervorragten. Darauf erschien der Nachtisch der Bauern: Reisbrei, Butter und Käse. Alles in überschwenglicher Fülle, daß noch leicht 102 rüstige Personen sich hätten satt essen können. Dabei waren die Leutchen aber nicht bloß Esser, obwohl es herrlich aussah, wenn 200 Hände und alle die Kinnbacken sich in Bewegung setzten, sondern es wurde auch viel gesprochen und hin und her geredet. Nach dem Dankgebet erhob sich alles und man legte sich gruppenweise unter den Bäumen ins Gras, und die Tabakswolken der rauchenden Männer stiegen aus jeder Gruppe empor, als wäre es ein Haufen Opfernder. Ich habe bei der Gelegenheit viele gute, freundliche, liebevolle Menschen kennengelernt und mich manchen recht brüderlich genähert. Ich könnte darüber noch manche schöne Züge und Schilderungen anführen, aber es fehlt mir an Zeit. Als wir von dem achtzigjährigen verwitweten Altvater Abschied nahmen, sagte er mit treuherzigem Ernst, er habe es seiner Frau in ihrer sanften Todesstunde fest gelobt, daß er, da sie doch nicht wieder zu ihm käme, recht bald zu ihr kommen wolle.

2.

RUHR.KIND

Josef Reding

Noch eine Wundertüte gratis
(1963)

Die Bude war grün. Der Junge vor der grünen Bude trug eine am Hosenboden verwaschene Nietenhose und ein löcheriges Turnhemd. Der Junge sprach mit dem Mann in der Bude. Der Mann in der Bude war ein Silikose-Invalide. Die narbige Haut im Gesicht war von gelbem Glanz.

»Wundertüte!« sagte der Junge.

»Was für 'ne?« fragte der Mann.

»Vonne Roten«, sagte der Junge.

»Wieviel Geld hasse denn?« fragte der Mann.

»'n Tacken«, sagte der Junge.

»Dann kannsse eine kriegen«, sagte der gelbe Mann und hielt dem Jungen ein halbes Dutzend pfirsichroter Tüten vor die Nase. »Hass 'n Popel anne Nase«, sagte der Mann dabei traurig.

Der Junge wischte mit dem Handrücken gleichmütig unter den Nasenlöchern her und zählte rasch an den Kanten der Tüten entlang, wobei er flüsterte: »A-U-S-aus, du hass 'ne Laus, ich hab's gesehn, und du kannst gehn!«

Mit dieser Abzählformel schied er eine Tüte nach der anderen aus, bis nur noch eine übrigblieb.

»Die nehm' ich«, sagte er. Der Mann hustete, nickte, steckte die roten Papierrechtecke wieder hinter die Glasscheibe und sah zu, wie der Junge mit einem Ruck den wellig gestanzten Rand von der Tüte riß, das grelle Papier aufpustete und hineinschaute, »Bleistiftspitze – Fußballbild von Schimanjack – Kaugummi – und, Mööönsch, Gutschein!«

Der Mann beugte sich vor. »Zeig mal!« sagte er.

»Hier, Gutschein«, sagte der Junge und grinste gemessen wie damals, als er zum erstenmal ohne Fahrradschlauch über den Kanal geschwommen war.

»Jau«, sagte der Mann so kräftig, daß dieses Wort einen neuen Hustenanfall aus seinem faltigen Hals herauszerrte. Aber der Mann lachte beim Husten. Er freute sich für den Jungen.

»Dann krieg' ich noch eine Wundertüte gratis. Für den Gutschein«, sagte der Junge.

»Jawoll«, sagte der Silikosemann, nahm den Gutschein und fächerte die roten Tüten wieder vor den körnig-grauen Augen des Jungen auseinander. Der Junge winkte mit gespreizten Fingern ab. »Jetzt will ich vonne lila Tüten«, sagte er bestimmt.

Der Mann zog seinen kahlen Kopf wieder aus dem Ausgabefenster und tauschte die roten Tüten gegen die violetten aus. »Hab' nur noch drei lilane«, sagte der Mann. »Is egal«, sagte der Junge. Diesmal zählte er nicht aus, sondern zog die mittlere Tüte aus der knotigen Hand des Mannes. Er nahm eine Taschenmesserklinge ohne Schaft aus dem angenieteten hellblauen Stofflappen über der rechten Hüfte und schlitzte den oberen Rand der Tüte auf. Während dieser Handlung schloß er die Augen. Er schloß sie so fest, daß sein kleines Gesicht zu einer furchigen Landschaft wurde.

»Na?« fragte der Mann.

Der Junge riß die Lider unter heftigem Zwinkern wieder auf und sagte: »Springfrosch – Flöteplättchen – Anspitzer – und wieder Gutschein – ja, wieder Gutschein!«

»Is ja nich möglich!« sagte der Mann. »Sonst kommt mal alle vierzehn Tage ein Gutschein raus! Du hass 'n Glückstag, Junge!«

Der Junge kratzte sich mit der rechten Hand nachdenklich an der linken Brustwarze, die winzig und braunrot aus dem

Turnhemd hervorragte. »Ham Se auch grüne?« fragte er den Mann. »Nee, grüne gibt's nich«, sagte der Mann. »Bloß noch weiße.«

»Dann geben Se wieder die roten«, sagte der Junge. Der Mann gehorchte sofort und mit einer Flinkheit, die man ihm nicht zugetraut hätte. »Wenn du jetzt nochmal 'n Gutschein ziehst, dann fall' ich von meinem Holzbein«, sagte der Budenmann dabei.

»Ham Se 'n Holzbein?« fragte der Junge. Aber er wartete die Antwort nicht ab, sondern rasselte einen neuen Abzählvers herunter: »Ene mene muh und aus bist du!« Die Tüte, auf der sein Zeigefinger bei »du« lag, nahm er.

»Jetzt wird's spannend«, sagte der Mann und stützte sich mit den Ellenbogen auf das schmale Zahlbrett.

Der Junge überlegte, wie er die Wundertüte diesmal öffnen sollte. Er drehte sie ein paarmal unschlüssig, dann fetzte er jäh eine Ecke ab und schlüpfte bohrend mit zwei Fingern so in die Tüte, daß sie aufzuckte wie ein verletztes rotes Weichtier.

Als er den Gutschein zwischen den braunrandigen Fingernägeln emporhielt, sagte der Junge nichts mehr. Er lächelte auch nicht. Alles an ihm war Staunen – die emporgereckte Hand, der verzogene Mund, die bloßen, staubgepuderten Füße, deren Zehen starr übereinanderlagen.

Der Budenmann legte seine Hand flach auf den glänzenden Schädel. Er sagte: »Ich spring' unter …« Dann hörte er auf, überlegte sich etwas Neues und sagte es: »Gleich hast du eine Wundertüte nach der anderen und meine ganze Bude. Und dann muß ich abhauen, und du bist ich.«

Der Junge begann jetzt zu lachen. Mitten im Lachen erschrak er und brach es ab. Das Lachen war ohnehin klein gewesen. Er schaute die Bude aufmerksam an – die grüne, schwere Farbe, die beim Auftragen unter der Sonne eines

Augusttages Blasen geschlagen hatte, das schmutzige, rissige Zahlbrett, die abgetretenen Stellen da, wo die Bretter in die verbrauchte Erde krochen. Dann sah er den Mann an – das trübe Gesicht mit dem durchsichtigen Gelb, den wuchtigen Glatzkopf, auf dem noch immer die breite Hand lag, die wäßrigen Augen. Und er dachte an das Holzbein. Und er dachte daran, daß er jetzt in der stickigen Bude stehen müßte zwischen klebrigen Bonbongläsern und nicht zum Kanal gehen könnte, wo die kiesbeladenen Schiffe ihre Ränder jedem Schwimmer zum Mitfahren anboten.

Da gab der Junge dem Budenmann seinen Gutschein und sagte: »Ich will jetzt keine Tüte mehr. Könn Se sich selbst eine nehmen.«

Als er fortlief, schaute er, was noch in der zerknitterten Tüte war: ein Foto von James Stewart, ein Fingerring mit schwarzblauem Stein und eine Nadel, die in eine Rakete auslief.

»Morgen komm' ich wieder!« rief der Junge zur grünen Bude zurück. Aber er dachte: Morgen geh' ich sofort zum Kanal.

Wolf Doleys

Rückblicke*
(1997)

Lange war er nicht hier gewesen. Braunschwarz dehnte sich
die Wasserfläche, viel größer, als er sie in Erinnerung gehabt
hatte. Leicht kräuselte sich das Wasser, wenn eine kleine Bö
darüber lief. Das Becken lag verwaist, Kähne gab es keine
mehr, auch keine Kohlehalden, nur die Kräne standen rostig
gegen den Himmel, plumpe Stahltürme, deren kräftige Aus-
leger starr in die Luft ragten. Am Ende der befestigten
Mauer, vor der Mündung in den Kanal, saß unbewegt ein
Angler. Das Lagerhaus, in dem auch die Hafenverwaltung
gewesen war, lag leer mit blinden Fensterscheiben; *zu vermie-
ten* stand auf einem Schild hinter eine Scheibe geklemmt.
Wenn sie sich bis hierher vorgewagt hatten, waren sie stets
verjagt worden. Ihr Revier waren die Brachflächen entlang
des Kanals gewesen, hier waren sie herumgestreift, die Acht-
bis Zwölfjährigen, hatten mit der Luftpistole auf Ratten und
manchmal Vögel geschossen, Wurst am Feuer gegrillt, trok-
kene Stengel vom wilden Wein und dann die ersten Zigaretten geraucht. Auch allein war er oft am Kanal gewesen,
hatte den Schleusenverkehr beobachtet, das Verfüllen im
Ölhafen, das Anschütten im Erz- und Kohlelager. Auf viele
Kilometer entlang der Ufer kannte er jede Mauer, jeden
Betrieb. Im Sommer flirrte die Luft über Stahl und Beton, die
Eisentreppen zum Wasser hinunter waren dann so heiß gewesen, daß sie unter den nackten Fußsohlen brannten. Unten
auf der Plattform, fast auf gleicher Höhe mit dem Wasser
und im Schatten der Mauer, konnte man sie dann kühlen, in
die träge Strömung starren und dösen. Gegen Ende dieser

Kanalstreunzeit war einmal eine seiner ersten Freundinnen mitgekommen. Das war nicht das Revier der Mädchen; der schmutzige Kanal, Rost und Brache, Beton und Industrie zogen sie nicht an. Aber es war ein heißer Tag gewesen, im August, das Wasser versprach etwas Abkühlung, und nirgendwo sonst war man ungestörter. Er hatte noch nicht genau gewußt, wie dieses Spiel mit den Mädchen ging – aber spannend war es schon jetzt. Diese ersten Küsse schwankten noch zwischen Verlegenheit, Erstaunen und drängendem Erkunden. Lange hatten sie auf dem warmen Blech gesessen, die Rücken an die Mauer gelehnt, über Belangloses redend, während doch nur ein Gedanke da war. Das Wasser wälzte sich mehr, als daß es floß. Dumpfig roch es, nach Öl, nach fauligem Treibholz, das in einer Strömungsnische hinter der Plattform dümpelte. Die beiläufigen Berührungen wurden häufiger, mit der Hand, mit dem Knie, ihr Oberschenkel schmiegte sich an, schob sich unter seine aufgestellten Knie, er legte den Arm um ihre Taille, wie schmal die war, aber schon viel Wölbung darüber, wie zufällig stieß er immer von unten daran. Eine rotgelbe Tonne war ganz langsam vorbeigetrieben, halbvoll, der trübe Wasserrand lief quer über die gelbe Shell-Muschel und hielt eine Hälfte im Vagen.

Vielleicht sollte er sich dieses Refugium mieten. Wie das Schild im Fenster es anbot. Zwischen dem Gestern und dem Kommenden. Für unsaubere Atelierarbeiten. Er könnte dort mit Entwicklerflüssigkeit experimentieren, verschiedenes Licht großflächig ohne Kamera auf Papier wirken lassen. Schlossern ließe sich hier. Gipsen, in Stein arbeiten, Metall gießen. Oder einfach zwischenankern. Die Erinnerung an die rotgelbe Tonne bannen. Versuchen, sich das Gesicht jenes Mädchens zurückzurufen. Hatte sie nicht einen Pony gehabt, schwarz oder brünett, eine Prinz-Eisenherz-Frisur?

Er notierte sich Namen und Telefonnummer auf dem Schild, eine Immobilienverwertungsgesellschaft der Ruhrkohle bot den alten Bau an. Viel konnte der rotverrußte Ziegelbau nicht kosten. Er stand wohl schon länger leer, da und dort sproßte ein Birkenschößling aus dem Windgut in Ecken und Türschwellen. Auf der hinteren Seite lag ein großer Raum von Außenwand zu Außenwand, wahrscheinlich eine alte Lagerhalle. Ein schmales Fensterband ging zum Wasser hin. Vielleicht war nur das Parterre allein zu mieten, die Grundfläche war reichlich groß für seine noch undeutlichen Zwecke, an die dreihundert Quadratmeter mochten es sein. Geschäftigkeit herrschte nur noch in einiger Entfernung, wo Kieshaufen und Lastwagen auf einen Baustoffhandel hinwiesen; das Motorengeräusch war jedoch genügend weit entfernt und störte nicht mehr.

Am Kanal sah es noch aus wie ehedem, aber der Schiffsverkehr war dünner geworden. Die meisten Zechen entlang der Ufer hatten die letzte Schicht längst gefahren. Die Fördertürme standen noch, doch das charakteristische große Rad mit dem starken Drahtseil stand so still wie drüben bei *Unser Fritz,* der Name war noch gut lesbar. Er hatte gerade zum Gymnasium gewechselt und erlebt, wie dieser Schacht als einer der ersten geschlossen wurde.

Sein Vater war betroffen gewesen. Heftige Proteste hatte es monatelang gegeben, symbolisch waren Särge durch die Straßen getragen worden, in den Läden lagen Unterschriftenlisten der Gewerkschaft aus, in die sich alle eintrugen, auch die, die mit der Zeche nichts zu tun hatten. Jeden Tag fand eine Kundgebung statt, vor dem Zentraltor, vor der Verwaltung, in der Stadt – doch alle diese Umzüge, Flugblätter, Appelle und Unterschriften hatten die Schließung nicht abwenden können. Es wurde zuviel Kohle gefördert, die zu diesem Preis niemand haben wollte. Eines Tages hatte sein Vater einen Handzettel mitgebracht, nicht von SPD, KPD, DFU oder der Gewerkschaft – BMW stand groß darauf. Arbeitskräfte für das neue Werk in Regensburg wurden gesucht. Einige Aktivisten waren gegen die Verteiler vorgegangen, hatten ihnen die Blätter aus der Hand geschlagen und angezündet. Ein Anschlag auf den Kampf der Kumpel um ihre Arbeitsplätze sei das. Die Kampffront solle durch solche Manöver aus Bayern gespalten werden, hieß es. Viele hatten aber trotzdem ein Flugblatt genommen, sein Vater auch. Zu Hause wurde es vorgelesen. Das Angebot war überraschend. Ähnlich hoher Lohn und Umzugskostenvergütung. Rund um den Tisch staunte man einen Augenblick, aber dann hatte man sich wieder gefaßt. Von der Ruhr nach Bayern, aus der Siedlung nach Werweißwohin, das Haus verkaufen, die Nachbarschaft aufgeben, die Freunde zurücklassen – das konnte sich niemand vorstellen. Nicht für Geld und gute Worte. Lieber wollte sein Vater arbeitslos werden, es würde sich schon eine neue Stelle an der Ruhr finden. Ein Jahr bekam er schließlich Arbeitslosengeld, danach Arbeitslosenhilfe, kein Problem also. Regensburg. Ohnehin hatte er immer genug zu reparieren und zu basteln, zu Hause und in der Nachbarschaft.

Wie er dachten auch seine Kollegen. So kam die letzte Schicht, während der nur noch symbolisch gearbeitet wurde. Wer konnte, kam in der schwarzblauen Festuniform, eine große Schalmeienkapelle spielte vorneweg Arbeiterlieder, und alle zogen vom Schacht zum Rathaus.

Nach den großen Reden hatte fast die Hälfte der Männer in der Siedlung den Arbeitsplatz verloren. Wenn die Schließung schon nicht verhindert werden konnte, so hatte man sich doch gemeinsam gewehrt; das Kapital behielt mit Bonner Hilfe die Oberhand, jetzt war man gemeinsam arbeitslos.

Immerhin hatten sie die dicke Abfindung erkämpft. Die war so reichlich, daß ein kleiner Teil davon direkt zum Kauf eines neuen, großen Kühlschranks verwendet wurde. Sein Vater richtete sich jetzt statt der Früh- und Spätschicht die Tagschicht ein, arbeitete aber genauso viel wie vorher, nur an anderen Objekten; es gelang ihm sogar, die Differenz zwischen Arbeitslosengeld und bisherigem Lohn durch Schwarzarbeit mehr als auszugleichen.

Was ihm fehlte, war die Zeche, dieser große Organismus, der jedem einzelnen das Gefühl gab, am Ganzen teilzuhaben, und er vermißte den Arbeitskontakt mit den Kollegen, das Frühstück auf der Arbeitsbank, das Gespräch über das Fernsehen vom Vorabend, die Kommentare zum Spiel Schalke gegen Wattenscheid und zu Adenauers Auftritten mit de Gaulle. An der Theke traf man sich zwar weiterhin, aber das war etwas anderes. Es dauerte jedoch nur ein paar Monate, und er gehörte wieder dazu. Auf *Consolidation* wurde er als Reparaturschlosser eingestellt, und fast schien alles wie vorher.

Für Frank hatte BMW damals verlockend geklungen. Niemand besaß einen in der Siedlung. Wenn sich der dicke Achtzylinder in ihre Auto-Diaspora verirrte, zog er alle Blicke auf sich. Das Blauweiß blinkte ganz anders von der Kühlerhaube als der Kreis mit dem VW darin.

Manfred Flügge

Zu spät für Amerika
(1998)

Mein Freund fürs Leben war nicht in unserer Konfirmanden-gruppe, denn er war katholisch und viel jünger als ich.

Als ich mich in seine Schwester verliebte, war er neun Jahre alt. Sie war elf und ich schon fünfzehn. Zwischen Alexander und mir lagen also mehr als fünf Jahre, genau wie zwischen meinem Bruder und mir, aber ich wußte, daß er eines Tages mein Freund sein würde, der Begleiter und Gesprächspartner, den ich mir wünschte.

Ein zerbrechliches Männlein mit kleinem, scharf gezeich-netem Gesicht, das uns Größeren beim Fußballspielen zu-schaute – im Ruhrgebiet sagten wir: beim Pöhlen – und das wir mitmachen ließen, wenn uns mal ein Spieler fehlte, dann aber nur im Wege stand oder den Ball ins eigene Tor lenkte, das war mein erstes Bild von Alexander.

Astrid, seine Schwester, war ein Star. Sie war laut und flink und stand überall im Mittelpunkt. Ihr Körper war drahtig und kräftig, sie lieferte sich mit Alexander wilde Keilereien, bei denen er meist unterlag. Mit Vorliebe trug sie karierte Röcke und Blusen. Alle drei Monate zeigte sie sich mit einer anderen Frisur. Mal hatte sie Dauerwellen, mal einen Bubi-kopf oder komplizierte Gebilde mit Haartürmchen und Sei-tenlocken. Gegen das Verbot ihres Vaters ließ sie sich als erstes Mädchen aus der Zechensiedlung einen Igelhaarschnitt machen, Mecki-Frisur genannt, nach dem Igel aus der Bilder-serie einer Rundfunkzeitschrift.

Für die *Mecki*-Frisur ging man zu *Quatschnie*, wie wir den Friseur an der Straßenbahnhaltestelle nannten. Quatschnie war ein rechter Taubenkasper, der mit den Kunden endlos über seine erfolgreichen Tauben sprach. Manchmal gingen wir zusehen, wenn am Samstag vormittag die Taubenkäfige in die vielen Kästchen des Lastwagens geschoben wurden, der sie an die holländische Grenze oder nach Ostfriesland brachte, von wo die Taubenmännchen ihren Witwerflug antraten, zurück zu dem Weibchen, von dem man sie getrennt hatte. Am Sonntag standen dann die Taubenväter auf der Straße und suchten den Himmel nach ihren Vögeln ab. Zurückgekehrten Tauben wurden rasch die Kennungsmarken abgestreift, um sie in die Stechuhr zu schieben. Quatschnie soll seinen Lieblingsvogel Berti mit dem Luftgewehr abgeschossen haben, weil er zu lange über dem Haus kreiste, statt rechtzeitig im Taubenschlag auf dem Dachboden zu landen.

Bei Familienfeiern hatte Astrid ihre großen Auftritte. Sie präsentierte neue Kleider und Frisuren, oder sie gab ihre Lebensplanung zum besten. Ihre Vorhaben reichten von »Ich heirate nie« bis »Mit zwanzig hänge ich mich auf«. Über solche Sätze lachten die Erwachsenen, was mich wütend machte. Ich habe geglaubt, eines Tages wird sie berühmt durch einen großen Erfolg oder eine große Dummheit. Ich schwärmte für Astrid, liebte den Glanz des Besonderen, der sie umgab, ihr feines Auftreten, das Alexander nur für Getue hielt. Aber ich ahnte auch, daß ich sie nicht so leicht auf meine Seite ziehen könnte wie ihren Bruder. Bei einer Geburtstagsfeier versteckte sich Astrid mit mir zwischen Vorhang und Gardine im Schlafzimmer meiner Eltern. Wir hätten uns vielleicht geküßt, wenn uns nicht Alexander entdeckt und hervorgezerrt hätte.

Alexander wohnte in einer leicht geschwungenen Straße mit dem schönen Namen *Am Moorschacht*, der für mich das Ruhrgebiet symbolisierte, Industrie eingepflanzt in westfälische Landschaft. An dieser Straße, die durch Vorgärten und weit voneinander abstehende Häuser etwas Großzügiges und Ausladendes hatte, standen viele kleine Birken. Unsere Straße, die direkt auf das Zechentor zuführte, war eintöniger, allerdings sehr breit und mit weichem Asphalt bedeckt, was sie für unsere Rollschuhfahrten geeignet machte. Beim Rollhockey dienten abgeschnittene Äste als Schläger und flachgetretene Milchdosen als Pucks.

Astrid und Alexander lagen nur anderthalb Jahre auseinander, sie waren 1949 und 1950 geboren oder vielmehr »angeschafft« worden, wie ihr Vater sagte, den sie zu Hause nur Vater Paslack nannten. Zuerst ein paar Jahre arbeiten, dann die Wohnungseinrichtung und dann die Kinder, so erläuterte er einmal die Reihenfolge. Nach den Kindern hatten sich die Paslacks einen Fernsehapparat angeschafft. Das muß um 1954 gewesen sein. Unsere Familie bekam erst nach den Olympischen Spielen von 1960 einen Fernseher, bis dahin gingen wir als Mitseher regelmäßig »zu Paslacks«.

Meine Laufbahn als Radiohörer hatte auch als Besucher angefangen. Als wir noch kein eigenes Rundfunkgerät besaßen, gingen wir zum Kinderfunk und für die Fortsetzungskrimis mit *Paul Temple* zu unseren Hausnachbarn.

Vater Paslack, der auf derselben Zeche arbeitete wie mein Vater, war ein Fernsehpionier. Als erster in der ganzen Siedlung hatte er den jeweils neuesten Apparat, als erster den gewölbten Bildschirm, als erster die Großbildröhre, als erster später das Farbfernsehen.

Vater Paslack war von hagerer Gestalt, auf seinem zähen, muskulösen Körper saß ein sehr klein und rundlich wirkender Kopf, gekrönt von einem stets zerzausten Haarkranz rings um eine Kahlstelle. Seine glühenden Augen und die vielen Falten auf der Stirn gaben ihm etwas Bedrohliches und Einschüchterndes, als rumore in ihm eine verhaltene Wut. Er sprach sehr intensiv, sehr bestimmt, sehr laut, in abgehackten oder verdrehten Sätzen, wobei ihm unübliche Wortbildungen unterliefen. Er konnte auch längere Zeit zornig schweigen, bis er dann explodierte und wie ein Wasserfall redete. Zu allem hatte er eine Meinung, denn er war ja durch das Fernsehen blendend informiert.

Besonders gern sprach Vater Paslack von seinen Kriegsjahren in Italien, die ein einziges Abenteuer gewesen sein mußten. Wenn das Fernsehprogramm schlecht war, erzählte er, wie er am Monte Cassino im letzten Augenblick von einem Lastwagen gesprungen war, dessen Bremsen auf einer abschüssigen Straße versagt hatten. Tote schien es in seinem Krieg nicht gegeben zu haben, dafür eine unverbrüchliche Kameradschaft, die er nur auf der Zeche – man sagte: auf'm Pütt – wiedergefunden habe.

Vater Paslack hatte sogar mit seiner Kriegsgefangenschaft Glück, denn er wurde mit dem Schiff nach Amerika gebracht, er durfte in Kalifornien auf einer sonnigen Orangenplantage arbeiten, wo es gekochten Mais zum Essen gab und als Nachtisch Vanilleeis, während andere in Workuta Kohle schaufelten oder in Murmansk erfroren. Er hätte sogar eine Plantage übernehmen können, aber er ließ sich nach Deutschland zurückschicken und ging dort in den Kalibergbau. In einem Auffanglager für Heimkehrer lernte er seine spätere Frau kennen und zog mit ihr ins Ruhrgebiet, weil der Steinkohlebergbau als nicht so gefährlich galt, außerdem erhielt man Deputatkohle und Schwerstarbeiterzulage.

Mutter Paslack, eine pummelige Person mit krausem Haar und krauser Sprechweise, stammte aus dem Sudetenland, aus dem sie viele Kochrezepte mitgebracht hatte, vor allem für Mehlspeisen und Kuchen. Anton Paslack kam aus Kattowitz, ein Name, den ich, wie Beromünster, Falun, Allouis oder Hilversum, nur von der Senderleiste unseres ersten Radiogerätes kannte, an dessen magischem Auge ich mir wiederholt die Fingerkuppen verbrannte, weil ich es zwanghaft berühren mußte. Als siebzehnjähriger Gärtnerlehrling war er kurz vor Kriegsausbruch nach Westen über die Grenze gegangen, um nicht in die polnische Armee gesteckt zu werden. Er meldete sich freiwillig zur Wehrmacht und absolvierte die schwierige Ausbildung zum Funker, bei der von zwanzig Kandidaten nur drei alle Tests bestanden, wie er stolz erzählte. Als sein Sohn Alexander ankündigte, daß er auf jeden Fall den Wehrdienst verweigern werde, gab es einen ihrer großen Kräche.

Vater Paslack mußte unter Tage oft knietief in Wasser und Schlamm arbeiten oder als Schachthauer an zugigen Plätzen aushalten. Das hat ihn zu einem kränkelnden Mann werden lassen, hat seine schlanken, sehnigen Glieder mit Rheuma und Ischias belastet. Aber er liebte seine Arbeit, machte oft Sonderschichten, war manchmal bis zu sechzehn Stunden unter Tage; »Der Vater macht heute länger«, hieß es dann. Wenn er Nachtschicht hatte, begleitete er uns auf dem Rückweg vom Fernsehabend, denn unsere Wohnung lag nicht weit vom Zechentor. Es sah aus, als wollte Vater Paslack in den Berg flüchten.

Nach 1956 versuchten viele der Männer, die nach dem Krieg notgedrungen zum Bergbau gegangen waren, ihr Glück bei der neugeschaffenen Bundeswehr. Vater Paslacks Körper war von der Arbeit unter Tage schon so geschwächt, daß er als untauglich abgelehnt wurde. So kehrte er in seinen Schacht zurück, während sein Schwager Alois bald in nagelneuer Uniform durch die Siedlung stolzierte und dabei die Leute zählte, die sich auf der Straße mit offenem Mund nach ihm umdrehten.

Alois Bitek, Mutter Paslacks unverheirateter Bruder, war ein breitschultriger Mann, dessen dröhnendes Lachen mehrere Goldzähne bloßlegte. In seiner winzigen Wohnung in einem Haus an der Hippenwiese, gleich neben unserem Schulhof, hingen mehrere selbstgebastelte Flugzeuge von der Decke, aus silbrig besprühtem Balsaholz, wie Alexander schwärmerisch erzählte.

Alexander nahm mich mit zu seinem Onkel, als der einen Amerikaner zu Besuch hatte. Bitek trug seine Uniform, der Amerikaner war in Zivil. Er lieferte Fahrzeuge für das Depot, in dem Bitek als Fahrlehrer arbeitete. Zu meiner großen Enttäuschung hörte ich keine fremde Sprache, denn der Amerikaner sprach sehr gut Deutsch, wenn auch mit leichtem Akzent. Und Kaugummi hatte er auch nicht bei sich. Wir blieben ganz still und staunten ihn bloß an.

Irgend etwas sagte in mir, man müsse ganz anders werden, ganz anders leben, als wäre man von anderswo, mit einem Wort, man müsse amerikanisch werden. Aber wie dieses andere Leben aussähe, hätte ich nicht sagen können. Für Alexander stand schon fest, daß er einmal nach Amerika reisen würde. Dort leben friedliche Familien in sauberen Häuschen, stellte er sich vor.

Carl Arnold Kortum

Von meinen Jünglingsjahren und von meinem auswärtigen Studieren
(1760)

Als ich mein Glaubensbekenntnis abgelegt hatte, und nunmehr fast 15 Jahr alt war, fand meine Mutter für ratsam, mich nach einem Gymnasium zu schicken. Es wurde Dortmund gewählt, weil daselbst mein Oheim wohnte, welcher so gütig gewesen war, mir, obgleich im damaligen Krieg alles sehr teuer war, freies Quartier und Kost anzubieten. Die Reise ging also im Sommer 1760 vor sich. Das Archigymnasium daselbst ist immer sehr berühmt gewesen. Es hat sechs Klassen und in jeder sind besondere Lehrer. Die 7. Klasse ist die niedrigste und die 2. als secunda die höchste. Ich begab mich zum Gymnasiarch Pilger, welcher zugleich Superintendent und Professor der Theologie war, zum Examen. Er fragte nach meinem Alter. Anfangs legte er mir die Gespräche in Langens Grammatik vor, da er aber hörte, daß ich sie vollkommen und ohne die geringste Mühe übersetzte, auch jedes Wort richtig analysierte und die syntaktischen Regeln angab, so griff er nach einem schwereren Buch, ich glaube, es war Cicero. Da es nun auch hiermit recht gut ging, so verwunderte er sich über meine Fertigkeit in der lateinischen Sprache und er hätte mich gleich in die oberste Klasse gesetzt, wenn es mir nicht am Griechischen gefehlt hätte, von welcher Sprache ich nichts weiter verstand, als sie lesen und zur Not etwas declinieren und conjugieren. Er schrieb mich also unter die Tertianer ein. Diese Klasse hatte damals ihren Lehrer, welcher nebst dem Titel eines *Rectoris tertiae classis*, auch den Titel eines *Professoris linguarum* hatte, durch den Tod verloren. So lange diese Stelle noch nicht wieder besetzt war, hatte sich gedachter Gymnasiarch Pilger und der Professor und Prorektor Hofmann in diese Arbeit geteilt und diese dritte Klasse mit übernommen, da sie sonst die Lehrer der obersten oder 2. Klasse waren. Unsere Beschäftigung in dieser 3. Klasse bestand darin, daß wir *Ovidis tristia* und den *Julius Caesar ex tempore* übersetzen mußten. Im Griechischen mußten wir das neue Testament vornehmen. Pilger las zugleich über Grosseri Theologie und über Zopfens Universalhistorie, Hofmann aber gab in der Logik nach Baumeistern und in der Beredsamkeit über Gottscheds Vorübungen Unterricht. Ich lebte sehr vergnügt und nahm in den Wissenschaften merklich zu. Im Sommer des Jahres 1761 bekam meine Mutter die damals in Mülheim herrschende Dysenterie. Ich reiste also zu ihr. Da ich sie zärtlichst liebte, so wich ich, während der ganzen Krankheit, welche sehr heftig war und lange anhielt, nie, weder bei Tage noch bei Nacht von ihrem Bette und es war sonderbar, daß, da alle im Haus mit dieser Krankheit belastet wurden, ich der einzige war, welcher ganz und gar frei blieb. Ich schreibe dieses hauptsächlich dem häufigen Genuß der reifen Pflaumen zu, welche ich täglich, besonders des Morgens, von den im Garten stehenden Bäumen pflückte, obgleich die Ärzte selbige damals noch für ungesund ausschrien. Meine mehr als genaue Sorgfalt in Aufwartung meiner kranken Mutter schaffte mir den Vorteil, daß ihre zärtliche Liebe gegen mich seit dieser Zeit noch merklicher zunahm. In ihrer schweren Krankheit machte dieses ihren meisten Kummer aus, weil ich noch unversorgt war und mir selbst noch nicht zu helfen im Stande war. Sie glaubte, daß ihr Tod meinem Studieren Hindernisse machen würde. An einem Tage, da sie am kränksten war und ihr Ende erwartete, reichte sie mir die Schlüssel zu einem, in ihrem Schlafzimmer stehenden Koffer und befahl mir, eine darin liegende Summe Geldes, welche sie zur Bestreitung der

Kosten bei meinem Studieren aufgehoben hatte und etwa 1500 bis 2000 Reichstaler betragen mochte, daraus zu nehmen, sie einem meiner treuesten Verwandten in Verwahrung zu tun und zu meinem Nutzen zu brauchen. Gerührt von diesem so großen Zeichen ihrer treuen Zärtlichkeit und Sorgfalt wollte ich dieses Geld nicht nehmen, so sehr sie mir auch zuredete. Sie befahl darauf meinen Brüdern, diese Summe für mich allein liegen zu lassen, und es wurde ihr auch gehorsam versprochen. Endlich besserte es sich mit ihr wieder. Ich reiste deswegen im November, da sie außer aller Gefahr war, wieder nach Dortmund und wurde auf die oberste Klasse gesetzt.

Bis auf diese Zeit war ich noch unentschlossen, ob ich das theologische oder medicinische Studium wählen wollte. Da ich aber zum letzteren etwas mehr Neigung hatte, und in der Pharmacia ziemlich erfahren war, indem ich sowohl in der Apotheke meiner Mutter, in welcher mein ältester Bruder die Direction hatte, als auch in der Apotheke meines Oheims zu Dortmund mich öfters aufhielt und zum Vergnügen die Rezepte verfertigen half, auch ich eine kleine medicinische Bibliothek besaß, welche meine Mutter von der Witwe eines verstorbenen Arztes gekauft und mir geschenkt hatte, so wählte ich die Arzneigelahrtheit. Ich las also in Nebenstunden für mich einige medizinische Bücher, bekam auch von dem Doctor Saalmann, welcher der Schwiegervater meines Oheims war, einigen Unterricht in der Anatomie.

In gedachter oberster Klasse hatten die Studenten die Erlaubnis, Degen zu tragen, und auch sonst allerlei akademische Vorzüge. Die Gesetze, welche gedruckt waren, so wie auch die Matrikel habe ich zum Andenken noch aufbewahrt. Ob ich nun gleich die Arzneikunst studieren wollte, so hörte ich doch die theologischen Vorlesungen des gedachten Pilgers, welcher, so wie auch Hoffmann, Lehrer der obersten

Klasse war. Auch wohnte ich den Vorlesungen des erstern über Zopfens Universalhistorie, wie schon in Tertia Classe geschehen war, bei; fuhr auch fort, in besonderen Stunden bei ihm das Griechische zu lernen, indem ich nebst meinen Commilitonen das neue Testament *ex tempore* übersetzte. Bei Hoffmann hörte ich die Logik und andere philosophische Collegien, auch immer über Baumcisters *Elementa philosophica*. Der Vortrag dieses vortrefflichen Mannes war faßlich und schön. Bei eben demselben wurde in gewissen Stunden Virgils Aenëide und Ciceros Reden *ex tempore* übersetzt, die Übersetzung aber mußte nicht allein grammatikalisch richtig, sondern auch schön und dem Sinne des Schriftstellers gemäß und nachdrücklich sein. In einer anderen Stunde wurden die eigentlichen sog. schönen Wissenschaften getrieben. Er las uns aus den besten neuen prosaischen und poetischen Schriftstellern die schönsten Stellen vor, wir mußten auch wöchentlich zweimal eigene Aufsätze entweder in Prosa oder in Versen bringen, dann lobte er, was gut war, und das schlechte machte er auf eine ihm eigene satyrische Weise lächerlich. Alle bemühten sich also, ihm was Gutes zu liefern. Diesem Mann verdanke ich den gesunden Geschmack an schönen Wissenschaften, welche ich nachher immer geliebt habe.

In meinen Nebenstunden las ich viele Bücher, welche Geschichte oder schöne Wissenschaften enthielten, übte mich in Malen und Zeichnen, lernte ein wenig Musik auf der Zimmerflöte und genoß übrigens die Vergnügungen der Jugend, ohne in diesen groß ausschweifend zu sein. Von den Beschwerden des Krieges, welche das ganze Land und besonders Dortmund drückten, empfand ich als ein junger Student, dem es an nichts fehlte und der seine völlige Freiheit hatte, nicht das mindeste und konnte also auch mein Studieren ruhig fortsetzen.

Ralf Rothmann

Milch und Kohle
(2000)

Meine Mutter nähte sich fast jeden Samstag ein neues Kleid. Das ging schnell. Wenn das Geschirr abgewaschen und der Braten für den Sonntag in die Röhre geschoben war, setzte sie sich an ihre Singer mit dem gußeisernen Pedal und nähte die Teile zusammen, die sie in der Woche vorbereitet hatte. Sie kaufte sich jeden Monat ein Burda-Heft mit Schnittmusterbeilage und perforierte die Linien auf den Papierbögen mit einem winzigen Zahnrad aus Silber.

»Wie ist das, Simon? Sitzt es gut?«

Ein ärmelloses Kleid aus braunem Stoff, zu dem sie eine Perlenkette trug.

»Ja«, sagte ich. Es war über dem Busen etwas zu weit, aber das mochte ich nicht ansprechen. Sie hätte alles wieder auftrennen müssen.

»Ist es nicht zu kurz?«

»Nein, schon okay. Gehst du heute tanzen?«

Sie wies mit einer Kopfbewegung zum Wohnzimmer. »Wenn er mich läßt.«

Dann drehte sie sich vor dem Spiegel, der golden war in der Abendsonne, strich den Stoff über den Hüften glatt. Ich mochte sie lieber in solchen Kleidern als in den engen Kostümröcken, die sie gewöhnlich trug und die ihren kleinen kugeligen Bauch betonten. Sie setzte sich an die Frisierkommode und tränkte einen Wattebausch mit Nagellackentferner. Der Geruch nahm mir den Atem.

»Wieso mußt du dir eigentlich immer die Nägel anstreichen? Das Zeug stinkt widerlich!«

»Tja, wieso eigentlich ...« Rasch wischte sie die alte Farbe ab und warf die rötlichen Watteflocken auf den Boden. Ihre Hand sah irgendwie nackt aus jetzt. »Vermutlich, weil es den Kerlen gefällt.«

»Bist du nicht verheiratet?«

»Das verstehst du nicht. Auch eine Ehefrau lebt von den Blicken anderer Männer.«

»Aber du hast überhaupt keine schönen Hände!«

Verdutzt betrachtete sie ihre Linke. »Findest du?«

»Ja. Das sind Krallen.«

»Hm. Vielleicht hast du recht. Die können zupacken. Früher, beim Melken, war ich mit meinen Viechern oft schneller fertig als dein Vater. Dann lief er rum, zog an den Zitzen und knurrte: Du hast sie nicht richtig ausgemolken! Hatte ich aber doch ... Hol uns mal 'ne Zigarette, ja?«

»Wieso sind wir eigentlich nicht auf dem Land geblieben damals. Ich meine, da hatten wir doch alles. Es ging uns gut.«

»Ja, *alles*«, sagte sie spöttisch. »Inklusive Kuhmist, Schlamm und Schweinegülle, eine große Grube gleich hinterm Haus.«

»Und hier, im Ruhrpott? Hier hast du Schulden, rußige Wäsche und Staublunge, oder was?«

»Hier ist Stadt: Asphaltierte Straßen, nette Nachbarn, ein Fernseher und jeden Samstag Tanz bei Maus.«

»Wenn er dich läßt«, sagte ich.

Es klingelte, und sie erschrak, kehrte die Watteflocken mit der Fußspitze zusammen. »Geh, mach mal auf. Das wird die Friede sein.« Zigarette im Mundwinkel, schüttelte sie das Fläschchen, zog den Pinsel heraus und bestrich die hohen Wölbungen der spitzen Nägel. Der frische Lack, sein Funkeln in der späten Sonne – momentlang kam es mir vor, als würde sie das Jubilieren der Kanarienvögel aus dem Keller unterstreichen.

Nachdem mein Vater die gefüttert und den Sand in der

Voliere ausgewechselt hatte, versorgte er die Fische und reinigte die Sauerstoffpumpe. Dann legte er sich aufs Sofa und sah fern. Meine Mutter und ihre Freundin setzten sich in die Küche, tranken Kaffee und besprachen den neuesten Siedlungsklatsch. Dabei flüsterten sie oft, und Tante Friede – wir nannten viele Nachbarn und Freunde unserer Eltern Tante oder Onkel – kicherte hinter vorgehaltener Hand. Ich verfolgte das mit halbem Ohr und kramte schließlich meine Schulhefte aus dem Schrank, die Buchführung, die mir mysteriöser vorkam als die Heimlichtuerei der Frauen.

»Wer flüstert, lügt«, sagte mein Vater. »Ich höre alles.«

»Kannst du ruhig«, rief meine Mutter. »Wir haben nichts zu verbergen.«

Dann warf sie einen Kronkorken in mein Zimmer. »Los, bring deinem Vater mal ein Bier.«

Die Hände im Nacken verschränkt, schien er zu schlafen. Der Fernseher lief ohne Ton. Ich stellte die Flasche auf die Blumenbank.

»Will ich nicht«, murmelte er, ohne die Augen zu öffnen.

»Mußt du aber«, sagte ich, und nach einer Weile setzte sich auch Tante Friede ins Wohnzimmer. Sie war ein bißchen verquollen, hatte jede Menge Sommersprossen und kupferbraun gefärbte Haare. Anita, ihre einzige Tochter, wurde von den Großeltern aufgezogen, und wann immer man sie nach dem Vater fragte, schüttelte sie verlegen den Kopf und sagte: »Anita ist ein Einzelkind.« Ihre Bezeichnung für unehelich. Tante Friede war die beste Freundin meiner Mutter und arbeitete als Putzfrau bei Hoesch.

»Wer spielt denn heute, Waller?«

Mein Vater runzelte die Brauen. »Wie, wer spielt denn? Das ist ein Western!«

»Ja, aber später. Spielt da keiner?«

Schulterzucken. Er mochte Tante Friede nicht besonders; für ihn war sie eine Quasselstrippe.

»Ich geh übrigens gleich zu Maus. Kommt ihr mit?«

Er schüttelte kurz den Kopf, trank einen Schluck, antwortete nichts. Kaum etwas konnte mehr einschüchtern als sein Schweigen, und behutsam, nur mit den Fingerspitzen, betastete Tante Friede ihre Dauerwelle, zog die Armbanduhr auf, zupfte an den Strümpfen. Eine winzige Laufmasche an der Ferse war mit einem Tropfen Nagellack gestoppt.

»Kann denn die Liesel mit? Ein Stündchen? Ich paß auch auf sie auf.«

Er ließ eine Art Grunzen hören. Ich ging aus dem Zimmer. Meine Mutter, die lauschend im Flur stand, hielt mich am Hemd fest und sah mich aus den Augenwinkeln an. »Übrigens …« Sie flüsterte. »Warum hast du mir vorhin nicht gesagt, daß das Kleid hier zu weit ist?«

Ich schüttelte den Kopf, blickte auf meine Schuhspitzen. »Wieso denn. Sitzt doch gut.«

»Ja, ja!« knurrte mein Vater. Er ging zum Fernseher, schaltete um. »Haut schon ab, ihr verrückten Hühner. Aber um Punkt ein Uhr ist sie wieder hier!«

Es folgte ein rascher Aufruhr im Schlafzimmer, das polternde Anprobieren, Verwerfen und Wiederanprobieren von Stöckelschuhen, das Zischen von Haarsprayflaschen und Parfümzerstäubern, dann warf meine Mutter uns einen Handkuß zu, »Tschüs, seid artig!«, und die Tür fiel ins Schloß. Und kurz darauf hörte ich die Pfennigabsätze der beiden Frauen hinterm Haus, das rasche Tack-Tack auf dem Pflaster längs der Kellerfenster, vor dem die Kanarienvögel verstummten.

Helge Schneider

Guten Tach – Auf Wiedersehen
(1992)

Zwiebel. Eigentlich heißt er Bernhard Sondermann. Ich weiß nicht, wie er zu dem Spitznamen kam, vielleicht weil er so gut kochen konnte. Bei ihm war immer was los. Ich war fast immer da, mit 16 hatte ich ihn kennengelernt. Er war ein halbes Jahr Hausmeister in einer Turnhalle, die andere Jahreshälfte reiste er durch den Orient. Seine Haare standen in einem dicken, krausen Wust vom Kopf ab, dazu trug er einen Bart wie ein dickes Wollknäuel, er sah genauso aus wie der eine von den Freak-Brothers aus U-Comics. Oft haben wir stundenlang Gitarre gespielt, er konnte viele Lieder, auch er stand auf Jimi Hendrix. Wir hatten mal einen Auftritt auf einem Schulfest, ich hatte eine große Band zusammengestellt aus verschiedenen Leuten, darunter auch Nichtmusiker. Und ein klassischer Gitarrespieler. Ich war damals schon regional als Jazzpianist bekannt, deshalb hatten wir die Möglichkeit, da zu spielen. Ich fand besonders klasse, mit Fausthandschuhen am Klavier zu sitzen und Zeitung zu lesen, dabei ging ich manchmal mit dem Hintern hoch und haute damit auf die Tasten. Der klassische Gitarrist saß ganz vorne und wollte gerne richtig spielen, drehte sich immer verärgert um. Zwiebel zersägt während des Auftritts einen Stuhl, der in der Schulaula rumgestanden hatte. Nach zehn Minuten stellte man uns den Strom ab.

Auf Arbeitssuche mit Zwiebel, das hieß, man braucht eigentlich gar nicht erst loszugehen, man bekommt auf gar keinen Fall eine Stelle. Schon als wir zu Hause weggingen, dachten wir im Leben nicht daran, einen Finger krumm zu machen für andere Leute. Wir stellten uns bei Mannesmann vor, dem großen Stahlröhrenverein hier im Ruhrgebiet. Dort gab es die sogenannte Conti-Straße, eine gesonderte Halle für dünne Röhren, wo es unheimlich laut zugeht, das Knallen von Metall auf Metall ist bisweilen unerträglich. Ohrenschützer sind nicht wegzudenken, trotzdem ist es da so laut, daß man, wie wir gehört hatten, mehr Geld verdient. Da wollten wir hin. Dazu mußten wir aber etliche ärztliche Untersuchungen über uns ergehen lassen. Die Prozedur dauerte den ganzen Tag, am nächsten Tag sollten wir dann kommen zwecks Einteilung in eine Abteilung, zu der wir geeignet waren. Den Fragebogen, ob man in Säure arbeiten will, habe ich mit lauter Neins ausgefüllt. Zwiebel auch.

Als wir uns dann auf der Conti-Straße dem Chef vorstellten, fragte der uns, ob wir wirklich hier arbeiten wollten, da haben wir beide auf Anhieb nein gesagt. Auch schlimm ist, wenn man Arbeit sucht, in einer Lederfabrik ist mir das passiert, und sie geben einem sofort Schuhe und Arbeitshosen und sagen: »Da sind die Schuhe, hier, Sie fangen sofort an.« Dann sagt man: »Mir fällt gerade ein, ich muß meine Oma besuchen, und dann habe ich morgen einen Zahnarzttermin, ich würde gerne nächste Woche anfangen!« »Dann kommen Sie morgen direkt nach dem Zahnarzttermin.« »Ja! Das ist eine sehr gute Idee!«, und man geht da gar nicht mehr hin.

Wir haben immer gesagt, Arbeit hat keine Balken.

Marion Poschmann

Schwarzweiß*
(2005)

Theo wuchs in der Arbeitersiedlung neben der Zeche auf. Am Hang gelegen, steil abfallende Gärten. Emailliertes Blechgeschirr, Hühner ums Haus, ein Taubenschlag. Immer roch es nach Eintopf, die Wäsche auf der Leine schwarz vom Kohlenstaub. Es war die Zeit der Persilwerbung, eine Kindheit, von Kohle und Persil geprägt.

Theo fütterte die Kaninchen mit Gras und Löwenzahn. Um die Hühner kümmerte sich die Mutter, der Vater war versessen auf die Tauben. Selber gezüchtet, an Wettfliegen teilgenommen. Im Wohnzimmer standen die Pokale neben dem guten Porzellan, die Wände voll mit gerahmten Siegerurkunden, dazwischen hing nur noch das Hochzeitsfoto.

»So eine preisgekrönte Taube, die war dem Vater das wichtigste, da hat der sogar auf seine Zigaretten für verzichtet. Hat ja alles auch gekostet, allein das Futter, und was verdienst du schon als Bergmann.«

Theo wurde kurz vor Kriegsende geboren. Der Zweite Weltkrieg: goldene Zeit für Bergarbeiter. Überstunden, Zusatzlieferungen, harte Maloche, der Kumpel stand sich gut. Auch vom Wiederaufbau profitierte man. Dann kam die Kohlenkrise.

Als Junge besonders pfiffig. Er war gut in Mathematik, er hatte zum Geld ein gutes Verhältnis, er fand Groschen auf der Straße, er war es, der eine vergessene Pfandflasche sah und sie einsammelte, er suchte Fossilien in den Schieferhängen rund um die Zeche und verkaufte sie an ein Heimatmuseum, er war womöglich gar nicht sehr viel begabter als seine

Geschwister, aber er wußte aus allem etwas zu machen. Fleißiger Meßdiener, legte für die polnischen Vorfahren Ehre ein. Er hatte sehr gerne vor den Augen aller anderen gekniet und das Weihrauchfaß getragen, es im richtigen Moment geschwenkt, die Schellen lautlos angehoben und präzise damit geklingelt, sie lautlos wieder auf ihrem Filzpolster abgestellt. Der Pastor verschaffte ihm seine Ausbildung, er förderte ihn, er sprach mit den Eltern, ohne seinen Einsatz wäre der Junge nicht so weit gekommen, man verdankte einiges der Kirche, er vergaß es nicht.

Mit seiner Erika ging er am Wochenende auf die Kirmes, er verdiente damals schon ganz ordentlich, wenig Freizeit, man mußte sich hocharbeiten, Überstunden, Abendschule, er sparte für später, gab zu Hause Kostgeld ab. Das Familienleben beengt, zwei Zimmer mit Küche, fünf Kinder, er war das pfiffigste, er brachte es von allen am weitesten.

Erika war stolz auf ihn. Erika kochte Kartoffeln, Erika war sparsam wie er. Erika arbeitete auf ein Eigenheim hin, Erika in Kittelschürze, Erika war stolz auf ihn.

Dem Besuch präsentierten sie das Wohnzimmer, alle Lampen, alle Steckdosen von Theo selbst installiert, die Maurerarbeiten von ihrem Schwager gemacht, die Tapeten hatte Erika geklebt, ganz allein an einem Vormittag, gemütliche Tapeten, lindgrün geblümt.

Aber das Licht in der Waschküche, das durch die Glasbausteine drang, der frische, kühle Geruch, das Surren der Maschinen, der Waschtrommel, der Gefriertruhe, das war für Theo ohne Vergleich. Er mochte es, wenn er seine Gartenhosen und die Arbeitsjacke an einem Nagel in der Kellerwand aufhängte, während Erika nebenan ihre Hände in den Plastikwäschekorb tauchte und die vollgesogenen Wäschestücke aufnahm, er mochte das Geräusch ihrer Schritte, das an den kahlen Wänden widerhallte.

Er führte ein ganz unauffälliges, vollkommen durchschnittliches Leben, er kaufte einen Wohnzimmertisch und eine Sitzgruppe, die Studentenrevolte ging spurlos an ihm vorüber, er blendete vieles aus, er glaubte an sich.

Es hatte alles gut angefangen, sie hatten für das Haus gespart, sie hatten für die Kinder gespart, sie hatten beide die Sparsamkeit des Krieges im Blut, wenn es auch für Gäste nicht so aussah, wenn auch für die Gäste nur das Beste auf den Tisch kam: für sich selber verlangten sie nicht viel, sie waren nicht vornehm, sie aßen Kartoffelsuppe und normale Butterbrote. Erika kaufte günstiges Brot und die billigsten Kartoffeln, es war die Zeit von Persil und Margarine, Erika wusch nicht mit Persil. Erika machte Preisausschreiben mit, Erika gewann einmal eine Geschirrspülmaschine, sie gewann sie zum richtigen Zeitpunkt, als ihre alte gerade drohte endgültig den Geist aufzugeben. Erika wäre es vor Gästen peinlich gewesen, ohne Geschirrspülmaschine dazustehen.

Erika hatte gern Gäste. Erika mochte es, Salzstangen in Gläser zu füllen, Servietten zu falten, Kuchen aufzuschneiden, Erika sorgte gern für andere, er fand das richtig so.

Nur wenn sie mit ihrer Schwester auf Butterfahrt ging, hatte sie ihm, ohne mit der Wimper zu zucken, eine Dose Ravioli hingestellt, die er sich aufwärmen mußte. Er konnte sich auch ein Ei braten oder ein Schnitzel, er konnte einiges am Herd, er war immerhin der Pfiffige, worum es ihm ging, war das Gefühl, daß sich jemand um ihn kümmerte. Erika hatte ihn manchmal, wenn sie zum Kaffeeklatsch ging, dazu gebracht, den Kindern das Abendbrot zuzubereiten, und er hatte sich Mühe gegeben, kleine Häschen aus Radieschen und Mohrrüben geschnitzt, die Tomatenviertel mit Petersilie verziert, auf die Wurstscheiben eine Dekoration aus Mayonnaise und Tomatenmark getupft. Er tat es durchaus für die Kinder, aber er tat es auch für sich selbst.

3.
RUHR.METROPOLE

Horst Krüger

Bilder aus dem Ruhrgebiet
(1969)

Der erste Eindruck also ist ziemlich niederschmetternd. Unglaublich überaltert, erzkonservativ und sehr provinziell liegt das Ruhrgebiet mitten in unserer Republik, so als gehörte es nicht dazu. Es hämmert und dröhnt, es zischt und sprüht, es glüht und rostet zugleich. Es spiegelt die verspätete Bewußtseinslage der Arbeiter. Es stellt seine beschädigten Kleinbürgerträume aus, spielt seine Paradiese durch. Man arbeitet schwer, man malocht, dafür aber gibt es auch die Freuden des kleinen Wohlstands: Ein Häuschen mit Stall, Fernsehen, Bildpresse, vielleicht ein Auto, aber sicher doch Fußball und Taubenzucht. Man zahlt dauernd ab und hat auf seiner Waschmaschine seinen Fernseher und auf seinem Fernseher sein Radio und auf dem Radio noch eine Zimmerpalme stehen: ein schöner Turm kleindeutschen Wohlstands.

So sollte die Welt wohl sein, so hatten sich Gott und Rainer Barzel Gesellschaft immer gedacht: fünf Millionen Untertanen, die nur in ihren Kochtopf, in ihre Lohntüte, in ihre Kneipe, in ihren Fernseher und sonntags in ihre Kirche gukken. Dies ist fast wie ein Schlaraffenland der CDU, obwohl alle Städte hier ausnahmslos von der SPD regiert werden.

Das Ruhrgebiet ist eine erzkonservative Landschaft mit etwas schlechtem Gewissen dazwischen. Zwischen dieser grauen und tristen Welt aus Hochöfen und Kühltürmen, aus Schuppen und Schächten gibt es Inseln atemloser Modernität, Anfälle, die verlorene Zeit nachzuholen. Es gibt Einsprengsel von New York und Brasilia im Sauerland, eine Ausstellung isolierter und bizarrer Zukunftsmodelle auf freiem Feld. Es lohnt sich heute auch für den Freund phantastischer Architektur, durchs Ruhrgebiet zu reisen. Das Revier ist immer eine willige, passive Welt gewesen; man kann mit ihm wie mit einer braven Frau allerlei machen. Es nimmt auch diese Einbrüche krasser Modernität, diese plötzlichen Schübe des Nachholenwollens gelassen hin. Man muß etwas tun im Ruhrgebiet, sagte die Stimme des schlechten Gewissens zuweilen. Man muß etwas unternehmen, etwas ganz Neues und noch nie Dagewesenes. Hier ist doch ein großes Feld für Experimente. Von Zeit zu Zeit überfiel die Raumordner, die Bürgermeister, die Stadtplaner diese Stimme des schlechten Gewissens. Sie erzeugte jene Inseln verwegener Zukunftsmodelle, die mit zum verwirrenden Bild des Reviers heute gehören. Trostlos, uralt und verrostet und dazwischen gelegentlich hinreißend modern – erst das ergibt die Wahrheit des Reviers.

Die Stadt Marl zum Beispiel: Im Niemandsland verkarsteter Felder, umgeben von den fernen Silhouetten der Industriekolosse, wird hier an einer Traumstadt der Zukunft gebaut: Marl ist das deutsche Klein-Brasilia. Ich sah auf freiem Felde das kühnste und verwegenste Rathaus der Deutschen stehen – warum berichtet uns kein ›Report‹, kein ›Panorama‹ darüber? Dagegen ist nun wieder der Römer in Frankfurt oder das Schöneberger Rathaus reine Schlafmützigkeit. Zwei anmutige und elegante Wolkenkratzer, die auf Betonfüßen stehen, sind durch ein helles Quergebäude intelligent und schön verbunden. Man ist eben noch in dem alten, verqualmten, von Eisenbahnschranken und endlosen Fabrikzäunen verbarrikadierten Land gewesen: Plötzlich ist man im 21. Jahrhundert. Große weite, helle Räume, verschiebbare Wände, moderne Plastiken in kühnen Wandelgängen. Da ist nichts mehr von der Schwerfälligkeit deutscher Kommunen zu spüren. Der Pförtner sitzt in einem dunkelblauen Anzug wie 007 vor einem elektronischen Schaltpult und fingert nur immer an roten und grünen und gelben Knöpfen herum. Ich sah die ganze Stadtverwaltung hinter Glas, Beton und Aluminium sitzen: das Einwohnermeldeamt, die Steuerbehörde und die Finanzkasse, das Standesamt. Es gingen viele eifrige Stadtangestellte durch schwere Betonflure, die wie in ein neues Jahrhundert führten. Ich sah grauhaarige Steuersekretäre und ältere Damen vom Einwohnermeldeamt auf blanken Sesseln von Knoll International sitzen, verbrauchte und abgenützte Gesichter, die sich zwischen ihren blanken und hochrationalisierten Schreibtischen exotisch ausnahmen, wie Murmeltiere, die in eine Ausstellung amerikanischer Designer geraten waren. Ich begriff die Gewalt dieser Architektur, diese mächtige Sprache der Formen. Ich war wie verzaubert vom Geist der Vernunft in Beton. Ich ging erstaunt und ratlos durch soviel Zukunft und dachte: Wie lange können sie sich dem mächtigen Diktat dieser Steine entziehen? Hier können doch eigentlich nur vernünftige und demokratische Beschlüsse gefaßt werden? Vom Rathaus Marl aus würde man sich gern verwalten lassen.

Ein noch größeres, noch verwegeneres Experiment ist die Ruhruniversität Bochum. Fünf Kilometer von der Stadtmitte entfernt stößt man auf den sanften Anhöhen der Ardeyberge auf die faszinierendste Baustelle der Bundesrepublik. Da wird für zwanzigtausend Studenten eine Universität aus dem Nichts geschaffen, und rundherum wird eine Universitäts-Wohnstatt für vierzig- bis sechzigtausend Menschen geplant. Man bedenke: ein Revier von fünf, zeitweilig sechs Millionen Einwohnern seit Anfang ohne Universität. Jugend, die studieren wollte, mußte nach Münster oder Köln geschickt werden. 1892 hatte Wilhelm II. erlassen: Im Ruhrgebiet dürfe niemals eine Garnison und nie eine Universität gegründet werden. Die Hohenzollern und die Krupps wußten schon, was sie taten: dumm halten, brav halten, die Leute zu Fleiß, zu Beständigkeit und Gehorsam erziehen; abhängig halten. Keine Waffen in ihre Hände, vor allem keine geistigen Waffen – das war wichtig. Aus dieser unglaublichen Erniedrigung, diesem hundertjährigen Schlaf seiner Arbeitersöhne versucht das Ruhrgebiet jetzt auszubrechen.

Es hat wieder dieses Anfallartige, diese plötzliche und schrille Stimme des schlechten Gewissens: Da ziehen sie seit 1961 in Bochum in Stahl, in Beton und Glas Europas modernste Campus-Universität hoch mit dreizehn breitgelagerten Hochhäusern im Zentrum. Und um diesen Kern herum wird es alles geben. Forum und Klubhaus, Krankenhäuser, Kirchen, Botanische Gärten und musische Zentren, Sportplätze, Parkstraßen, Tiefgaragen, Fernheizung, alles vollklimatisiert, alles streng typisiert und dabei doch variabel, auswechselbar je nach den Bedürfnissen. Bis 1972 soll hier mit einem Aufwand von einer Milliarde Mark eine Universität neuen Typs entstehen. Es gibt keine Fakultäten mehr, sondern viele kleine Abteilungen, die sich miteinander verzahnen. Wieder diese Ruhrsituation: keine Geschichte, keine Vergangenheit, eine deutsche Universität vollkommen ohne Traditionen. Wird man die Chance dieses Nullpunkts auch geistig zu nützen wissen?

Also auch das ist da, wirklich. Verrenne dich nicht zu sehr; es ist nicht typisch, aber es gibt vereinzelt diese Verkrampfungen und kühnen Vorwegnahmen. Wann werden sie sich lösen und einsickern, eindringen in den schwerfälligen und trägen Körper dieser Gesellschaft? Und dazwischen gibt es natürlich auch das, was jeder kennt und was ich die schöne Kultur der Ämter nennen möchte. In vielen Städten gibt es diese modernen Theaterneubauten, die verblüffend lebendigen und rührigen Volkshochschulen, Stadtbüchereien, die Laienspielgruppen und Kunstgalerien, die einem hier stolzer und zuversichtlicher präsentiert werden: Bitte, das Revier ist nicht tot. Hier geschieht etwas. Jeder Bürgermeister will einem immer seine Tierparks, seine Grünanlagen, seine künstliche Seenplatte zeigen. Ich brauche sie doch nicht einzeln zu nennen? Von Villa Hügel bis zum Folkwangmuseum schwebt unter dem Bleihimmel der Schwerindustrie eine Wolke kommunaler Kultur: sehr schön und etwas starr. Sie hängt für die Leute noch immer etwas zu hoch.

Welch eine unaufgeräumte, skurrile Landschaft. Was da alles versucht wurde, abriß, halbfertig liegenblieb und nun irgendwo hängt – im Winde. Wieviel Brutalität und Menschlichkeit nebeneinander, wieviel Fatalismus und Kraft, welch ein Revier der Paradoxe! Nirgendwo kann man den unmenschlichen und ausbeuterischen Charakter des Hochkapitalismus so erschreckend studieren wie hier. Welch eine Orgie von Brutalität: sie haben den Rhein in Eisen geschlagen und zu einer gelben Giftbrühe verfärbt, sie haben den Himmel mit ihren Schwefel- und Phosphorabgasen weggewischt, die Sonne ist abgeschafft und die Erde Tausende Meter tief ausgeschabt. Es sackt manchmal der Boden zusammen, wie bei alten Gräbern, dann rutschen die Straßen und Häuser weg. Bergschäden. Keine Nachfolge-Industrie will sich da ansiedeln. Wie man Natur doch zerstampfen, zerstören und dann wegwerfen kann. Und doch liegt Fürsorge und Anmut, ja Schönheit über den Resten von Sieger- und Sauerland. Gemütlichkeit ist hier zu Hause. Die Menschen sind freundlicher zueinander. Sie haben mehr Herz, und es fehlt hier vollkommen die Hektik, Aggressivität und Kälte einer Stadt wie Frankfurt. Nirgendwo in Deutschland leben Millionäre und Rentner, Katholiken und Kommunisten so freundschaftlich wohlgesonnen nebeneinander. Nirgendwo gehen die Reichen bescheidener gekleidet und die Armen anständiger. Der neudeutsche Pomp ist hier nicht zu Hause. Er beginnt erst in Düsseldorf.

Das Bizarre und Unaufgeräumte des Ruhrgebietes. Ich sah so viele Bilder. Zum Schluß bleiben immer Bilder, diese Hinterlassenschaft jeder Reise: Erinnerung. Ich versuche mich zu erinnern. Ich sah so vieles: Ich sah auf offener Straße einen Lastwagen, der im Schritt fuhr und vor dem ein junger Mann buntgekleidet tanzte und eine Blechflöte blies. Er sah aus wie der Tamino der ›Zauberflöte‹ oder auch wie der Rattenfänger von Hameln. Der Bursche tanzte rückwärts im Straßenverkehr, der freundlich auswich. Das Lied seiner Flöte klang wie aus einem Dudelsack und schien den ratternden Lastwagen still zu betören. Der folgte ihm wie verzaubert. Es war der »Klüngelkerl«, der alte Lumpensammler der Westfalen. Ich sah mitten im Zentrum des Kapitalismus das große Firmenschild »VEB Kranbau Eberswalde«. Kein Verfassungsschutzamt hatte es überklebt. Ich sah in Lünen Gänse über Zebrastreifen eilen – bei Rotlicht, und sah in Essen eine herrliche Propstei aus dem 12. Jahrhundert, wohltuend von Hertie und Karstadt eingeklemmt. Ich sah auf Castrop-Rauxels Marktplatz ein verwittertes Kriegerdenkmal, und als ich näher trat, las ich ungewöhnliche Namen auf deutschen Kriegerdenkmalen: Isaac Levi, Sarah Rosenzweig, Mendel Löwenstein und so. »Die Stadt Castrop-Rauxel den Opfern der Hitler-Diktatur.« Das versöhnte mich mit der morschen Sonntagnachmittag-Langeweile von Castrop-Rauxel. Ich ging hier ein Bier trinken. Ich sah unbekannte Verkehrszeichen, die ich nie in der Fahrschule gelernt hatte: »Achtung – Schichtwechsel«, dann schalten alle Autos runter auf Schritttempo. Auf dem Ruhrschnellweg fuhr ich eine Taube tot. Ich sah sie noch einen Augenblick im Rückspiegel taumeln und flattern und dann sterben, und ich fühlte mich schuldiger, als wenn mir dasselbe in Karlsruhe oder München geschehen wäre. Ich sah die unglaubliche Monotonie aller Innenstädte und die verwirrende Vielfalt ihrer Peripherien, wie sich die

Städte draußen langsam zerfransen, mürbe werden und dann auslaufen in schwarzen Bergwerks-Siedlungen: ihre Häuser sind von atemberaubender Häßlichkeit. Sie faszinieren den Fremden. Ich sah in Rheinhausen bei Krupp die modernsten Hochöfen der Welt, und wenn dann Abstich ist und der glühende Stahl langsam tastend heraustritt, dann läuft er wie vor viertausend Jahren in ganz simplen Sandbahnen durch das Gelände. Da haben auch Herr Beitz und Herr Krupp die Phönizier nicht überholen können. Noch immer ist trok- kener Sand das beste Bett für kochenden Stahl. Und es sprühten freche und lustige Funken darüber, die mich an die Wunderkerzen am Weihnachtsbaum erinnerten. Und die drei Arbeiter sahen in ihren weißen Asbestmänteln auch aus wie Weihnachtsmänner und rührten mit ihren Stahlbesen darin wie in großen feurigen Suppenschüsseln.

Ricarda Huch

Dortmund
(1927)

Vineta, eine blühende Stadt, Atlantis, ein Erdteil, durch eine reiche Kultur geformt, sind ins Meer versunken; so versinkt das heilige Reich in die modernen Staaten, in die es zerfallen ist. Nicht eine einzige Katastrophe hat es verschlungen, obwohl der Dreißigjährige Krieg es durch starke Stöße zum Sturz brachte, sondern allmählich wächst das Meer des modernen Lebens darüber hinweg, so daß noch größere und kleinere Inseln vorragen, die man ehrt und behütet. In Dortmund gibt es nur noch wenige und kleine Inseln. Als allerkleinste kann man den Bleisarg aus dem 11. Jahrhundert betrachten, der 1873 in der Mühlenstraße ausgegraben wurde, wo einst eine Burg zum Schutz des Königshofes war; er enthält die Gebeine zweier kleiner Kinder und zwei Filigranringlein und trägt die Inschrift: Liuthart und Swanehilt. Zwei süßklingende Namen, einen Ton der Liebe und des Schmerzes aus der Sphäre der Unsterblichkeit, hat die Erde bewahrt, in die die Jahrhunderte soviel Schätze, Schmutz und Unrat hineinstampften. Die ganze Altstadt ist ein Eiland, buchstäblich so, denn sie ist eiförmig, im Gewimmel der Großstadt, von der sie kaum zu unterscheiden wäre, wenn nicht die Wälle anstatt der gefallenen Stadtmauern ihren Zug kenntlich machten. Auf eine der kleinen ausgesparten Inseln stößt der Fremde, wenn er den Bahnhof verlassen hat: es sind ein paar Linden neben einem steinernen Tisch, der alte Freistuhl von Dortmund. Er befand sich ursprünglich auf dem Gelände des Bahnhofs und wurde auf eine Bastei, dem Bahnhof gegenüber, versetzt, so daß er nun einen Teil des Walles bildet. So ist er mehr ein Denkmal zur Erinnerung an den Freistuhl als der Freistuhl selbst, denn die künstliche Umgebung hat den Hauch der Überlieferung abgeschnitten, wie wenn er im Museum stände. Übrigens wurde er erst im Jahre 1545 in diese Gegend, vor das Burgtor, versetzt, als die Feme ihr Ansehen schon verloren hatte, und diente nur noch als ein Bauerngericht, das sich bis zum Ende der Reichsstadt, also bis zum Anfang des 19. Jahrhunderts erhalten hat. Obwohl nur noch Verstöße gegen die Jagd- und Wegeordnung oder gegen die Sonntagsheiligung und dergleichen vor den Freistuhl kamen, wurde an den alten Formen festgehalten. »Wollet Ihr, Herr Richter, mir erlauben«, so begann der Frone, »daß ich mein Schwert ausziehe?« Hatte der Richter die Erlaubnis gegeben, zog der Frone das Schwert, hielt es dreimal in die Höhe und rief: »Wapen, Wapen, Wapen! Alle, die unter dem Schwert von Dortmund sitzen, sollen meinem Herrn gehorsam sein!« Worauf unter ähnlichen Formen das Schwert wieder eingesteckt wurde. Schon im Jahre 1268 gab es ein heimliches Gericht in Dortmund; aber erst hundert Jahre später, als der Erzbischof von Köln an die Spitze der Feme trat, kam es zu Ansehen und Wirksamkeit. Damals kam es vor, daß ein Graf von Stolberg-Wernigerode, durch einen Grafen von Regenstein von der Feme verklagt, nach Femrecht gehängt wurde; doch ließ man zu, daß sein Knappe ihm vorher den Gnadenstoß erteilte. Im Jahre 1430 fand eine Sitzung vor dem Freistuhl zum Spiegel auf dem Markt von Dortmund statt zum Zweck der Vereinbarung einer gültigen Ordnung in Femesachen. Es erschienen dabei fünfzehn Freigrafen, gegen vierhundert Freischöffen und zweihundert Ritter und Knechte. Vorsitzende waren der Dortmunder Freigraf Heinrich Wimelhus, der Dortmunder Graf Konrad Lindenhorst und die beiden Dortmunder Bürgermeister Gerwin Kleppink und Hildebrand Sudermann. Es wurde festgesetzt, welche Verbrechen Femwroge seien, das heißt, vor das Femgericht gehörten, und daß ein Angeklagter, der sich vor dem Femgericht gehörig verantwortet habe, vor jeder weiteren Verfolgung sicher sei.

Ein dauerndes Überbleibsel aus alter Zeit ist die allerdings durchaus mit neuen Häusern besetzte Hauptstraße, die die Altstadt der Länge nach in der Richtung von Westen nach Osten durchschneidet, und der Name, den sie trägt. Es ist der Hellweg, der zur Römerzeit Rhein und Weser verband und an dem da, wo eine Querstraße, Lippe und Ruhr verbindend, ihn kreuzte, eine Ansiedelung entstand, das alte Dorf. Jahrhundertelang blieb es das Dorf, wo kriegerische oder warenvertreibende Karawanen rasteten; dann erhob es Karl der Große während seiner Kriege gegen die Sachsen zu einem Stützpunkt, von dem aus die Heiden bekehrt und bekämpft werden konnten. Der Name Trutmanni, der zuerst 899 erscheint und aus dem viel später Dortmund wurde, soll von den Gefolgsleuten oder Trustismännern stammen, denen der Frankenkönig zum Entgelt für geleisteten Kriegsdienst Hufen zur Ansiedlung verlieh. Auch einen Königshof gründete er an der Stelle des heutigen Bahnhofs, den Heinrich VI. am Ende des 12. Jahrhunderts zur Stiftung eines Klosters verwendete.

So war denn das Gebiet der künftigen Stadt Dortmund königlich, und die Inhaber der vom König verliehenen Güter nannten sich freie Reichsleute; es entstand ein Markt mit einer königlichen Münze und Zollstätte. Sowohl die sächsischen wie die salischen Könige hielten sich oft in ihrer Stadt auf, die sich infolge ihrer Lage am Hellweg rasch entwickelte. Wie die Altberühmte ausgesehen haben mag, vergegenwärtigt Dortmund nicht mehr. Der Hellweg ist jetzt eine dutzendmäßige Geschäftsstraße, neu und doch nicht modern genug, um das Blendende des Großstadtverkehrs vorzustellen. Da jedoch, wo der Westenhellweg in den Ostenhellweg übergeht, kündigt eine veränderte Schattierung und Stimmung, als wäre Weihrauch in der Luft, die einzige größere mittelalterliche Insel Dortmunds an: die Reinoldikirche und die Marienkirche seitlich vom Markte.

Sankt Reinold, Patron der Stadt Dortmund, war einer von den vier Haimonskindern, denen Verwandtschaft mit Karl dem Großen nachgerühmt wird; er soll sich in ein Kölner Kloster zurückgezogen haben, dort erschlagen und heiliggesprochen sein. Im Inneren der Reinoldikirche steht vor dem gotischen Chor sein holzgeschnitztes Kolossalbild dem Karls des Großen gegenüber: ein Heros mit einem Kindergesicht, aus dem Reinheit und Furchtlosigkeit strahlen. Älter als die Reinoldikirche, die an Stelle der ältesten Dortmunder Kirche im 13. Jahrhundert erbaut wurde, ist die Marienkirche, die, verwahrlost und baufällig, im 19. Jahrhundert Friedrich Wilhelm IV. wiederherstellte. Sie besitzt den edelsten Kunstschatz Dortmunds, der auch in Westfalen nicht viel seinesgleichen hat, den Marienaltar, der dem Meister Konrad von Soest zugeschrieben wird. Die Geburt des Erlösers, die Anbetung und der Tod Marias sind dargestellt, Visionen von zartester Lieblichkeit, wehmütiger Entsagung und vornehmer Haltung. Inmitten des Lärms einer überwiegend auf Gewinn und Nutzen gerichteten Stadt berührt es seltsam, diesen Traum einer Vergangenheit zu sehen, die die jungfräuliche Mutter des im Stalle geborenen Erlöserkindes anbetete und so seelenvoll darstellte.

Alfred Kerr

Schwarzer Himmel
(1928)

Essen

I.

Gestern sangen die Menschen in ihrem klingend rheinischen
Tonfall – hier aber, in der rußigen Stadt, ist kein Erinnern an
ihre Melodie.

II.

Was Rauchiges liegt über dem Ort – welcher im Grund eine
einzige Verkehrsstraße hat … oder ist. Alles zusammen:
gigantisches, gepflastertes Fabrikdorf mit mehreren hunderttausend Einwohnern.

Gesamtwirkung: düster-zweckhaft. Machtvoll. Der
Mensch gewinnt hier den Eindruck von etwas in Deutschland Vergleichslosem.

III.

Die Bewohner sind nicht von überflüssiger Heiterkeit. Machen Wege nicht zu ihrem Spaß – sondern anscheinend
immer zu irgendeinem sachlichen Ziel. (So sieht es für den
hineinschneienden Gast aus.)

Viele sind zugezogen; Ab- und Hinfluten – denn die
kyklopische Gewerblichkeit holt fremde Kräfte von allen
Teilen Deutschlands her: fremde Hirne, fremde Arme …

(Gesellschaftsleben soll, innerhalb der Oberschicht, eben
darum abwechslungsvoll sein. Den Grundstock bilden je-

doch Gemüter, die mehr den westfälischen Ernst als den rheinischen Schmiß haben.)

IV.

Dies gesamte Schauspiel (mag weichlicher Ästhetensinn von manchem hier abgestoßen sein) ist für saftigere Geblüte … fast überwältigend.

Es liegt hier seelisch was in der Luft: als fühlte man gedrängtesten Arbeitswillen; ja den Eisengewerbgeist eines ganzen Jahrhunderts auf etliche Quadratkilometer zusammengepreßt.

Dazu kommt das Auf- und Absteigende dieser starrend verfinsterten Welt, die nicht eben, sondern hügelhaft ist … in ihrer rauchigen Geschäftigkeit.

V.

Wenn einer durch die seltsame Stadt zu Tal gegangen ist; durch das schwarzsteinerne Riesenfabrikdorf: so rauchen die Essen.

Die größten Deutschlands.

Zwischendurch, an mancher Ecke, hat man als Durchwandernder das vage Gefühl: in einer Goldgräberstadt zu sein …

Der letzte Eindruck wie der erste: Ganz großer Zug! Etwas Ungeheures!

VI.

(Mittendrin trinkt man das gute Unionbier, das nach dem Krieg wieder stark eingebraut ist.)

VII.

So Essen.

Franz Hohler

Gelsenkirchen
(1970)

Gelsenkirchen ist nichts für Reiseführer. Diese bevorzugen übersichtliche Städte mit gut erhaltener Altstadt, einigen bemerkenswerten Fachwerkbauten und dem Dom aus dem 14. Jahrhundert (spätgotischer Altar im rechten Seitenschiff). Gelsenkirchen besitzt nichts von alledem, ist aber trotzdem eine Stadt. Wenn man von der Autobahn her kommt, weiß man nicht, soll man links, rechts oder geradeaus fahren, denn überall geht es nach Gelsenkirchen. Der fehlende Stadtkern wird durch ein reiches Angebot an Stadtteilen geschickt vertuscht, Gelsenkirchen-Buer, Gelsenkirchen-Horst, Gelsenkirchen-Schalke, Gelsenkirchen-Erle – vor allem Schalke hat etwas Listiges. Da die Stadt laut Baedeker »im Herzen des Ruhrgebiets« liegt, ist sie von anderen Städten wie Oberhausen oder Wanne-Eickel nicht recht zu unterscheiden, es gilt Debussys Ausspruch über Wagners Musik: »Ça ne commence pas, ça ne finit pas, ça dûre seulement.«

Alles, was es ist, verdankt es den karbonen Kohlenflözen unter seinem Boden, aber in der Werbeschrift der Stadt steht, daß Gelsenkirchens rustikales Image als Kohlenstadt längst unzutreffend ist. An seine Stelle ist eine mobile Infrastruktur und eine wohlüberlegte Steigerung des tertiären Sektors getreten, was immer das bedeuten mag. Auf einer Fahrt durch Gelsenkirchen werden einem verschämt ein paar Zechentürme und Raffinerien gezeigt, man streift einige Kanäle und Hafenanlagen, vernimmt, daß 70 Prozent des deutschen Treibstoffs hier hergestellt werden, daß aber jetzt weniger die Kohle, sondern die Chemie und das Glas, und dann kommen die Grünanlagen. In Gelsenkirchen ist die Natur das Unnatürliche. Sie wird deshalb wie etwas sehr Seltenes gezeigt und in ihrer Entwicklung nicht dem Zufall überlassen. So wurde das Wäldchen an der Uhlenbrockstraße in Scholven/Bergmannsglück kürzlich vom Oberbürgermeister den Bewohnern als neue Erholungsstätte übergeben. Nachdem es die Stadt gekauft hatte, wurde es erst einmal gründlich durchforstet, es wurden 870 Meter neue Wege angelegt, und vier Eingänge sorgen für einen geordneten Besucherverkehr. Für die Kinder gibt es eine Spielecke und für die Invaliden verschiedene Skattische. So hat jeder sein Plätzchen, oder korrekter gesagt, seine Zone, denn jede rechte Grünanlage ist in Zonen unterteilt, zum Beispiel Geselligkeits-, Bade- und Spielzone, oder Zone für Begegnungen älterer Menschen. Alle Grünanlagen zusammen bilden die sogenannte Grüne Lunge, mit der das Herz des Ruhrgebiets am Leben erhalten wird.

Da ich von Industrie nichts verstehe, kann ich weiter nicht mehr viel über Gelsenkirchen berichten. Es gibt hier eine Kreisgruppe des Bundes hirnverletzter Kriegs- und Arbeitsopfer e. V. sowie den Verband bergbaugeschädigter Haus- und Grundeigentümer. Das Theater ist ein großer Glasbau, und ein Herr Riebe organisiert in der Aula der Bildungsanstalt für Frauenberufe Casinokonzerte. Er ist von Breslau und verliert alle Quittungen. Wie in jeder deutschen Stadt gibt es auch hier einen Branddirektor und mehrere Oberbrandräte. Die Zentralstelle für den Bergmannversorgungsschein befindet sich an der Vattmannstraße, aber ich weiß nicht, wer Vattmann war.

Doch, wie gesagt, auch der Reiseführer ist solchen Orten gegenüber, in denen bloß gewohnt und gearbeitet wird, ratlos. Er spielt ein paar triste Backsteinbauten hoch und geht dann rasch zu Göttingen über, dort hat es anständige Fachwerkhäuser und einen Gänselieselbrunnen.

Georg Kreisler

Gelsenkirchen
(2006)

Augsburg, Tuttlingen, Griesbach,
Bad Nauheim und Miesbach,
Saarbrücken und Fürth,
Pforzheim und Hagen und Rheine,
Vesbeck an der Leine
und Wetzlar und Hürth,
Kaiserslautern, Uelzen,
ja, da nützt kein Sülzen,
Dorsten, Mülheim an der Ruhr,
Paderborn und Lingen,
Gießen, Sindelfingen,
alle lechzten nach Kultur.
Und eines Tags sagte man mir:
Willkommen im Revier!

Heut Abend spielen wir in Gelsenkirchen,
das ist die Stadt der deutschen Kohlenbergwerksindustrie.
Jawohl, heut spielen wir in Gelsenkirchen
in unsrer einzigartigen Hüttenakademie.

Lieblich schweben durch die Luft die schwarzen Dämpfe,
und mit heiterem Gesang nimmt man Kohlen in Empfang.
Wer zu lang hier lebt, bekommt beim Atmen leichte Krämpfe.
Aber wer lebt hier schon lang?

Besuchen Sie unser schönes Gelsenkirchen!
Fahren auch Sie, statt an die Riviera, im Urlaub zu uns!
Ruhen Sie aus im Schatten der Meiler
auf einem Strand von Anthrazit!
Statt der Seeluft, atmen Sie Pressluft oder Kohlendioxyd.
Unsre Hochöfen bleiben im strengsten Winter warm.
Schließen Sie Freundschaft mit unsrem Gelsenkirchener
Charme.

Wo ist der Fernsehkonsum und der Alkoholismus erheblich?
Wo ist die Bettwäsche grau und die Seifenreklame vergeblich?
Wo verspottet man Diogenes, weil er zufrieden war mit einer
Tonne?
Wo wird der Vierjahresplan erfüllt? Alle vier Jahre sehen wir
die Sonne.
Wem tönt der Bohrhammerlärm täglich durchs rußige Ohr?
Wer hat den norddeutschen Ernst, verbunden mit Schweizer
Humor?
Ja, sehen Sie, das hat nur unsre schöne Stadt.

Das gibt es nur bei uns in Gelsenkirchen,
nicht in New York und nicht in Berlin und nicht in Paris.
Das gibt es nur bei uns in Gelsenkirchen,
in unsrem urgemütlichen Grubengasparadies.
Täglich fährt der junge Kumpel wohlgesittet
immer runter in den Schacht
und dann munter durch die Nacht.
Ich war selbst als Kumpel einen ganzen Tag verschüttet,
aber ich hab mir gedacht:

So ist es mal bei uns in Gelsenkirchen.
Sicherlich gräbt man mich, wenn man Kohle braucht,
                                    wieder aus.
Wir sind schließlich keine Barbaren, wir sind eine Metropole.
Wir haben Häuser, Autos, Banken! Ja, mit Kohlen macht
                                    man Kohle.
Und es schlägt bei uns, besonders unterm Nerz,
unser berühmtes goldenes Gelsenkirchener –

Herren und Damen, alle von Rang und Namen,
kommen zu uns und fahren gleich wieder weg.
Damen und Herren hören von unsren Karrieren
und schauen es sich an und kriegen einen Schreck.

In Bochum gibt es ooch Umsätze,
doch drum setze ich mich nicht hinein.
In London kann man schon dann und wann,
doch nur dann und wann glücklich sein.
Auch führ' ich gern nach Zürich,
doch ist das Leben dort nach Mitternacht so still.
Ich könnt' 'ne Villa in Manila haben,
doch ich weiß nicht recht, ob ich das wirklich will.

In Lima gibt es Bohnen, in Shanghai gibt es Reis,
in Karolina gibt's Melonen, in Vladivostok gibt es Eis.
In Wien gibt es Wein, in Berlin gibt's Partein,
in Sidney gibt's ein Känguruh, das dauernd galoppiert,
in Kairo gibt's Kamele, in Rom gibt's Kardinäle,
in Hollywood die Filmstars – und nicht synchronisiert,
in München gibt es Bock, in Hamburg gibt es Grog,
im Kongo gibt's Metall, in Moskau gibt's Krawall,

in Köln einen Dom, in Prag einen Strom,
in Genf einen See, in Kanada Schnee,
in Baden ein Spiel, in Kiel einen Kiel –

Aber wo gibt es Kohle? Steinkohle, Braunkohle,
Holzkohle, Knochenkohle, Tierkohle, Blumenkohle,
schöne, dreckige Kohle, wo gibt es die?

Unser Theater spielt jeden Tag ein anderes Stück.
Ja, in der Bildung stehen wir vor niemand andrem zurück.
Und die Bildung kann man gar nicht übertreiben.
Jörg Pilawa hilft uns sehr, Dieter Bohlen noch viel mehr,
gute Bücher haben wir – nur das Lesen und das Schreiben
fällt uns noch immer recht schwer.

Das gibt es nur bei uns in Gelsenkirchen.
Wer es nicht kennt, der sehe es sich an, so lang bis er's glaubt.
Sollte es jemand noch nicht kennen, dann ist wirklich
                    höchste Zeit.
Nehmen Sie nur einen kleinen Koffer, denn die Reise ist
                    nicht weit.
Nur ich selber fahr bestimmt nie wieder hin,
weil ich bereits ein uralter Gelsenkirchener bin.
Ich kenn's schon zu gut,
weil ich ein alter Gelsenkirchener bin.
Was brauch ich Spanien,
wenn ich ein alter Gelsenkirchener bin.
Ich hust noch heute,
weil ich ein alter Gelsenkirchener bin – – Glück auf!

Florian Neuner

Dérive I: Stahlhausen, Goldhamme
(2007)

Bochum West, Ausverkauf an der Ecke Westring. Es handelt
sich um Matratzen. Um Aufschriften, die auf Bussen an
einem vorbeigefahren werden. Schrift, Fragmente, Fetzen:
Auf Universitätsniveau. Was bitte? Ausrisse. Ein vernachläs-
sigter Bahnhof, kein Empfangsgebäude, nur Treppen hoch
zu einem Bahnsteig & ein Fahrkartenautomat, der wahrscheinlich nicht funktioniert. Vielleicht ja doch. Aber es ist
ein Erlebnis, die kurze Strecke vom Westbahnhof zum Bochumer Hauptbahnhof zu fahren – diese Strecke, die wesentlich aus einer verwegenen Kurve besteht, auf einer Spann-
betonbrücke über die Viktoriastraße, dieser 1979 erbauten
Verbindungskurve, die der Zug – von wegen: Zug, ein kleiner
Dieseltriebwagen ist das bloß! – mit gedrosseltem Tempo
nimmt & dabei in eine bedenkliche Schräglage gerät. Zum
Bermudadreieck hin. *Innenstadt West* möchte das Viertel heißen, das doch ganz deutlich von der Innenstadt abgetrennt
ist durch die Bahntrasse. Unter der die Alleestraße durch-
führt. Die erste Seitenstraße, die rechts hinter der Bahnunterführung abgeht, ist die Gußstahlstraße, Zufahrt zum
Bochumer Verein. Studium des Terrains: eine Häuserzeile im
Schatten der Fabrik, leicht abschüssig, Backstein zum Teil.
Eine Fahrradleiche auf der Fabrikseite der Straße. (Ich sehe
ein, daß es keine gute Idee ist, mit dem Fahrrad zum Aus-
gangspunkt einer derartigen Expedition zu fahren, die ja kein
Ziel kennt & die unbedingt zu Fuß zu erfolgen hat. Denn
man wird es irgendwo abstellen & letztendlich auch wieder
zu ihm zurückkehren müssen.) Ich stelle mein Fahrrad am

Eingang zum Westpark ab, dort, wo die *Industriegewerkschaft Metall* sich trotz allem noch einmal einen repräsentativen Neubau gegönnt hat. Die Gußstahlstraße also, von 19 bis 5 Uhr ist die Durchfahrt verboten. Ein Plakat kündet von 25 Jahren *Marxistisch-Leninistische Partei Deutschlands.* Festveranstaltung in Duisburg. Auch wenn keine revolutionäre Situation in Sicht ist, auch wenn die Arbeiter in Deutschland keine Revolution zustandegebracht haben – die Existenz einer Arbeiterklasse zu leugnen, bringt uns auch nicht weiter. Aber niemand will zum Proletariat gerechnet werden, klar. Wenn, dann zum Prekariat. Das klingt besser. Weiter: Die Gußstahlstraße macht einen Knick nach rechts, auf der anderen Seite beginnt hinter einer Schranke das Werksgelände des *Bochumer Vereins*. Verkehrstechnik seit 1842. Achtung Quertransporte! Zollgut (verzollt & unverzollt) ist im Torhaus anzumelden. Im übrigen gilt hier die Straßenverkehrsordnung. An der Gußstahlstraße – von 19 bis 5 Uhr ist die Durchfahrt verboten – nach dem Knick *Alexa's Pub*, nicht nur geschlossen, sondern vermutlich aufgegeben, ebenso das Biercafé *Rote Laterne*. Biercafé! Bevor die Gußstahlstraße die Bahn unterquert & der Hinterausgang des Bahnhofs Bochum West (Ausgang Gußstahlstraße) erreicht ist, kommt noch (Davor kommt noch!) das Café Bistro *Ritze* sowie der anmaßende *Kiosk total*, dessen Angebot das einer gewöhnlichen Trinkhalle doch kaum in den Schatten stellen dürfte, das auch ganz offensichtlich nicht tut. Schon am mangelnden Platz muß er scheitern, der Totalitätsanspruch. Schon wieder Schatten. Ein sonniger Tag, Nachmittag. & es ist noch nicht die Zeit, zu der die Männer dann vermutlich in die Bordelle Im Winkel, in diese Sackgasse strömen, die noch vor der Bahnunterführung von der Gußstahlstraße abzweigt, im Schutze der Nacht (= Durchfahrt verboten), zum Eierberg. Die Lokale – ob nun geschlossen oder aufgegeben – nennen sich hier also mehrheitlich Bistro. Damit soll offensichtlich erreicht werden, daß man an Paris denkt. Gut, ich denke an Paris, die *Hauptstadt der Zerrüttung*. Ich denke aber auch daran, daß Paris nicht mehr existiert, angeblich schon seit Jahrzehnten nicht mehr. Daß nichts mehr übrig ist von dieser unordentlichen Zeit & ihren Ausschweifungen. Auf dem Eierberg oder auf dem Vulkan. *The finest tabledance in town*. Diese Ausschweifungen können ja nicht gemeint gewesen sein. Bochum West (ehemals Bochum Gußstahl) & hinter der Bahnunterführung die Johanniterstraße, dort endlich eine Kneipe, die aber ganz unerwartet *Martinsklause* heißt, wo doch eine *Johanniterklause* zu erwarten gewesen wäre an dieser Stelle. So einfach liegen die Dinge dann doch nicht. Wie auch immer, das ist schon nicht mehr Stahlhausen, das hier nicht gleich wieder verlassen werden soll in Richtung Innenstadt. In Stahlhausen vielmehr himmlische Holzkunst, Ideen auch für »Ihre Fenster«. Verlockungen des Terrains. Es sollte möglich sein, sich selbst in Vierteln, in denen man sich schon oft bewegt hat, zu verirren. Vielleicht in eine Gaststätte zu geraten, die *Kartenhaus* heißt. Eine fragile Konstruktion also. In der man noch nie gewesen ist. Mysterien der Sphäre einer Stadt usw. Die Wirtin verzehrt gerade eine Frikadelle, die immerhin hausgemacht aussieht & nicht wie vom Discounter, was aber eine Täuschung sein kann, & ich störe sie beim Verzehr der Frikadelle mit meiner Bierbestellung. Futtern wie bei Muttern. Jetzt Sommerferien in ganz Deutschland. Erreicht einen eine verzichtbare Information. & die Informationen, die man benötigen würde, erreichen einen eben nicht. Das ist so. Welche Informationen ich jetzt gebrauchen könnte? Was waren Ihre Themen der Woche? Fragt irgendein Privatradio, kann sein *Radio Bochum* – gibt es das? – eine Schlagermülldeponie jedenfalls, der Schlagermüll & die dummen kurzen Moderationen dazwischen erfüllen das *Kartenhaus*, das noch ziemlich leer ist am späten Nachmittag. Niedriger Wortanteil. Zu bestimmten Zeiten in bestimmten Kneipen wird auch wenig gesprochen. Mit etwas Glück ist die Kneipe nicht beschallt. Kontemplatives Trinken. Sich sammeln, & das geht besser ohne Musik. Obwohl ich manchmal Musicboxen phantasiere, die bestimmte Schubert-Lieder bereithalten (für bestimmte Situationen) oder Feldman oder was weiß ich. Ob ich eine Frikadelle esse?

Herbert Grönemeyer

Bochum
(1984)

tief im westen
wo die sonne verstaubt
ist es besser
viel besser, als man glaubt
tief im westen

du bist keine schönheit
vor arbeit ganz grau
du liebst dich ohne schminke
bist 'ne ehrliche haut
leider total verbaut
aber grade das macht dich aus

du hast 'n pulsschlag aus stahl
man hört ihn laut in der nacht
du bist einfach zu bescheiden
dein grubengold
hat uns wieder hochgeholt
du blume im revier

bochum
ich komm aus dir
bochum
ich häng an dir
glück auf, bochum

du bist keine weltstadt
auf deiner königsallee
finden keine modenschaun statt
hier, wo das herz noch zählt
nicht das große geld
wer wohnt schon in düsseldorf

bochum
ich komm aus dir
bochum
ich häng an dir
glück auf, bochum

du bist das himmelbett für tauben
und ständig auf koks
hast im schrebergarten deine laube
machst mit 'nem doppelpaß
jeden gegner naß
du und dein VFL

bochum
ich komm aus dir
bochum
ich häng an dir
glück auf, bochum

4.

RUHR.KULTUR

Ernst Meister

Ein Hagener aus Haspe
(1968)

Den abstrakten Fall gibt es nicht, daß ein Mensch an jedem
Ort der Erde geboren werden könnte. Das setzte Präexi-
stenz voraus, einen Himmel der Ungeborenen und allerdings auch schon (was eben zuviel verlangt ist) die Fähigkeit
zur Wahl nicht nur des Ortes, sondern auch der Hautfarbe,
ganz zu schweigen von der Erkürung des Zeitpunktes. Was
mich betrifft, so konnte auch ich nicht anders denn als
Sohn meiner Eltern zur Welt kommen, und zwar gemäß
den Prämissen des jungen Paares im September 1911, in
Kückelhausen, einem Bezirk des völlig ruhm- und legende-
losen, allerdings westfälischen Städtchens Haspe, gelegen an
der Ennepe und bei Hagen. »Ennepe«, das war freilich was;
denn Homer scheint schon an sie gedacht zu haben. Daß
ich übrigens an einem Sonntag meinen ersten Schrei aus-
stieß, beruhte aber doch wohl auf Selbstbestimmung (ich
würde später für einige Zeit Theologie studieren). Jedenfalls kamen meine liebe Mutter und ich mit mir nieder in
einem Eckhaus und einer kurzen Straße, die Lange Straße
hieß. Eines Tages sollte ich erkennen, daß sich in dieser
Straße nebeneinander der Kindergarten und die Volksschu-
le befanden; sie nahmen fast die ganze eine Seite ein. Fürs
Elementare war also gesorgt. Die Schule: ein gräßlicher
großer Ziegelbau; ich weiß nicht, wie sie mir damals vorkam.

Just also Kückelhausen ... o »Geworfenheit« ... k ...
ck ... komisch – indes nicht so plastisch wie »Krähnocken«,
Nocken, auf dem mein Freund Eberhard, der Zahnarzt,

wohnt, an dessen Nachname der kükelkrähige Kehllaut ebenfalls Anteil hat.

Ja, unsere Gegenden haben inständige Namen. Der Volksmund tut zuweilen noch sein Scherflein dazu. Folglich gibt es die »Hippenhestert«. Unsere Friedhöfe liegen »Auf dem Mops«. (Schöne Aussicht!) Wohlgemerkt aber: Mit dem Krähnocken befinden wir uns in Hagen, und sein Sohn zu sein, war mir vorläufig noch nicht bestimmt, sondern erst, als ich ungefähr Sekundaner des Hasper Reformrealgymnasiums war.

Für den kleinen Knaben konnte es nicht zweifelhaft sein, daß Kückelhausen, sein erfüllter Erlebnisraum, ein »Land« war, sangen doch die größeren Jungen, und da sang er, sangen seine Altersgenossen mit: »Ja, in Kückelhausen ist es heiß, was ein jeder Kückelhauser weiß. Ja, in Kückelhausen sind wir geboren, zum Rauchen und zum Saufen auserkoren. Oh, welch eine Last für den Beamtenstand ist doch das schöne Kückelhauser Land. (Ja, der Schutzmann Häger spricht: Schon wieder ein bekanntes Gesicht ...).« So war also, wenn man meinen frühesten Gesang für bare Münze nehmen will, der Elfer Jahrgang beschaffen. (Das Jahr 11 dieses Jahrhunderts soll ja auch seit Menschengedenken eines der heißesten gewesen sein.)

Wir mochten das Stück Liedliteratur aus der Knaben Wunderhorn, das nicht einzig dastand, sondern von einem zweiten übertroffen wurde, das ich gern zitiert hätte, wenn ich Platt *schreiben* könnte – wir mochten das eine und das andere gesungen haben, wenn wir zum »Aschenberg« zogen, zu einem Steinbruch, um ihn unsicher zu machen, nebenbei erpicht auf das in einer Hütte verwahrte Schwarzpulver, oder in »Steffens Wald«, das Gebiet beim Eingang der Kluterthöhle, oder an die Ennepe, den alsbald nach seinem Lauf durchs Waldtal dreckigsten aller Kleinflüsse, Blutegel satt ernährend. (Hier wäre anzufügen, daß wir trotzdem in das Abgewässer stiegen, so, als wären wir gehürnte Siegfriede. – Und ein fleißiger Fluß war er auch. Bereit, im Zubereitungswerk einer Sperre zu Trinkwasser zu werden, machte er auf seinem weiteren Wege, von Milspern, Gevelsbergern und Haspern gestaut, Sensenschmieden hämmern.)

Als meine Eltern 1917 umzogen, war dies keine Emigration aus Kückelhausen. Das wäre zu herb gewesen. Wir befanden uns jetzt an der Berliner Straße. Sie war durchaus länger als die Lange Straße, handelte es sich doch um die Verbindung, sagen wir: Köln–Berlin. Nunmehr die Nadel in den Punkt »74 a« gestochen (74 a ist unsere Hausnummer der Berliner Straße, die zu einem Teil der B7 wurde), dann haben Sie, meine Herrschaften, die Prosa beisammen, die den Geist von Lyrik stetig in die Raison bringt.

Aus diesem Satz geht hervor, daß das (1910 erbaute mehrstöckige, jugendstilverdächtige) Haus bis heute »mein« Haus blieb. Gut 50 Jahre.

Gegenüber befand sich ein recht altes Haus, sogar ein wenig geheimnisvoll war's. Es wurde zugunsten einer Tankstelle abgerissen. Rechts von »Renkes Haus«, im Trottoirwinkel, bei dem die Rolandstraße beginnt (Roland, wieso?), stand, fürs Versteckspiel geeignet, ein großer Kastanienbaum. Er ist stehengeblieben. Seine Blüte verschwimmt mir heute.

Von diesem Punkt aus ist der alltägliche, pardon: Funktionsraum fast vollständig zu übersehen. Er ist von der Art, daß man hat: das Haus (in einem Block von Mietshäusern), den Arzt, den kleinen Allerleiladen mit Rauchwaren, Getränken, »Bild«, dessen Bänkelsängerei ich hartnäckig studiere, die Kleiderreinigung, die Apotheke, den Supermarkt, die Straßenbahnhaltestelle und die Tankstelle.

Haspe. Itzt Stadtteil Hagens. Der von Süden Einreisende

ist entzückt von dem rostbraunen Qualm aus Hochöfen. »Romantisch«, besonders im Verein mit Abendhimmel. Man fährt ja auch nur durch. Die Einwohner hingegen meinen, wenn sie vom »Hasper Maggi« sprechen, nicht das Farbliche, sondern die Ingredienzen der Luft. Die Hagener in Hagen wissen, was wohltätige Distanz von solcherart Industrie heißt. Man hört, daß sie uns den Rücken kehren will. Dies geschähe freilich, nachdem wir durch Generationen immun gegen sie geworden sind, wie ich glaube, wir, die die Karosserien unserer Autos lakonisch vom weißen Niederschlag befreien.

So oder so: Grün muß herbei. Das Sauerland. Denn am Ende sind wir doch eine Stadt am Walde, am »Herzynischen«, wie nicht schöner der alte Name lauten kann, der in der Vergessenheit gut verwahrt ist, beziehungsweise im Gedächtnis, vorzüglich dem meinen.

Ein Waldgebirge mit Wanderwegen. – Mir scheint, daß ich kein guter Fußgänger bin. Ich schätze zwar den Tannenozon sehr und öffne deshalb das Autofenster, steige in guter Begleitung auch aus für eine Promenade, z. B. rund um eine Talsperre (eine kleinere), bin aber, was alle Marschiermöglichkeiten hier auf Erden anbetrifft, mehr und mehr ein Mann des Zimmers geworden, nicht zuletzt in Pascals Sinne.

Indes, es gab »Gänge«, »Gassen«. Die eine: die zwanzig Jahre gefahrene und gelaufene zur Fabrik meines Vaters; sie ging, da ich ja (nehmen wir die Berliner Richtung und zitieren wir Heine) im Sinne der Entfernung von den Zentren »dicht hinter« Haspe und dicht vor Hagen wohne, nach Haspe und durch Haspe bis zum »Mühlenwert« in Westerbauer. Die andere: Sie führte zu Büchern, zur »Buchhandlung am Stadttheater«, und wurde zu meiner Schneise nach Hagen hinein.

1957 hatte Hagen plötzlich zwei Preisträger in seinen Mauern (1963 sollte sich das wiederholen). Und statt daß die

Stadt, d. h. in ihrem Namen Stadtdirektor Biederbeck, bei der Absicht, den beiden Einheimischen Anerkennung zu zollen, Schumacher, dem Maler, Schriften Meisters schenkte und Meister eine Arbeit Schumachers, was einer Art von verfrühtem Happening gleichgekommen wäre, wurde mit einem Geldgeschenk gratuliert, das an eine »schöne Reise« denken ließ. Das war urban und der Beweis dafür, daß zur Tugend Personen gehören.

Jedenfalls war uns, seinen Söhnen, Hagen nähergekommen, ich begann, mich eingemeindet zu fühlen. Die Aufgabe schien jetzt zu sein, Hagen mir einzugemeinden. Wäre freilich dies Bedünken zu einem ernsten Vorsatz geworden, so hätte er mir eines Tages kühn vorkommen müssen in Anbetracht der Erkenntnis von fragmentarischer Erfüllung, da etliche begehren, als Verächter meiner Sangesweise zu verharren.

1960, nach dem Tode meines Vaters, verließ mich die Firma. Ein enormes Soll vor allem, das Lastenausgleich heißt, bedrückte sie gefährlich. Ihr kommissarisch Verfügender, mir nicht verwandt, wiewohl ein Rosenkreuzer, wenn ich mich nicht irre, handelte ganz offenbar in dem verständlichen Sinne, daß ein gesunder Mensch wirtschaftlicher sei.

In der Folge gab ich der Vorstellung Raum, daß ich jetzt wohl ein »freier Schriftsteller« zu werden hätte. – Wie macht man das? Es bedarf der Starthilfe. Der Landschaftsverband richtete seine Sorge auf mich, und es war auch noch auf diesem Wege, daß der Kulturdezernent Hagens, Dr. Kaltenpoth, mich für die Volkshochschule zu interessieren suchte.

Wie gesagt, die Tugend hängt an Personen, in Hagen an Hagenern. Das Thema »VH« berührend: Ich denke an die schöne Zusammenarbeit mit Dr. Kaltenpoth, dann mit Oberstudienrat Pehmöller, der heute hauptamtlicher Leiter der großen Institution in Hagen ist. Ich konnte mich auf einige Freunde verlassen (sie waren allesamt in meiner Buchhandlung anzutreffen), sie wurden zu den unentwegten meiner Hörer, und am Ende stellte sich in summa der Teilnehmer so etwas wie eine variierende Dutzendkonstante heraus, den Gesichtern nach. Es ist ja die Frage, wie viele Einwohner unter 200 000 kommen, um sich zu beschäftigen mit ... Baudelaire, Rimbaud, Mallarmé, Hofmannsthal, Musil, Benn, Montaigne, Pascal, Nietzsche und den »französischen Moralisten«. Das ist mein Angebot gewesen.

Fehlen hundert, fehlen fünfzig Hörer, ich bin da nicht bescheiden, treten die einzelnen um so mehr hervor. Ich darf eine Dame »erwähnen« (Benn), sie kam aus dem Textilhandel und brachte augenscheinlich das schöne Wissen mit, daß die Kleider des Menschen letzten Endes in der geistigen Werkstatt geschneidert werden. Sie war durch die meisten Kurse hin anwesend.

Indem ich mein Verhältnis zu den übrigen kulturellen Objektivationen am Orte hier befrage, sage ich sogleich, daß ich dank unwiderstehlichen Werbens eines Freundes unserer Familie, der auch im Kirchenvorstand ist, passives Mitglied des Hagener Sportvereins bin (pardon, es ist meine Frau, aber der Beitrag kommt aus derselben Kasse).

Das Verhältnis zwischen mir und der Presse hat aktivere Züge. Eine gegenseitige quasi Links-Anziehung ist dabei nicht ganz zu übersehen. Indes: Beide Pressen sind verläßlich, sie sind analytisch nach Kräften obenauf. Auch hier gibt es Treue der Person.

Das Buchwesen. Die Stadtbücherei. Da ich die Bücher, die ich lesen möchte, kaufe und nicht selten geschenkt bekomme, steht die Bücherei für mich als ein städtisch Stattliches im Hintergrund. Tatsache ist, daß ihr Leiter, Dr. Hoppe, zu meinen frühesten Förderern zählt.

Hinsichtlich des Bedeutenden dürfte in der Stadtbibliothek der Bestand an westfälischer Literatur vollzählig sein. Wenn demgegenüber im Archiv für westfälische Literatur, das neuerdings unserem Stadtarchiv angegliedert wurde, der Wille zu Hause ist, »alles«, nämlich alles Gedichtet-Gedruckte zu sammeln, so geht hier der westfälische Eigensinn einen Weg, der mir noch in keiner nachdenklichen Stunde plausibel geworden ist.

Das Musikleben. Es wäre paradox, zu sagen, es könne sich sehen lassen. Jedoch ich sage es, und man versteht, was ich meine. Wiederum hängt sich meine Rede an Personen, so Lehmann, so Emonts, so Körfer. Hier tun sich in der Freundschaftsbeziehung häusliche Kreise auf.

Ich liebe das Museum, schätze seine leitende Hand, liebe das Haus, das einmal sehr reich war, weil es den armen Vincent beherbergte, und das ärmer wurde dadurch, daß unsere Stadtväter der zwanziger Jahre denkwürdigsten Bestand, der dem urteilstüchtig-ahnungsvollen Karl Ernst Osthaus zu danken war, veräußerten. Doch das ist bekannt. Es macht die es anspornende Schwermut unseres Museums aus. Also ist es mobil und bedeutsam geschäftig. Indes: Die Sparte, die ich darstelle, erhält keine direkten Informationen darüber, was im Horizont des Museums in Sachen Kunst vor sich geht. Es ist das Mitglied des Karl-Ernst-Osthaus-Bundes, welches das erfährt. Ich erwähne diesen Umstand unter dem Titel »Zusammenarbeit der Künste«. Nun, die Schwermut pflegt bei sich zu verweilen. Um meinerseits der Schwermut Abbruch zu tun, werde ich im Frühjahr und Sommer zum Maler Oskar Sommer gehen (seine Frau heißt Lenz) und in den übrigen Jahreszeiten zu Eva Niestrath, der Bildhauerin. Hier Kaffee (»oder willst du Tee?«), dort etwas in der Flasche.

Schumachers, die in einer kurzen, älteren Straße wohnen, die Bleichstraße heißt (es gäbe ähnliches in Paris, sagt Emil), sind oft im Ausland. Jüngst aber war man zu Hause, und es konnte eine gemeinsame Veröffentlichung (Gedichte und Graphik) vereinbart werden.

Da kommunizieren die Künste. Und es kommunizieren auch die Literatur und die Medizin, äußerlich auch so, daß Dr. Dr. B. mir mitteilt, wann er in den Räumen seiner Praxis eine Ausstellung eröffnet.

Nach meiner persönlichen Beziehung zu Hagen befragt, sprach ich definitiv von »Beziehungen«. In der Voraussetzung glaubte ich nicht umhin zu können, biographisch und milieukundlich zu verfahren, denn den abstrakten Fall meiner Beziehung zu meiner Heimatstadt gibt es nicht.

Schließlich aber gibt es ihn. Er hat es nur eben an sich, abstrakt und dennoch konkret zu sein. Es dreht sich hierum: Dem Oberstadtdirektor ist (wahrscheinlich) die Stadt in anderer Weise durchsichtig als dem – Lyriker. Der Stadtverwaltung und ihren Häuptern schanze ich alle Vorzüge, die den Hagenern zugute kommen, zu, sei es nicht unsere nicht große Stadt (meinetwegen soll diese eine Provinzstadt geheißen werden, denn auch Städte, weit größer als Hagen, ja Monsterstädte, sind in sich provinzialisiert, und jedes vielhermachende Ding wird einmal durch die Provinz geprüft), unsere große Stadt also, sei begünstigt in ihrer Lage, verkehrsmäßig mehr und mehr durchrationalisiert, ausbalanciert in allen ihren Zwecken, »elegant« deshalb, so muß sie mir gleichzeitig erscheinen als nichts denn eine der Millionen Ansiedlungen – unter dem Himmel. Ihn »gibt es am meisten«.

Ihr rührenden, ihr mutigen, ihr stolzen Städte!

Stadt, die ich nicht gewählt habe, an die bestimmte Existenzverhältnisse mich banden, durchaus wählbare Stadt, Stadt, der ich soviel Grund habe, treu zu bleiben, du bist der Niederlassungen eine. So verstehe ich dich, wenn die Sonne, die tags über Potarier und Ungerechte schien, abwesend ist und man sagen könnte: »Hagen bei Nacht«. Auf diesem oder jenem Hügel, in Häusern, wo Freundschaft mich umgibt, auf dem Balkon oder vorm großen Fenster: Da liegt sie, unsere Stadt, profan erleuchtet, elektrisch (ganz dort drüben die Buchstaben RWE). Aber die Lichter nehmen sich aus gegen einen Himmel, der sich zurückhaltender illuminiert und doch das Umgreifende ist, der Räuber einstmals alles Menschlichen. Der Rumpf unserer Stadt greift mit Gliedern in die Täler, Tier, ähnlich, wie man es im Meere hat. Und wir sehen einmal den Gebirgsblock, den Teil, in den wir nicht hineinkommen, und wir sehen den Verlauf in die Ebene nach der anderen Seite.

Im Eugen-Richter-Turm, habe ich gehört, richten Liebhaber der Astronomie ihre bescheidenen Rohre auf Punkte im Raum, die leuchten, glimmen oder blinzeln. Ich aber meine trotz diesen den »leeren« Raum. Ohne das Denken an ihn wird Wohnen nicht »geistlich«.

Hierüber Gespräch, meine Freunde, und über anderes mehr.

Ralph Giordano

Streifzug durchs Revier
(1998)

In Duisburg-Laar ist buchstäblich der Teufel los, jedenfalls nach Ansicht des Pfarrers der evangelischen Apostelkirche, Dietrich Reuter: Die lokale Muslimgemeinde fordert den lautsprecherverstärkten Gebetsruf vom Dach der hiesigen Moschee! Dabei stört es den Anhänger der evangelikal-konservativen Bekenntnisbewegung »Kein anderes Evangelium« schon mächtig, daß das »Allahu akbar« einmal in der Woche ohne Elektronik erschallen darf. Darin sieht Kreuzritter Reuter, nicht ohne beträchtlichen Ortsanhang, die Gefahr einer »religiösen Überfremdung«, um die ein heftiger Streit mit entsprechendem Medienrummel ausgebrochen ist.

Kommt man von der Innenstadt über die große Brücke, sieht man von Laar zunächst nichts als Thyssen: rötliche Gebäudekomplexe, Schornsteine und Hallen, aufgereckt und steil. Noch erdrückender das Ganze dann aus der Nähe und von gleicher Ebene, Ecke Kanzlerstraße/Rheinstraße – wuchtige Industriefassade, hochmütige Fensterfront, und irgendwo da, eingeklemmt zwischen dem Stahlkoloß und dem Strom, die 7000-Seelen-Gemeinde Laar, von der ein Drittel Türken sind.

Tauben fliegen umher, es regnet leicht. Niedrige Häuser im Karree, kleine Fenster, hinter denen da und dort Kerzen leuchten, bröckelnder Farbanstrich, blätternder Putz. Der Komplex hat etwas von der Trostlosigkeit realsozialistischer Plattenbauten an sich – hier wohnen keine reichen Leute. Seit 1980 hat Thyssen 25 000 Arbeiter entlassen – jeder Vierte in Laar ist erwerbslos. Gefährlich, diesen Hintergrund bei der

Behandlung des Themas außer acht zu lassen. Bleibt die Frage, wie es zu behandeln sei.

Erst einmal hin zu Pfarrer Dietrich Reuters Hauptquartier, dem Presbyterium der Apostelkirche, die mit ihrer grüngekupferten Spitze weit hervorsticht aus diesem Teil Duisburg-Laars, ein Bild der Einschüchterung, das mich flüchtig erinnert an Lateinamerikas gewaltige Gotteshäuser im Zentrum ringsum tief geduckter Ortschaften.

Aber auf dem Steinplatz davor mit Bänken an der Seite hat sich der »Gott sei bei uns« in Gestalt so unmißverständlich luziferischer Namen wie Ersan, Nasir und Nasitr schon bedrohlich nahe an die Zitadelle des alleinseligmachenden Glaubens angeschlichen.

Denn um den geht es dieser Seite hier, weit hinaus über den bloßen Streit um den lautsprecherverstärkten Muezzimruf, wie ein Anschlag an der Hauswand gegenüber der Apostelkirche mit dem Signum des Pfarrers Dietrich Reuter verkündet – eine Lektüre, die man sich zweimal zu Gemüte führen muß, weil sie sonst nicht zu glauben wäre.

Da lese ich, zunächst: »Den Muslimen in Liebe begegnen«, weil »Haß und Feindschaft gegen Ausländer oder Angehörige anderer Religionsgemeinschaften der guten Nachricht von Jesus Christus entgegenstehen«. Eine vielversprechende Ouvertüre, denke ich reuevoll, aber nur, um sogleich meines Irrtums überführt zu werden, kommt es unmittelbar darunter doch nun knüppelhageldick: »Der islamische Gebetsruf ist eine Unterwerfungsaufforderung an Andersgläubige.« – »Christen und Muslime glauben nicht an denselben Gott.« – »Am Kind in der Krippe scheiden sich die Geister.« – »Die Bibel lehrt, ohne Christus, den Sohn Gottes, der mit Gott eins ist, kommen wir nicht zu Gott.« – »Wir haben als Kirche Jesu Christi versagt, wo wir den Muslimen das Evangelium vom Kreuz und Auferstehung vorenthalten haben.« – »Allah ist kein wahrer Gott, sondern sein Zerrbild.«

Da schnappt man nach Luft: »Heidenmission« pur, religiöser Anachronismus in seltener Komprimierung, christlicher Fundamentalismus so unverhüllt, daß man sich die Augen reibt und versucht ist, das Ganze noch einmal zu studieren, in der Hoffnung, sich verlesen zu haben.

Da das nicht zutrifft, wendet man sich mit Grausen, nicht ohne zusätzlich und unaufgefordert von Volkes Stimme in Gestalt eines älteren Passanten belehrt zu werden: »Recht so, wir sind doch kein islamischer Staat!«

Welch unzweifelhafte Wahrheit doch! denke ich, und dennoch behagt mir ganz und gar nicht, wie sie gesagt worden ist.

Nun tiefer nach Laar hinein und über die Friedrich-Ebert-Straße dem potentiellen Tatort entgegen. Vorbei an einem Deutsch-türkischen Verein mit vergitterter Pforte, dem stark besuchten Penny-Markt, einem Türkisch-islamischen Kulturverein, einem Reisebüro mit greller Werbung für »Istanbul Airlines«, etlichen Glücksspielhallen und schließlich der katholischen Kirche der St.-Ewaldi-Gemeinde – dann stehe ich vor der Sultan-Ahmed-Moschee.

Und kann meine bittere Enttäuschung nicht verbergen.

Obwohl ich keineswegs hierhergekommen bin mit der Vorstellung, einen orientalischen Prachtbau vorzufinden, ist die angetroffene Wirklichkeit, nimmt man den Medienrummel noch dazu, mehr als ernüchternd – die Moschee hat den Charme einer Garagenfront. Ein schweres, fest verschlossenes Metalltor, rechts, abgeriegelt gegen die Kirche, eine übermannshohe Mauer, darauf verrostete Eisenstachel. Ich sehe hinten den hölzernen Eingang zum Gebetssaal, kann die arabischen Schriftzeichen für Allah und Mohammed enthieroglyphisieren und gehe außen an dem Gelände vorbei durch ein offenes Tor auf ein Feld, das nicht zum Grundstück der Muslime gehört – die Moschee liegt wie eine Enklave inmitten eines christlichen Areals. Fast kann einem das kleine Gotteshaus der Laarer Muslime in seiner Unscheinbarkeit neben der gewaltig dräuenden katholischen Kirche leid tun.

Dann, hier an Ort und Stelle, drücke ich mich nicht länger um die Frage herum, wie ich mich denn wohl verhielte, wenn in meinem akustischen Umkreis eines Tages der Muezzinruf erschallte – um mich sogleich bei etlichen Unklarheiten zu ertappen.

Zunächst versuche ich, meine Haltung gegenüber dem Geläut jener Kirche zu definieren, deren Spitze ich vom Balkon aus über Köln-Marienburgs Baumwipfeln, in Luftlinie etwa 500 Meter entfernt, erkennen kann – und registriere drei langjährig gesicherte Reaktionen: Häufig werden die Glockenklänge von mir völlig überhört oder nur unterbewußt wahrgenommen – am Morgen und vormittags fühle ich mich von ihnen eher gestört – an warmen Sommerabenden aber davon sehr angenehm eingelullt. Wahrscheinlich würde es mir bei »Allahu akbar« ähnlich ergehen, jedenfalls auf die Dauer, wenn auch vielleicht nicht gleich. Sicher bin ich mir aber nicht. Ich habe allgemein etwas gegen Lärm, und das um so ausgeprägter, je mehr ich in die Jahre gekommen bin. Von daher wäre mir ein Muezzinruf ohne elektronische Verstärkung auf jeden Fall lieber.

Im übrigen zähle ich nicht zu den Umarmern, die schon deshalb alles gut finden, weil es von Ausländern kommt, sondern will, wenn mich an ihnen etwas stört, es ihnen genauso unbefangen sagen können wie allen anderen auch. Das gilt für jedes Gebiet, speziell für die Stellung der Frau in islamischen Ländern, die völlig inakzeptabel ist und von der mir niemand mit Hinweis auf »Sitten, Gebräuche und Tradition« etwas anderes weismachen kann. Was mich bei diesem

Streit um den Muezzimruf, lautsprecherverstärkt oder nicht, neben fundamentalistischen Bekundungen auf beiden Seiten am meisten stört, ist, daß hier Freiheiten und Toleranzen gefordert werden, die im Ursprungsland Angehörigen anderer Religionsbekenntnisse oft genug nicht eingeräumt sind. Ich habe mit Hunderten christlicher Türken gesprochen, die Angst vor Benachteiligung zeigten und sich mit Glaubensbekundungen zurückhielten, weil, wie sie erklärten, »die islamische Mehrheit sich rasch provoziert fühlt«, und unvergeßlich ist mir jener evangelische Pfarrer, der von »kleinen Glokken« sprach, mit denen er seine Gemeinde an der Peripherie Istanbuls an Sonntagen, bei Taufen oder Trauungen zusammenzuholen pflegte.

Da ist man deutscherseits in Dortmund, Hamm, Lünen, Düren, Oldenburg und Siegen weiter – in diesen Städten kann der Muezzim inzwischen mit Elektronik zum Gebet rufen (in Siegen sogar dreimal am Tag, bis zu 69 Dezibel), wohingegen hier in Laar, wie gesagt, einmal wöchentlich auf arabisch das »Gott ist am größten« ertönt. Aber der Antrag auf alltäglichen Ruf mit Lautsprecherverstärkung ist gestellt in der Hoffnung, daß damit nicht genauso verfahren wird wie mit dem der Muslimgemeinde des Duisburger Stadtteils Hüttenheim: Auch die wartet auf amtliche Antwort – seit siebzehn Jahren.

»Birtat Döner« – »Huzur market« – »Divrimci Yol« – »Fasicme olum« lese ich und sehe Lebensmittelgeschäfte, Gemischtwarenläden, Anschläge des Kultur-und-Sport-Vereins »Ataspor Duisburg 1987«, Embleme mit dem Halbmond, ein auffälliges Ensemble schwarz-rot-goldener und türkischer Fahnen, an dem gerade vier Teenager vorbeistreichen, laut, lässig und selbstbewußt.

An der Bushaltestelle viele junge Leute, darunter Frauen mit Kopftuch und Mädchen mit offenem Haar.

Hinein in den *Deutsch-türkischen Kulturverein.* Hinter der Theke steht ein kleiner Mann, zahnlos, und serviert Tee. An der Wand, natürlich, Kemal Atatürk, der »Vater der modernen Türkei«, die rote Nationalflagge, Fußballplakate mit Patina – »Galatasaray 1905«. Daneben: Bilder mit Alpenszenen, Rehe vor beschneiten Bergen, bauchige Gäule, die schwere Stämme ziehen; auf schmalen Podesten ausgestopfte Vögel, Fasane und Bussarde; überall türkische Zeitungen und im Fernsehen ein dröhnender Western.

Der Alte hinter der Theke schenkt Tee nach und gibt die einzigen Deutschkenntnisse preis, über die er verfügt: daß er hier schon seit zwanzig Jahren lebt.

Draußen eilt ein dunkelhaariger Knirps mit einem bunten Ranzen zur Haltestelle, er pfeift und tollt herum, breitet die Arme aus, als wollte er die ganze Welt umarmen, lächelt, ruft mir irgend etwas auf türkisch zu und fühlt sich offensichtlich pudelwohl. Was soll das für ihn hier anderes sein als seine Heimat? Wehe, wenn dem Jungen jemand etwas tun, ihm auch nur ein Haar krümmen wollte.

Noch einmal vor St. Ewaldi, das Portal mit den Türmen hell, das Schiff dunkelgebeizt. Es ist nicht der Katholizismus, der sich hier zum Vorreiter gegen öffentliche Äußerungen einer anderen Religion macht, aber auch nicht *die* protestantische Kirche – sondern nur ein bestimmter Teil von ihr. Der aber stößt auf inneren Widerstand und Widerspruch. Im Fenster des Laarer Moscheevereins hängt ein Plakat des Kirchenkreises Duisburg-Nord, auf dem, unterzeichnet vom Superintendenten und von 29 Pfarrern und Pfarrerinnen, zu lesen ist: »Pfarrer Reuter betrachtet die Bibel als ein fertiges Gesetzbuch, mit dem er autoritär und unduldsam endgültige Urteile über Menschen und Meinungen fällt.«

Das tröstet zum Abschied.

Auf der Rückfahrt steige ich aus, erklimme den Rheindamm, der hier hoch ist wie ein Seedeich, und habe ein unerhörtes Panorama vor mir: bis hin zum Strom die sanft abfallende Grünfläche, Möwen in der Luft, schnelle Patrouillenboote, behäbige Touristenschiffe, rechts der Rheinknick und links die große blaue Brücke.

Auf der halte ich dann, etwas jenseits der Legalität, noch einmal, lehne mich an das Geländer, schaue zurück und denke: Laar ist kein besonders ermutigendes Beispiel, gewiß, aber eben doch eines von unzähligen: Alle diese Ausländerfeinde und Fremdenhasser, von rechtsaußen über die Nationalkonservativen bis in die Mitte der Gesellschaft, alle diese Schreier »Deutschland den Deutschen« und »Hier ist eine ausländerfreie Zone«, sie alle führen einen völlig aussichtslosen Kampf, kräftezehrende Rückzugsgefechte ohne jede Erfolgsmöglichkeit: Die sind da, Ersan, Nasir und Nasitr, in Laar und Oldenburg, in Hamm und Dortmund, in Düren, Lünen, Siegen und den tausend anderen Ortschaften und Städten – die sind da, Millionen, und werden da sein! Es gibt gar keine andere Wahl, als miteinander auszukommen, hier im Revier und überall.

Von Deutschland und den Deutschen wird, wahrlich, genug übrigbleiben.

Thomas Bernhard

Empfindung
(1978)

Ein anderer Theaterschriftsteller hatte vor Gericht, vor welches ihn ein beleidigter Zuschauer zitiert hatte, weil er sich von ihm auf der Bühne des Bochumer Schauspielhauses, das der Theaterschriftsteller auch vor Gericht immer nur als Bochumer Narrenhaus bezeichnet hatte, in welchem in Wahrheit von einem Irrenhausdirektor, der sich nur als Schauspieldirektor ausgebe keine Schauspieler, sondern Narren gehalten und das ganze Jahr über einem ratlosen Publikum vorgeführt werden, verunglimpft gefühlt hatte, ausgesagt, daß er nur deshalb immer so großen Erfolg habe, weil er im Gegensatz zu seinen erfolglosen Kollegen ehrlich genug sei, seine Komödien immer als Tragödien, seine Tragödien aber immer als Komödien auszugeben. Als er einmal eine Tragödie tatsächlich als eine Tragödie ausgegeben habe, hätte er sich einen ungeheueren Mißerfolg eingehandelt. Seither halte er wieder an seinem Prinzip fest, eine Komödie als Tragödie und eine Tragödie als eine Komödie auszugeben und der Erfolg sei ihm jedesmal sicher. Weil er inzwischen so berühmt geworden war, daß er sich beinahe alles leisten konnte, hatte ihn das Gericht, vor das ihn der beleidigte Zuschauer zitiert gehabt hatte, weil er diesen Zuschauer als genauso stumpfsinnig bezeichnet hatte wie alle anderen in die Millionen gehenden Zuschauer auf der ganzen Welt, freigesprochen. Der Gerichtsvorsitzende habe ihn deshalb freigesprochen, behauptete der Theaterschriftsteller nach der Verhandlung, weil er, der Gerichtsvorsitzende, das Theater und alles, das mit dem Theater zusammen-

hängt, wie nichts auf der Welt hasse, was er, der Theaterschriftsteller gut verstehen könne, denn es sei seine eigene
Empfindung.

Jürgen Lodemann

Predigkeits Predigt
(2009)

Langensiepen traut sich jetzt nicht, irgendwo anders hinzugehen. Biegt ab ins ›Pümpgen‹. Im dämmrigen Licht dort herrscht milder Aufruhr. Der Predigkeit sei dagewesen, der habe wieder für seine Volkskunst gepredigt, für seinen ›Pöbelpalast‹, das alte ›Colosseum‹. An den Tischen erkennt er Kumpmann und Hackenesch. Im ›Colosseum‹, so hätte der Alte behauptet, seien noch spielend die Klassen überwunden worden, ob im Varieté oder beim Poker, ob beim Billard oder bei den Damenringkämpfen im Schlamm, Ratsherren wie Kumpel wie Fabrikherren hätten zugekuckt. Das sei noch die letzte Zeit der Phantasie gewesen, die Zeit der ›Schwarzen Lene‹ und der ›Zornigen Ameise‹ und des ›Fleißigen Lieschen‹, heute aber, so habe Predigkeit ins ›Pümpgen‹ gerufen, heute sei die Kunst so tot wie diese Stadt keine Stadt mehr sei, ›Kruppstadt Kaputtstadt!‹ habe der geschrien.

Die schwarze hohe Menschenspinne, mitten im Sommer im Mantel, zeigt sich draußen noch immer, geht am anderen Ende des Kopstadtplatzes hin und her, als hätte sie ein neues Netz zu ziehen. »Mamma Mönninghoff«, fragt Hackenesch, »weiße eintlich, wat der wirklich ma war? früher?«

»Türlich weiß ich dat.«

»Dann sach dat domma.«

Die Wirtin beginnt die Theke zu wischen. Kumpmann beugt sich zu Hackenesch. »Der da draußen, der is der einzige, der't bei de Mönninghoffsche für lau kricht. Dat Bierken. Weil der Predichkeit hier im Ruhrpott ma dat As gewesen is. Anne Zeitung. Krittiker!«

Hackenesch schaut hinaus. »Sach bloß. Un? Wat is er heute?«

»Siehße doch. Penner isser. – Heute hatter nix an unterm Mantel.«

»Echt? Nix an unterm Mantel? Abba gätz kuck ma, kommt der etwa widda hier rein?«

»Rum nich. Lassen doch.«

Der Dunkle draußen in der Sonne hat den Platz gequert, taucht jetzt ein in den Hausschatten. »Wehe!« ruft Elsbeth Mönninghoff, »wehe, Hackenesch, du sachs wat von dem, wat der Kumpmann dir gätz vorraten hat.«

Die Pümpgen-Tür tut sich auf. Der hohe alte Mann zögert, geht dann vor, stellt sich an den freien Stehtisch. Die Tür schließt sich. Eine Weile ist es still. Mutter Mönninghoff zapft. Die anderen haben ihr Bier, aber kein Gespräch.

Die Wirtin geht um die Theke herum, setzt dem das gefüllte Glas vor. »Musse nich so genau nehm, wat der Kumpmann alles redet.« Und geht zurück.

Die Männer sehen, wie der Greis trinkt. Hackenesch zieht die Brauen hoch, die Schultern. »Vor der Mamma müssen wer wohl kuschen, wie?«

Mamma Mönninghoff hebt flehend die Hände.

Der Alte scheint nicht gehört zu haben, setzt aber dann sein Bier ab und redet. »Wa euch schomma je klaa, wat dat is, so'n Krittiker?« Trinkt noch mal, setzt wieder ab. »Zum Beispiel, diesen Dingeskirchen, wie heißter denn, diesen Kaiser der Süddeutschen. Noch letztet Wochenende. Ich denk, mich krault ne Schaltanlage. Weint der sich seitenlang einen ab, wie traurich et doch wär, dat fünnef Chopeng-Briefe weg wärn, seit dem Waaschauer Ghetto. Also diese fünnef weckenen Briefe – wie schreibt der dat? – *dat wiarkt auf unsere Gefühle* – also son krittischen Kaiser hat ganz viele Gefühle – *diese Zahl fünf, die wiarkt mehr als jede abstrakte Millionenzahl.* Wörtlich so.

120

Fünf Papierkes vom Chopeng – wiegen mehr als fünf Millionen Menschen im Orkus. So funktioniert, wat als Krittiker rumläuft. Schaltanlage!«

Predigkeit trinkt. Die Pümpgen-Tür öffnet sich, von draußen kommt einer der Taxifahrer. Hackenesch bedeutet ihm, sich ruhig zu verhalten. Der versteht nicht warum, ist aber ruhig.

Man erwartet weitere Erklärungen. Und in der Tat, der Mann im schwarzen Mantel schiebt sein Bier zur Seite. »Heute weiß ich ja, wat die fehlt, die Krittiker. Mitten in die drin, da fehlt wat. En Organ, wat sonz jeder hat. Nä, nich wat ihr gätz widda meint, keine Sorge, Kopp und Schwanz, dat ham die. Die Schicht dazwischen! die mein ich. Dat inne Mitte, dat Zwerchfell. Dat Dingen für't Lachen. Für't Heulen. Für allens, wat ein' erschüttern könnt', aus Versehen. Dat is denen total vaschrumpelt.«

Der holt sich neuen Stoff aus dem Glas, setzt ab und sagt: »Und weil die kein Zwerchfell ham, lassen die sich hier unten im Pott auch gar nich erß blicken. Könnt hier ja plötzlich gelacht werden, und dat wär dann peinlich, denn dann märkte ja jeden, wie son Krittiker bloß noch gicksen kann. Bloß noch Koppstimme. Fistel Kicki hippelich. Könn die sich nich leisten, sonne Blamage.« Predigkeit schaut sich um, als er sieht, dass man ihm zuhört, erklärt er: »Vollkommen schwerelos sind die, die Schreiberlinge. Obzwar, den berühmtesten, der heißt Handke. Da könnten wer hier unseren letzten Handarbeiter genauso gut Kopfke nenn'.«

Und weil er weiterhin Aufmerksamkeit bemerkt, sagt er: »Staunder, wa? Is eemt Staunder-Pils! Elsbeth, ma flott en neuet in Aabeit, nich dat ich au'm Trockenen hock!« Und fängt dann erst richtig an, der Predigkeit. Kritiker seien Papiertiger. Glatzenfriseure. »Hoch oben hinten auf ihre Karawanken, da jonglieren die sich ihren Zickendraht zusammen, ihren erhabenen und meinen dann: So hoch oben, dat wär Gipfel. Nu sacht abba ma säpss: Wer aufe Karawanken is, is der au'm Gipfel?«

»Nä«, weiß Kumpmann, »ich würd ähr sagen, der is im Abseits.«

»Der ärste klare Gedanke, den du an diesem Tach denks, Sportsfreund. Gipfel? Dat is bekanntlich dat oberste vom Bärch. Und? Wo fängt son Bärch für gewöhnlich an?«

»Unten«, ruft Elsbeth Mönninghoff, »ganz unten!«

»Elsbeth, du kriss Gold! Du weißt mehr vonne Ästhetik als sämtliche Ästhetiker zusammen. En Bärch is dann am bergichsten, wenn er ganz tief unten anfängt. Möchlichst am Aasch der Welt. Hier unten anne Emscher. Wie Mamma Mönninghoff dat sacht, so iset. Und gätz sehter't klaa vor euch – danke, Else, dat wurd abba auch Zeit – Gipfel? Dat is auch inne Kunst immer ärß dann, wenn der Modder nich vagessen is, Schlamm und Schlamassel ganz unten. Kunst? – is immer nur mit alles! Mit Kopp, mit Schwanz – UND mit Zwerchfell. Minnigens mit die drei. Stimmdet odda habbich recht? Sach mir einer hier im ›Pümpgen‹, er wollte auf eins von die drei vazichten – auf Kopp? auf Schwanz? auf Zwerchfell?«

Der Reihe nach sieht er seine Zuhörer an. Niemand schüttelt den Kopf, keiner möchte auf irgendwas verzichten.

»Prost, Freunde! Ihr nich! Abba die Krittiker. Dat der Mensch en Bauch hat und dat der in Masse lebt und die allermeisten ganz tief unten, dat ham die glatt vapennt. Wie allet, wat Sache is. Dat Leem hier im Ruhrpott, davon ahnen die ja nichma wat. Wieso? Weil auch dat Ahnen ohne Zwerchfell ga nich mehr funktioniert.« Er trinkt, setzt ab und schaut seine Zuhörer bedeutend an. »Bekloppt‹ und ›Volk‹, dat is für die dat selbe Wort. People? Im Deutschen wurde dadraus: ›Pöbel‹!«

Da hört Langensiepen, wie der Taxifahrer am Nachbartisch den Hackenesch fragt: »Äi, Kutti – vastehß du hier irgendein Wort?«

»Wozzudänn!« zischt Hackenesch zurück. »Hauptsache, der hat recht!«

Predigkeit hebt sein Glas, trinkt es feierlich aus, setzt es mit Bedacht wieder ab und sagt: »Und warum weiß ich das alles? Weil ich noch wat gelärnt hab im ›Colosseum‹, weil ich noch wat weiß vonne Volkskunst und vonne Überlebenstechnik. Weil ich die noch mitgekricht hab, die Zwerchfelltricks. Genieße! Odda du bis kein Genosse! Prost!« Und hebt das zweite Glas.

Da trinkt man ihm zu. »Predichkeit, du bis den Größten«, sagt Hackenesch. »Wemmer dich nich hätten, du mit dein tolles Fell.«

»Du Riesenzwerch!« ruft Kumpmann.

»Else, wat der schluckt, geht auf Rechnung Hackenesch!« sagt Hackenesch.

»Aber wen, so frage ich euch, wen außer uns Pümpgenbrüdern – seit et mein ›Colosseum‹ nich mehr gibt – wen heutzutage juckt noch sein Zwerchfell! Quem jucket?, fragten schon die alten Römer. Wohinze kucks: Gehiarn! Koppstimme! Mikroprozessiönchensöhnchen. Und die Krittiker, die schaffen ja nich ma mehr ihre Feuilletonanie. Diese Peinsäcke, diese Karasäcke. Dat System dominiert.«

»Wat fürn System!?« fragt Kumpmann.

»Dat System, dat is die Rampe.«

»Und wat heißt denn dat!« fragt Else.

»Dat heißt: AB mit dir! Sie, Else, tut uns leid, sind nichefracht. Weg mit Sie. People is Pöbel. Nich rellevant. Wo't Zwerchfell kümmert, da kümmert sich auch keiner mehr um den Schweinkram ganz unten. Wat Sache is, is auf Abschussliste. Du un ich, die Abbeitslosen, die Ausländer – wir alle – nur, auch der Pius-Papst, der wollt dat nie so genau wissen, wat mit die aamen Säue, wat mit die Juden passiert, und weil auch den am Ende sein eigenen Schwachpunkt erwischt hat, nämlich sein allzu zaatet Zwerchfell, bin ich sicher: Auch zu die Literatur-Päpste kommt dermaleinst der große KaWumm und schickt die in den absoluten Aufstülp, in den letzten heiligen Hickeschlick!«

»Toll!« sagt nun der Taxifahrer und schaut sich um, ob er damit richtig liegt.

»Dat muss doch unsereiner hier im Ruhrpott endlich einsehn, wie minderwärtich dat wir sind. Dat wir fünnef Millionen für die Gefühle von so Schaltanlagen nich halb so wichtich sind wie fünf Blättges Papier. So welche wie diese Zombies, die schubsen die eigene Omma die Treppe runter un fragen: wat läufße eintlich so unästhetisch?«

Predigkeit trinkt lange und wie in Trauer. »Für ihr Ende im Abseits, da sorgen die selber. Schon der uralte Johnny Nestroy hat gesacht, man sollte den Kaiser gegen den Kaiser hetzen, also den Handke gegen den Handke, den Kara gegen den Sack und den Reich gegen den Ranicki, nur um dann ma zu kucken, wer von die zwei jeweils der Größere is. Dann sind wer se los.«

»Und was machen dann alle die Dichter?« wollte Kumpmann wissen.

»Tja, wat machen dann alle unsere immer wieder neu heranwichsenden Dichterkes – die? Die baumeln dann mit ihre *überragenden* Werke – schwerelos – als kosmischen Kappes – seelich saugend anne gegenseitigen Nabelschnüre – schweben se so dahin – und landen am Ende hoch oben auf dem großen NeppNeptun – knien da nieder – vor ihrem eigenen erlesenen Gedankenwichs im Nix – bis am Horizont kannze se knien sehn – Aaschloch reiht sich an Aaschloch – wahrhaft überwältigend – weil et sich da ja ausschließlich um Klugscheißer handelt. – So, Schluss getz. Nu wisster, wieso Predichkeit kein Krittiker mehr is.«

Frank Goosen

Wieso Fußball?
(2008)

Ich stelle mir das so vor: Menschen, die Briefmarken sammeln, Modellflugzeuge bauen oder Turniertanz betreiben, sitzen an einem ereignisarmen Sonntagnachmittag sinnend auf ihrem Wohnzimmersofa und fragen sich: »Wo bin ich in meinem Leben falsch abgebogen?«

So eine Frage stellt sich ein Fußballfan überhaupt nicht. Fragen Sie bei uns in der Gegend einen Fußballfan: »Wieso gehst du ins Stadion?«, antwortet der nur: »Watt?«

Der versteht die Frage überhaupt nicht.

»Wieso gehst du zum Fußball?«

»Is doch Samstach!«

Fußball ist uns zwischen Duisburg und Unna, zwischen Recklinghausen und Hattingen ins Genom übergegangen, unsere Doppelhelix besteht nicht aus Aminosäuresequenzen, sondern aus echtem Leder. Legt ein werdender Vater die Hand auf den Bauch seiner hochschwangeren Frau und spürt den Tritt des Thronfolgers, kann er nicht anders, er sagt: »Kumma, der flankt!«

Und kaum bist du aus dem Bauch raus, bestimmt Fußball über deinen Platz im sozialen Gefüge. Bei uns war das so: Spüli, Pommes, Mücke und ich trafen uns zum Pöhlen zunächst auf den Grundstücken zwischen den Mietskasernen in Stahlhausen, dem »Blaubuxenviertel«, wobei korrodierende Teppichstangen als Tore dienten. Fragten wir unterwegs jemanden, ob er mitspielen wolle, und der sagte: »Nee, ich interessier mich nicht für Fußball«, knallte Mücke ihm vor den Latz: »Wie, du willz nich pöhlen? Bis du schwul oder was?«

Als sich dann Jahre später herausstellte, dass unser Freund Hans Jürgen Spülberger, genannt »Spüli«, tatsächlich lieber auf der anderen Seite des Hügels graste, sah Mücke sich nachträglich bestätigt: »Wundert mich nicht! Wenn der am Ball war, hat der Ball geweint!«

Irgendwann wechselten wir auf die Wiese vor der Schule am Springerplatz. Die Mannschaften wurden zusammengestellt, indem die beiden Jungs mit der größten Klappe – also ich und ein anderer – immer einen Fuß vor den anderen setzend aufeinander zugingen, wobei die Hacke die Spitze berühren musste. Der, dessen Fuß am Ende gerade noch in die Lücke passte, durfte den ersten Spieler auswählen. Das hieß »Pisspott«, und zwar, weil der eine bei jedem Schritt »Piss« sagte und der andere »Pott« antwortete. Bei der Aufstellung bevorzugt wurden technisch versierte »Fummler«, die zwar oft sehr eigensinnig, also wenig mannschaftsdienlich spielten, dafür aber Erfolg versprachen. Und da wir deutsche Jungs beim Fußball waren, stand Erfolg bei uns immer höher im Kurs als so etwas Mädchenhaftes wie »Spaß«.

Am Ende blieben immer ein oder zwei Jungs übrig, mit denen schon auf dem Schulhof keiner spielen wollte. Solche Typen, die auch noch den obersten Hemdknopf zumachten und selbst im Sommer Pullunder trugen. Dummerweise gehörte meistens einem von denen der Ball.

Ich stand bei diesen Spielen gern im Tor, weil man da nicht so viel rennen musste. Außerdem hatte ich nichts dagegen, mich »zu schmeißen«, also panthergleich noch hinter jedem aussichtslos erscheinenden Ball hinterherzuhechten. Denn ich gehörte zu den Kindern, die sich dreckig machen durften. Andere Mütter waren sauer, wenn ihre Blagen schlammverkrustet und mit dicken Grasflecken auf den Hosen nach Hause kamen. Wenn ich hingegen vom Spiel nicht genug gezeichnet war, schickte meine Mutter mich zurück auf die Wiese!

Ich hatte schon ziemlich früh einen langfristigen Ausrüstervertrag abgeschlossen – mit meiner Omma. Zum Geburtstag und zu Weihnachten gab es regelmäßig die neuesten Trikots, Schuhe und Handschuhe. Auch wenn sich Omma dabei nicht so richtig auskannte. Einmal stand sie im Sporthaus Koch und ließ sich diverse Modelle von Torwarthandschuhen vorführen, wobei ihr die Verkäuferin ein Paar besonders ans Herz legte: »Das sind die besten. Die sind von Kleff!« Darauf meine Omma: »Von welcher Firma die sind, ist doch egal!«

Und auch später, auf dem Gymnasium, war eine Eins im Vokabeltest ein nutzloser Scheiß, wenn man nicht in der Lage war, den Elfer gegen die Penner aus der Quarta B zu versenken.

In den Achtzigern ließ das etwas nach. Man wandte sich alternativen Betätigungsfeldern zu, experimentierte mit Drogen, Alkohol und schmalen, pastellfarbenen Lederkrawatten zu ebenfalls pastellfarbenen Polo-Shirts, probierte universitäre Bildung, intelligente Romane und schlagfertige Frauen, meinte, sich eine ironische Distanz zu seinen tieferen Bedürfnissen ebenso wie zu seiner Herkunft auferlegen zu müssen, und kehrte nach Mauerfall, Heirat, Börsencrash und Vaterschaft wieder dorthin zurück, wo maßgebend is: auffen Platz.

Weil der Platz die Birne frei macht. Viele belastende Fragen kommen überhaupt nicht mehr vor, zum Beispiel: Darf meine Mannschaft gewinnen, auch wenn sie 89 Minuten über den Platz gestolpert ist wie eine Horde Einbeiniger und dann Sekunden vor dem Abpfiff, aus klarer Abseitsposition und nach grobem Foulspiel, die entscheidende Bude macht? Sie *darf* nicht gewinnen, sie *muss*! Glück is mit die Doofen, und wenn die Doofen unsere Doofen sind, ist es kein Glück mehr, sondern die bessere Spielanlage!

Wir im Ruhrgebiet gehen auch nicht ins Stadion, um uns zu amüsieren. Wir gehen da hin, um uns aufzuregen! Beispiel? Jedes Jahr wieder: Das erste Heimspiel der neuen Spielzeit ist gerade mal fünf Minuten alt, noch ist nichts passiert, da brüllt der Mann vor mir zum ersten Mal: »DAT IS DOCH DIESELBE SCHEISSE WIE IN DER LETZTEN SÄSONG!«

In dieser Lautstärke und in diesem Tonfall redet der auch mit seinem Sitznachbarn: »ICH GEH MA PISSEN!«

Und der: »BRING MIR EINS MIT!«

Aufs Klo gehen, ohne Bier mitzubringen, das geht natürlich nicht.

Auch die eigenen Spieler stehen nicht außerhalb der Kritik. Erst neulich, als einer unserer Mittelfeldspieler erfolglos versuchte, einen Ball zu erlaufen, sprang der Orthopäde hinter mir auf und schrie: »SO GEHT MEINE OMMA BRÖTCHEN HOLEN!«

Daraufhin drehte sich der Steuerberater neben mir um und sagte: »Deiner Omma geht es aber nicht gut, was?«

Der echte Fan muss leiden. Und meine Mannschaft, der VfL Bochum, sagt sich immer wieder: Wir geben den Leuten, was sie brauchen! Man muss die Täler durchschritten haben, um die Gipfel wirklich schätzen zu können, und in diesem Sinne hat der FC Bayern keine Fans, sondern nur Zuschauer.

Und wenn meine Frau mich fragt, ob ich mir für den unwahrscheinlichen Fall eines Abstiegs wieder eine Dauerkarte zulegen würde, tut sie das nur, weil sie mich so gerne zurückfragen hört: »Watt?«

Wolfgang Welt

Grönemeyer lebt hier nicht mehr
(1993)

Das Ruhrgebiet ist auch nicht mehr, was es einmal war. Ein Blues in zwölf Takten.

Günther Rostek pfeift auf dem letzten Loch, aber die Karten kann er beim Skat noch genial nachhalten. Er verliert nur eine Anstandsrunde. Dieter Breitscheid, der gegen ihn gespielt hat, zeigt dem Wirt, daß der Deckel voll ist. 38 Mark muß er blechen. Gegen den ollen Günther kommt er noch immer nicht an, obwohl er auch kein junger Spund mehr ist. Ich bin nach langer Zeit mal wieder im ›Haus Schulte‹, hundert Meter von meiner Wohnung auf der Wilhelmshöhe entfernt, einer ehemaligen Bergmannssiedlung an Bochums Grenze zu Dortmund. Früher war hier der Bär los, so vor zwanzig Jahren, als ich in der ersten Mannschaft Fußball spielte, beim SuS Wilhelmshöhe, und dies war das Vereinslokal. Meinen Vater, der damals erster Vorsitzender war, habe ich öfter hier als zu Hause angetroffen. Mittlerweile haben sich die Kriegsteilnehmer weitgehend von der Öffentlichkeit verabschiedet. Ein paar Frührentner stehen am Tresen und schocken. Das haben wir früher auch gemacht und geflippert. Doch da, wo der blinkende und ratternde Apparat stand, ragt jetzt ein Darts-Automat in die Höhe. Ein paar Meter davor ein Strich. Der Wirt hat dafür einen Tisch geopfert. Zum Glück wirft gerade keiner seine Pfeile, und ich kann erhobenen Hauptes zur Musikbox gehen. Da ist nur Schrott drin. Das war schon immer so. Ewig hinkt sie zwei Monate hinter der Hitparade her. Pedro, der Inhaber der Pinte, ist kein Mexikaner, sondern Grieche. Aus irgendwel-

chen Gründen, die keiner kennt, hat er bei der letzten Jahres-
hauptversammlung nicht mehr als Vereinswirt kandidiert. Es
bleiben ihm noch die Kleintierzüchter und der ›Luftbote‹, der
Taubenverein. Neben mir trinkt Eberhard Klette sein sech-
stes Vest Pils. Auch er züchtet die intelligenten Vögel. Ich
frage ihn, wieviel Schläge noch auf der Wilhelmshöhe sind.
Neun. Aber die Taubenväter sind alle über fünfzig, und
Nachwuchs kommt nicht nach. Das ist auch das Problem des
Gesangvereins ›Eintracht‹. Neulich wurde dessen Ehrenvor-
sitzender Alex Brasse beerdigt. (Am 1. 9. 89 hatte ich ihn im
Fernsehen gesehen, weil er den Polenfeldzug von Anfang an
mitgemacht hatte.) Seine Sangesbrüder können alleine schon
lange nicht mehr auftreten, und wahrscheinlich haben sie
sich an Alex' Grab mit einem anderen Chor zusammentun
müssen, um ihrem ehemaligen Präsidenten ein Abschieds-
ständchen zu bringen. »Beim Rudi Gießler«, sagt Eberhard,
»haben wir am Grab Tauben mit schwarzen Schleifchen
hochgehen lassen.« Bevor ich weitergehe, überlege ich, ob ich
mir nebenan eine Currywurst mit Pommes leisten soll. War
das ein Auflauf, als vor dreißig Jahren der ›Spikes‹ Rotermund
in dieser Bude, die zur Kneipe gehört, die ersten Pommes mit
Schlamm verkauft hat! So etwas kannten bis dahin ja nur die
paar Holland-Fahrer (und wer war schon 1963 motorisiert?).
Das Geschäft ging auch jahrelang gut. Der Gerd Neemann
(im nachhinein mit Abstand mein Lieblingswirt) hat seine
Frau hierhin abgeschoben, weil er sie nicht in der Gaststube
haben wollte. Heute verkauft Pedros Frau vielleicht fünf
Currywürstchen am Abend – und ein paar Portionen Gyros.
Die anderen rufen eine Pizzeria oder Mac Mao an. Ich will
noch die übrigen drei Kneipen abklabastern, in denen die
5000 Wilhelmshöher ihren Durst nach Feierabend löschen
könnten. Aber nur wenige tun das. Ich gehe die vielbefahre-
ne Hauptstraße entlang, den Zubringer für Opel vor meiner

Haustür. Die Selterbude ist schon monatelang zu. Irgendwie läuft auf der Wilhelmshöhe das Geschäft mit der Trinkhalle nicht mehr. Früher hielten die LKW-Fahrer jeden Tag wegen einer Schachtel Streichhölzer, nur um beim Kauf einen Blick auf den dicken Busen von Hermine Abich werfen zu können. Als die weg war, folgten nur noch Pleiten. Teilweise die Funktion der Selterbude übernommen hat Bernd Wagner. Jedenfalls nimmt er auf Lottoscheinen nicht nur die Illusionen der Wilhelmshöher entgegen, sondern verkauft neben Schreibwaren, Zigaretten und Zeitschriften auch Getränke und für die Kinder etwas schnuckern. Faber (der ohne Wenn und Aber) hat ihm noch nicht viele Kunden abspenstig gemacht. »Laß den erst einmal den ersten Musterprozeß verlieren.« Die taz führt er nicht, weil kaum jemand danach verlangt, dafür wird er täglich hundertzwanzig Bild-Zeitungen los. Die Neugier auf Focus hat stark nachgelassen. Das Blatt steht unverkäuflich im Regal. Drei Frisiersalons halten sich auf der Wilhelmshöhe. Ich gehe immer zur Dietlinde, mit der ich konfirmiert worden bin. Wie hier oben zwei Blumengeschäfte leben können, ist mir schleierhaft. Eine Goldgrube hingegen ist der Fußpflegesalon von Therese, weil es hier so viele alte Frauen mit Hühneraugen gibt. Der Bäcker Franz Mersmöller kann sich eben über Wasser halten. Seitdem der Plus in der Somborner Straße zu ist, hat er sein Angebot ums Nötigste erweitert und betreibt jetzt eine Art Tante-Emma-Laden. Nebenan die Volksbank wurde schon vor ein paar Jahren wie die Post neulich dichtgemacht, angeblich wegen der ungünstigen (eigentlich günstigen) Verkehrslage in B1-Nähe, die einige Ganoven verleitet haben soll. Wahrscheinlich aber haben die Wilhelmshöher zu wenig Gewinn gebracht. Hier gibt es keine Großanleger. Danach hat es in dem Ladenlokal ein Arzt mit einem Sonnenstudio versucht und sich eine Blase gelaufen. Jetzt ist nach dessen Pleite schon der zweite Video-Verleiher drin. Ich glaube nicht, daß der sich eine goldene Nase verdient, denn die Wilhelmshöhe ist fast voll verkabelt. Am Tresen von ›Goldberg‹ sitzen ein paar Männeken. Es sieht nicht mehr wie einst aus, wie ein Wartesaal. Gerade werden die Sparkästen geleert. Ich verkneife die Frage an die Vertrauensleute, ob noch eifrig gespart wird. Sonst läuft hier wenig ab, außer einem bißchen Politisieren über Krause und Herbert Wehner. Beim Bruno (›Haus König‹) steht auch eine Jukebox. Sie ist aber ausgestellt, und es tönt etwas aus dem CD-Player hinter dem Tresen. Jetzt ist Bruno, ein gemütlich wirkender Dicker, der neue Vereinswirt des SuS. Nach dem Training haben sich drei Spieler eingefunden und diskutieren mit Karl-Heinz Sallner, auch ein Taubenvater, ob der VfL Bochum tatsächlich ›unabsteigbar‹ ist, wie es in einem Lied heißt. Unser Club steht mit an der Spitze in der Kreisliga A. Allerdings ist er auf Neuzugänge aus anderen Vereinen angewiesen. Mangels Masse mußte die Jugendabteilung abgemeldet werden. Die Wilhelmshöhe ist überaltert, und die jüngeren Eltern schikken ihre paar Kinder lieber zum Tennis. Im ›Sputnik‹ (eigentlich ›Bürgerkrug‹) bin ich neben ›Curd Jürgens‹ der einzige Gast. (Fragt mich nicht, wie der wirklich heißt!) Er schimpft auf die Asylanten. Tatsächlich wohnen etliche in einem alten Bullenkloster von Opel. Das gab anfangs Theater, als die einzogen, vornehmlich mit den Besitzern von Eigenheimen in der Nachbarschaft. Da konnte auch der Bundespräsident nicht helfen, der hier, tatsächlich hier auf der Wilhelmshöhe, nach den Vorfällen von Hoyerswerda leibhaftig erschienen ist, um Schönwetter zu machen. Inzwischen scheint sich die Lage beruhigt zu haben. Ich drücke ›Jive Buddy Jive‹, während ›Curd Jürgens‹, der, bevor RTL über den Sender ging, immer ein paar Pornohefte in der Aktentasche bei sich führte, etwas wehmütig einen Bericht der Bild-Zeitung zitierte, wonach in Budapest Zwölfjährige für zwanzig Mark die Stunde zu haben sind. Auch im ›Sputnik‹ ist der Flipper durch ein Darts-Board ersetzt worden. Wenn ich noch Bock hätte, könnte ich meinen Freund Alfred Schmalz anrufen, und wir würden in die Stadt fahren, so wie wir's vor zehn Jahren öfter gemacht haben. Aber ich weiß nicht, was seine neue, wesentlich jüngere Lebensgefährtin dazu sagen wird. Ab und zu singt er noch, der Pavarotti von der Wilhelmshöhe, für hundert Mark pro Lied, bei Hochzeiten und anderen Festlichkeiten. Meine Mutter erzählt heute noch gerne, daß es Alfred war und nicht der Pastor, der sie mit seinem ›Ave Maria‹ zum Weinen gebracht hat, als 1969 mein Bruder geheiratet hat. Im ›Bermuda-Dreieck‹, der Bochumer Suffmeile, ist sicher wieder die Hölle los, weil die Bauernknüppel aus dem nördlichen Bergischen und südlichen Münsterland eingefallen sind. Einheimische gehen hier nicht vor zwei Uhr in die Kneipe. Ich streiche den Abstecher in die City und gehe lieber die zehn Minuten zu Fuß in den ›Bahnhof Langendreer‹. Die Leute, die das Ding leiten, stöhnen wie die meisten freien Kulturveranstalter über die Sparwut der SPD-Bürokratie. Trotzdem läuft hier ein ansehnliches Programm ab, von Richard Rogler und drei Tage Helge Schneider bis F. M. Einheit und Jack Bruce. Das angeschlossene Kino wird jedes Jahr wegen seiner Verdienste vom Bundesinnenminister ausgezeichnet. Nur das kurzlebige ›Dschungelkino‹ im legendären ›RubPub‹ an der Uni hatte Ende der siebziger Jahre ein ähnlich anspruchsvolles Programm. Hier im Bahnhof ist überhaupt kein automatisches Spielgerät vorhanden. Ich genehmige mir zwei Bier zu einem zivilen Preis und nehme eine S-Bahn zum ›Zwischenfall‹, wo für zwölf Mark Eintritt eine Hardcore-Band aus dem Nirvana-Staat Seattle zu sehen ist. Vielleicht treffe ich meinen 23jährigen Neffen Marcus, der selber mal in einer harten Combo Schlagzeug gespielt hat. Jetzt zieht er solo sein

Techno-Ding durch [welche sprache! d. s-in]. Er ist aber nicht da und wird wohl im ›Planet‹ stecken, der von den Spex-Lesern bei einer Umfrage zur besten Disko im Westen gewählt worden ist und wo auch schon mal Konzerte mit avantgardistischen Bands, ähnlich wie im ›Macao‹ oder im ›Cave‹ ablaufen. Wahrscheinlich bin ich für derlei Krach zu alt. Aber für junge Leute ist hier in Bochum genug los, weitaus mehr als in meiner Jugend [kommt nur darauf an, was man so als ›ist los‹ bezeichnet, gell? d. s-in]. Ich werde lieber wieder öfter in den Kneipen der Wilhelmshöhe auftauchen und samstags bei den alten Herren spielen. Und wenn dann Alfred Schmalz unter der Dusche auf italienisch ›O Sole Mio‹ schmettert, weiß ich, wo ich hingehöre.

5.
RUHR.POTT

Hans van Ooyen

Lebensgefühl
(1985)

Mit zehn Jahren
wünschte er sich zum ersten Mal
hier weg.

Jetzt ist er siebzig
und wohnt noch immer in der Kolonie
neben der Zeche.

Ret Marut

Unser die Jugend! Unser die Zukunft!*
(um 1913)

In einer im rheinischwestfälischen Industriebezirk gelegenen
Grossstadt, die – trotzdem sie bereits stark auf das zweite
Hunderttausend Einwohner loswächst – nur eine einiger-
massen gut gepflasterte Strasse besitzt, hatte sich ein »Verein
der freien Arbeiterjugend« gebildet. Es gibt laut abgestempel-
tem Rezept nur zwei Grundmotive, auf die ein Jugendverein
abgestimmt sein darf, um die nötige Hefe für den grossen
Teig der amtlich benötigten Volksmasse abzugeben: 1. From-
me Choräle, ambrosianische Lobgesänge und Psalmen und
2. die entsprechende Zahl »Heil Dir im Siegerkranze«. Alle
kleinen Pflänzchen, die sich sonst etwa zeigen, sind verdächtig, zum mindesten jedoch vom Uebel. Der neugegründete
Verein machte keins von beiden, sondern trieb sich bei schö-
nem Wetter draussen in den Wäldern herum und das sogar
noch ohne vorschriftsmässige Khakihüte und bei schlechtem
Wetter sassen die wenigen Mitglieder beieinander und liessen
sich von erwachsenen Männern allerlei Interessantes und Wis-
senswertes vortragen. Sie fühlten sich im grossen und ganzen
sehr wohl dabei, und im übrigen pfiffen sie auf die Psalmen
und hielten die Siegerkränze für nicht unbedingt notwendig.
Trotzdem gediehen sie ganz prächtig zum höchsten Erstaunen der Zuschauenden, die es bisher nicht für möglich gehalten hatten, dass ein Verein auch dann noch Mitglieder haben
könne, wenn er das altbewährte Rezept nicht befolgt.
    Zuerst hatte der Verein eine lange Zeit hindurch nur acht
Mitglieder. Nachdem Beichtstuhl, Kanzel und Polizei in zu-
vorkommender Weise und ausserdem auch noch unentgelt-

lich genügend Reklame gemacht hatten, wuchs die Zahl der Mitglieder auf fünfunddreissig an. Der Vorsitzende des Vereins war ein junger Lithographengehilfe. Als nun die Zeit erfüllet war, stellte es sich heraus, dass der Vater des jungen Mannes für seine eigene Person vor einigen Jahren seinen Austritt aus der Landeskirche erklärt hatte. Trotzdem wurde er jedes Jahr regelmässig zur Kirchensteuer veranlagt und ebenso regelmässig musste er jedes Jahr unter Herbeischaffung der erforderlichen Ausweise gegen die irrtümlich erfolgte Steuerveranlagung protestieren.

Aus diesem Grunde wurde der Arbeiter-Jugendverein für politisch erklärt. Mit Hülfe dieser amtlichen Bestätigung gewann er in den folgenden zwei Wochen vierzehn neue Mitglieder.

Aber dann nahte das Verhängnis.

An einem schönen Sommersonntage veranstaltete der Verein einen Ausflug, der mit einem Umzug durch die einzige gepflasterte Strasse der Stadt beginnen sollte. Der Vorsitzende ersuchte um die polizeiliche Genehmigung, die ihm auch gewährt wurde, weil man allmählig dahinter gekommen war, dass die Nichtgenehmigung einen weiteren Mitgliederzuwachs im Gefolge gehabt hätte.

Man sollte es garnicht glauben. Aber in der Tat, es gibt zuweilen noch so kluge Polizeibeamte in Deutschland.

Es wurde dem Vorsitzenden aber bedeutet, dass revolutionäre Abzeichen und Embleme im Zuge nicht getragen werden dürften, weil es doch immerhin möglich sein könnte, dass ein harmloser Strassenpassant beim Anblick eines rot und weiss gewürfelten Schnupftuches so verblüfft wird, dass er statt mit dem linken Fuss, wie er eigentlich beabsichtigte, plötzlich mit dem rechten Fuss weiterschreiten könnte. Und das musste im Interesse der öffentlichen Sicherheit und Ordnung unbedingt vermieden werden.

Also der Umzug fand statt und die Sonne, der es ganz gleichgültig ist, ob die Teilnehmer eines Festzuges politisch sind oder nicht, machte ihr schönstes Feuerwerk dazu. Sie kann sichs ja glücklicherweise leisten, da sie ausserhalb des Machtbereiches der preussischen und der russischen Polizei steht. Andernfalls, wer weiss?

An der Spitze des Umzuges trug ein kräftiger Schmiedelehrling eine weisse Tafel, auf der in grossen Lettern der Name des Vereins stand. Weiter hinten schwankte über die Köpfe der jungen Leute eine andere Tafel, die zur Hälfte rot zur andern Hälfte weiss angestrichen war und die ganz selbstverständlichen Worte trug: Unser die Jugend! Unser die Zukunft!

Kein Mensch konnte sich etwas Schlimmes dabei denken, wohl aber der Polizist August Kaltwetter, der laut amtlicher Verfügung nicht zu den Menschen gehört und gehören darf, um die nötige Witterung nicht zu verlieren. Mit Hülfe dieser feinen Witterung, immer dort etwas zu riechen, wo sonst noch kein Nasenflügel zittert, ahnte er sofort die Gefahr. Seinetwegen kam der Zug ins Stocken. Er nahm dem Träger, einem kleinen Malerjungen, die Zukunftstafel ab und schrieb seinen Namen vorsorglich in sein Notizbuch. Der kleine Malerjunge fing an zu weinen, nicht deshalb weil er von dem Polizisten aufgeschrieben worden war (diese Wonne gönnte er dem Polizisten nicht), sondern weil er zwei Wochen hindurch, jeden Abend mit Liebe und Begeisterung an der Tafel gearbeitet hatte und ihm nun die Freude, diese Tafel stolz in der Oeffentlichkeit tragen zu dürfen, verdorben worden war. Er war ja mit seinen fünfzehn Jahren eben noch ein richtiges Kind.

Der Vorsitzende wurde freigesprochen, weil er natürlich nicht wissen konnte, was hinter ihm im Zuge vor sich ging. Der kleine Maler aber wurde zu zehn Mark Geldstrafe verurteilt.

Er hatte dieses Geld bereits verschmerzt, als die Jugendwehr der Stadt einen Ausflug veranstaltete, weil sie hoffte,
dass sie mit einem ähnlichen Umzuge einen ähnlichen Mitgliederzuwachs wie der Arbeiter-Jugendverein erhalten würde. Der Vorsitzende der Jugendwehr, ein Magistratsbeamter
und ehemaliger Vizefeldwebel, ersuchte die Mitglieder, durch
Fahnen, Standarten und Tafeln mit Sinnsprüchen, die sich
auf die Jugendwehr beziehen, den Glanz des Umzuges zu
erhöhen.

Der Schlosserlehrling Paul Kaltwetter, Sohn des Polizisten
gleichen Namens, hatte nun schon längst auf die im Kanin-
chenstall seines Vaters amtlich aufbewahrte, seiner Zeit der
Arbeiterjugend weggenommene Tafel sein lüsternes Auge
geworfen. Und als er sie dann im Zuge der Jugendwehr trug,
fand sie bei dem Vorstande, wie auch bei sämtlichen Mitgliedern und müssigen Zuschauern gebührende Bewunderung
und zwar in erster Linie ob ihres gut gewählten Textes und in
zweiter Linie ob ihrer schönen Farbenpracht.

Die Tafel fand einen solchen Anklang, dass sie der Reihe
nach bei den Umzügen des verschieden gestalteten »Jungen
Deutschlands« mit grossem Erfolge verwandt wurde; denn
nach der Jugendwehr kamen der »Evangelische Jünglingsver-
ein«, der »Katholische Gesellenverein« und der »St. Vinzenz
Jugendturnverein«. Ueberall erregte sie Aufmerksamkeit und
Wohlgefallen und sie tat niemand weh, keiner Partei und
keiner Konfession. In ihr fanden auch die gegenseitigen Interessen ihren gemeinsamen Berührungspunkt, denn die Neu-
tralität des Textes und der Farbe stimmte auf jede Partei und
auf jede in Jugendpflege machende, polizeilich abgestempelte
Strömung und Richtung.

Als die Tafel erst bei der Jugendwehr angelangt war, entdeckte sie zu seinem grössten Erstaunen der Erfinder und
Hersteller in den Händen des Paul Kaltwetters. Und weil

dieser Schlosserstift gar so protzig mit der polizeilicherseits »einbehaltenen« Tafel einherschritt, als sei dieses strahlende Banner sein Werk, wollte der kleine Maler dazwischen springen und eine gesalzene Hauerei mit dem Träger anfangen. Aber ein älterer Kamerad vom freien Verein hielt ihn zurück und beruhigte ihn damit, dass er sagte: »Lass man Fritze, der wird sich ja wundern, wenn er seine zehn Mark blechen muss. Sein Alter schlägt ihn windelweich dafür, wenn er das Geld berappen muss. Warum willst Du Dich anstrengen.«

Aber sein Alter, der Polizist August Kaltwetter, schlug seinen Paul durchaus nicht windelweich. Nicht etwa aus Vaterliebe, sondern weil nicht nur die zehn Mark Strafe ausblieben, sondern weil der Polizeileutnant Kurtz am nächsten Tage zu ihm sagte: »Sie, Kaltwetter, war das gestern nicht Ihr Junge, der die schneidige Tafel trug? Famoser Appell, dieser Spruch! Da ist Schwung drin!«

»Zu Befehl!« sagte August Kaltwetter stolz. Und als er den näheren Tatbestand erfuhr und die Tafel erkannte, unterliess er es, das Lob, das ihm unrechterweise zugekommen war und eigentlich dem kleinen Maler gebührte, zu berichtigen.

Die Lobeshymne des Polizeileutnants sprach sich natürlich herum und erhöhte die Popularität der Tafel, so dass sie bei keinem Umzuge, in dem sich nur ein Mensch unter achtzehn Jahren befand, fehlen durfte, wenn nicht der ganze Umzug Gefahr laufen sollte, nicht vollwertig genommen zu werden.

Da die jungen Leute vom Arbeiter-Jugendverein zu anständig waren, zu denunzieren und klar zu legen, dass die Tafel doch wegen ihrer Vorstrafen ein sehr zweifelhaftes Banner für vaterländische Vereine sei, so wuchs ihr Ruhm von Tag zu Tag. – –

Eine neues Jahr kam und mit ihm ein neuer Sommer mit Umzügen und Ausflügen.

Und zu gegebener Zeit machte der Arbeiter-Jugendverein wieder seinen Umzug. Es war, wie im vorigen Jahre, das herrlichste Wetter, obgleich man behördlicherseits aufs Tiefste bedauerte, die Sonne noch immer nicht so amtlich beeinflusst zu haben, dass sie auf einen roten Kattunlappen mit ihrem griessgrämigsten und vermiessesten Gesicht vorschriftsmässig zu reagieren habe. Aber man war doch schon so weit in der preussischen Vergruselungspolitik fortgeschritten, dass man den hellen Sonnenschein an einem solchen Tage als blossen Zufall betrachtete und dementsprechend behandelte, während man den Sonnenschein, der die Umzüge der gott- und polizeiwohlgefälligen Vereine begleitete als besondere Gnade pries, für die man dem Himmel inbrünstig durch Hallelujahs und sonstige dort oben gern gehörte Lobgesänge ehrfürchtigst zu danken habe.

Am Abend vorher war der kleine Maler zu Paul Kaltwetter gegangen, mit dem er von der Schule her sehr gut befreundet war und hatte sich von ihm die eben geborenen Kaninchen zeigen lassen. Und weil Jungen in diesem sonnigen Alter von den knifflichen Feinheiten kleinlicher politischer Niedertracht und Bosheit nichts begreifen, so verliess der kleine Maler seinen ehemaligen Schulkollegen Paul mit der für morgen ausgeborgten Tafel.

Und am nächsten Tage hatte er die Freude, die Tafel im Zuge tragen zu dürfen.

Endlich hatte er den Lohn für seine vielen dem Banner geopferten Feierabendstunden eingeheimst.

Selbstverständlich beaufsichtigten den Zug die nötige Anzahl amtlicher Organe. Und diese Organe hatten sich anscheinend so an die Tafel gewöhnt, dass sie nicht mehr daran dachten, sie könnte etwas aufreizendes enthalten. Aber abends auf dem Rückzuge wurde die Tafel doch noch vom Schicksal ereilt. Ein Polizeileutnant entdeckte einen Widerspruch zwischen der dem Zuge vorangetragenen Tafel, die den Namen des Vereins nannte und der zweiten Tafel. Es hätte ja noch in derselben Nacht der preussische Staat in einem plötzlich entstandenen Spalt der Erde verschwinden können, wenn nicht abends um halb elf die Tafel amtlich eingezogen und der Träger aufgeschrieben worden wäre.

Weil es im strafverschärfenden Rückfalle war, erhielt der kleine Maler 25 Mark Geldstrafe durch ein polizeiliches Strafmandat aufgebrummt. Und da niemand glaubte, dass er wegen dieser sonst amtlich zugelassenen Tafel, die obendrein noch amtlich mit einem Lob ausgezeichnet war, bestraft werden könnte, legte er Berufung ein.

Als vorm Schöffengericht erwiesen wurde, dass die Tafel eine ruhmreiche Vergangenheit hatte, überfiel den Herrn Staatsanwalt ein so entsetzliches Räuspern, dass man glaubte, er würde den Katarrh sein Leben lang nicht mehr los. Aber er wusste sich zu helfen. Kurz und bündig erklärte er nach einer Weile tiefsten Nachdenkens: »Für alle andere Vereine ist ein solcher Sinnspruch ein Ansporn zu den höchsten Taten, zu allem Guten, Edlen und Grossen. Bei diesem Verein jedoch kann der Spruch keinen andern Sinn haben und soll auch keinen andern Sinn haben, als den: Mit Hülfe der blutigen Revolution den Zukunftsstaat der roten Internationale aufzurichten. Und darum ist eine exemplare Strafe am Platze, die bei den bescheidenen Verhältnissen eines Lehrlings, der kein Einkommen besitzt, mit dreissig Mark als gesühnt erscheint.«

Das Gericht hatte kein Recht, die Tafel einzubehalten, wenigstens war es augenblicklich nicht im Stande, eine Zurückbehaltung juristisch zu rechtfertigen. Deshalb durfte der kleine Maler seine Tafel mit heim nehmen.

Ihren Zweck erfüllt sie zur Zeit damit, dass sie die dreissig Mark Geldstrafe, die der Vereinsvorsitzende dem kleinen

Maler vorgestreckt hatte, abverdient. Und sie erfüllt ihren Zweck getreulich. Denn jeden Sonntag benützt sie ein anderer Verein, auf den das Sprüchlein passt. Und jeder Verein hat fünfundsiebzig Pfennige Leihgebühr zu entrichten, was den Vereinen naturlich immer noch bei weitem billiger kommt, als wenn sie sich selbst eine anschaffen wollten, denn die Tafel ist infolge ihrer Pracht eine Zierde jedes Umzuges.

Der Tafel ist es trotz mancherlei Bedenken wirklich ganz egal, wem sie dient. Und zum Fortwerfen war sie zu schade.

Die Hauptsache ist ja letzten Endes doch, dass der Spruch der auf der Tafel steht, in Erfüllung geht.

Und der geht in Erfüllung.

Bombensicher!

Freilich nicht so, wie es die Polizei will, sondern wie es die geschichtliche Notwendigkeit will.

Und die ist eben doch die Stärkere.

Glücklicherweise! – – –

Wilhelm Uhlmann-Bixterheide

Nächtliche Fahrt
(1923)

Ich bin von Hamm nach Duisburg gefahren
In Stunden, da sie am Werken waren.
Da sah ich sie gießen und werken und raffen,
Sah alle am heiligen Werke schaffen.

Ich sah die harten, zerfurchten Gesichter
Über der Öfen Glutentrichter,
Ich sah das Heer der sausenden Räder,
Ich sah der Gießbahn Rinnengeäder,
Ich sah die Körper sich recken und dehnen,
Ich sah die brandroten Eisensehnen,
Ich sah die Blöcke, in Weißglut gewachsen,
Ich sah die stählernen Kolben und Achsen,
Und brausende Dämpfe sangen und tönten,
Und die heiligen Chöre der Arbeit dröhnten.

Ob Sturm und Regen die Stirn mir gefeuchtet,
Die Nacht hat geflammt, geloht und geleuchtet,
Die Mauern umzuckt von flammenden Garben,
Ging Wunder um Wunder der brennenden Farben.

So hab' ich in schweigender Andacht gestanden,
Die deutsche Zukunft hielt mich in Banden,
Und haben sie tausend der Brüder vernichtet,
Unsere Seele steht hochgerichtet!

Rudolf Braune

Ruhrkumpel
(1927)

Abends kam ich aus Aachen herüber. Ein kleiner Bahnhof,
Station zwischen Köln und Unna. Trostloser Regen rieselt
durch die schwarze Nacht. Die hier fremd sind, frösteln bei
der Ankunft; Andern ist es sicher geliebtes Land, an allen
öden Brandmauern Erlebnisse, der Grubenrauch Erinnerung, damals und da und: Heimat. Keine Häuser mit war-
mem Licht in der Nähe, nichts Anheimelndes. Ziemlich nahe
schlägt eine Feuerlohe aus der Nacht. Hochöfen. Aber die
Distanz ist schwer zu schätzen. Dort muß das Nest sein, ich
stapfe los. Links und rechts an der Straße stehen dunkle
Holzzäune. Nur ihre Umrisse sind sichtbar, ich kann sie mir
bei Tageslicht nicht anders vorstellen als entsetzlich schmutzig und trostlos. Ich richte mich nach dem Feuerschein, der
in regelmäßigen Abständen aufzuckt. Links große dunkle
Fabrikgebäude, ein Hund schlägt an.

Hier steht ein Stück des I. G. Farben-Trusts. Vertikalauf-
bau: unten auf der Straße die Kumpels, oben wandert der
Feuerschein der Hochöfen über den Horizont, beides für
dieselben Aktionäre.

Vor mir taucht ein Mann auf. Ich grüße, er bleibt stehen.

»Verzeihung, ist da unten die Siedlung?«

»Wo wollen Sie hin?«

Das aufflammende Streichholz beleuchtet den Kopf des
Arbeiters. Offenes, schmutziges Hemd, er kommt wohl grade
von der Schicht. Das Gesicht darüber ist unbeweglich. Ich
suche im Notizbuch den Zettel, da hat mir einer die Adresse
aufgeschrieben, sehr undeutlich und verwischt. Bergenheim

oder Borgerheim. Schließlich stellt es sich heraus, daß der Name: Bergmannsheim heißen soll und ich grade in der verkehrten Richtung gegangen bin. Ich muß denselben Weg zurück, vor mir im Dunkeln flammen jetzt keine Hochöfen, der Nachtwind wandert über das unsichtbare Essenmeer und vermischt sich mit Wolken von Kohlenstaub und Rauch. Das Wasser quitscht in meinen Schuhen. Vor Jahren haben wir uns hier unten mit den Soldaten des Generals Watter herumgeschlagen. Dann fingen wir wieder von vorn an. Die Kumpels in den entlegensten Kaffs bekommen regelmäßig ihr Material, arbeiten selbständig und selbstlos, erstatten Bericht in kindlichen, unorthographischen Handschriften. Jetzt fordern sie Referenten an. Für Kurse. Sie wünschen Schulung, Grundwissen, Verbindung mit den Genossen draußen.

Das Ledigenheim liegt in einer kleinen Mulde. Im Eßsaal sitzen fünfzig oder sechzig Arbeiter, rauchen kurze Pfeifen. Wie ich eintrete, sehen einen Moment alle Gesichter auf, ernst, gespannt, überlegend, dann gehen die Gruppengespräche weiter. Schon zehn Uhr. Ich muß mich beeilen. Es ist bald Schichtwechsel. Hier wird durchgearbeitet. In der Grube gibt es keinen Unterschied zwischen Tag und Nacht.

Ein Junge mit hellen Augen und einer tiefen Stimme, auf der Kohlenstaub vieler Schichten liegt, eröffnet den Abend. Wie schwer ist es, an diese müden Menschen heranzukommen! Sie sehen aufmerksam und gespannt herüber. Die Gespräche verstummen. Nur das monotone Flackern der Gaslampe begleitet meine Worte. China, englischer Bergarbeiterstreik, dann die innerdeutsche Lage, Tarifkündigungen, Wirtschaftskämpfe, Trustbildung, Rationalisierung, Vorbereitung der Betriebsrätewahlen …

Sie überlegen nicht lange, sofort melden sich vier zum Wort. Ich muß scharf aufpassen, ihr theoretisches Niveau ist erstaunlich hoch, sie spüren allen neuen Ereignissen nach.

Um was geht der Konflikt U. S. A.–Mexiko–Nikaragua? Panamakanal oder Erdölquellen? Ich staune erst, warum diese Frage hartnäckig von allen wieder gestellt wird. Ich sollte den Grund noch erfahren. Es ist Etwas, an das ich nie gedacht hätte.

Dann werden sie persönlicher, rücken aus der Reserve heraus, berichten von ihren Tageskämpfen. Diese Siedlung ist erst vor kurzer Zeit erstanden. Fast alle sind in den Nachkriegsjahren zugezogen: Norddeutsche, Waldenburger, Sachsen. Einige, die wegen politischer Delikte in die Illegalität gehen mußten. Ihre Familien sind meist weit von hier, in andern Städten, monatelang sind sie von ihren Kindern getrennt. Was macht die Frau in der Zwischenzeit? Ihre Münder werden schmal. Alle durch die Kämpfe der letzten Jahre hindurchgegangen: sicher, zäh, trotzig, hartnäckig, die Elite der Partei. Ein baumlanger Kerl erzählt: »Ich hatte einen guten Stollen, bequeme Arbeit, sechs Mark fünfzig pro Tag. Dann sollten wir Überstunden machen. Die Partei gab die Parole aus: Verweigert die Überstunden. Da kam der Obersteiger zu mir: ›Wollen Sie oder wollen Sie nicht?‹ Ich lehnte ab. Beim nächsten Schichtwechsel bekam ich einen Stollen, wo ich bis zum Bauch im Wasser stand.« Er erzählt die Geschichte ohne einen Vorwurf gegen die Parole der Überstundenverweigerung. Von dieser stillen, selbstverständlichen Pflichterfüllung hört man draußen nichts. Ein Andrer: »Vor drei Wochen haben wir es beim Schichtwechsel zum ersten Mal bemerkt: Die Tragbalken unten neigten sich. Es müssen irgendwo Bruchstellen sein. Wir haben zwar schon das Gelände abgesucht, aber noch nichts gefunden. Unsre Zelle schrieb in der Arbeiterkorrespondenz der Zeitung darüber. Darauf sind drei der Kumpel, die in diesem Stollen arbeiten, wegen Arbeitsmangel entlassen worden.« Wenn da unten aus dem Knistern eine Katastrophe werden wird, setzt der Landtag eine Untersuchungskommission ein. Nach Monaten kommt der Bericht: »Ein Verschulden trifft die Hüttendirektion nicht.«

Noch kann der Kumpel leben. So: von der Hand in den Mund. Aber die Sozialversicherung wird abgebaut, die Altersversicherung, Unfallrente, Krankenunterstützung. Ihr Nominallohn ist der Gleiche geblieben. Und was müssen sie jetzt leisten? Alle arbeiten im Akkord; vor einigen Monaten erschienen zwei Ingenieure, ein exaktes Zählsystem wurde eingerichtet: die Stoppuhr der Fabriken oben. Die Grubenbarone können sich zu ihren technischen Beratern gratulieren: kein Risiko, aber zwei Chancen. Natürlich an erster Stelle die steigende Profitkurve, aber außerdem ein Keil in die Front der Arbeitnehmer. Die Lohntüte ist das Zensurbuch des Kumpels. Wir waren früher auch auf den Klassenersten neidisch.

Der Junge mit den hellen Augen schließt die Diskussion: »Ich muß noch etwas hinzufügen, damit du im Schlußwort darauf eingehst. Wir haben hier manchmal eine Stimmung, selbst unter guten Genossen: Lieber weniger Lohn, als dieses raffinierte Auspumpen. Wenn wir aus der Grube rauskommen, dann sind wir fertig.«

Schlußwort. Rechts an der Tür, unter einem katholischen Muttergottesbild ist schon Einer eingenickt. Sein Kopf hebt und senkt sich über den dunklen Unterarmen. Der Rauch hängt dick unter der Lampe und ballt sich zu monströsen Gestalten, Vampyre, die über den Millionen deutschen Industriesoldaten hocken und die letzte Kraft heraussaugen. Nicht einmal die Kraft zu herzhaftem Lachen ist übrig geblieben. Nicht erst seit gestern und heute sitzen die toten Nebel über ihnen, nicht erst seit der »Rationalisierung«, auch nicht seit dem 9. November. Vorher war: Verdun, Somme, der Kemmel, Chemin des Dames. Worüber soll ein Bergarbeiterkind lachen?

Und ich will nun gern am Schluß etwas Lustiges sagen, etwas Freudiges, Abschließendes. »Genossen, Ihr seid aber sehr unvorsichtig, kennt mich noch nicht, laßt mich sprechen, erzählt mir intime Dinge aus Eurer Zelle und habt nicht einmal meinen Parteiausweis verlangt.« Der Lange von vorhin kommt näher: »Für solche Fälle sind wir vorbereitet. Wir haben dich schon auf Herz und Nieren geprüft. Mexiko ...« Ich wurde blaß. »Das war eine Frage, wo die Partei nur eine Antwort hat; hättest du da versagt, dann wärst du nicht heil aus der Versammlung herausgekommen ...« Es lacht Keiner. Aber wenn ich schon wollte, ich kann nicht: ich denke an die seminaristische Methode, die ich manchmal verwende, Proleten durch eine falsche Fragestellung aus der Reserve zu locken ...

Allein taste ich mich durch die stockdunkle Nacht zum Bahnhof zurück, einer kleinen Station zwischen Köln und Unna. Züge rollen hohl in weiter Ferne. Oder vielleicht ein Gewitter ...

Wie stehen eigentlich heute I. G. Farben?

Hermann Löns

Dortmund
(1890)

Schwarzgrün war der dürren Gebüsche Laub
Und schwarz war der Himmel bezogen,
Ein schwarzer, wildwirbelnder Kohlenstaub
Kam über die Felder geflogen.

Die Sonne ging aus und es nahte die Nacht,
Es glühten mit flackerndem Brande
Die Hochöfenfeuer in magischer Pracht
Irrlichternd am Himmelsrande.

Ich ging an den schwarzen Fabriken einher,
Dampfschnauben erklang durch die Fenster,
Aus den Schornsteinen wälzten sich wuchtig und schwer
Des Rauches verworr'ne Gespenster.

Es flog auf das Herz mir der häßliche Staub,
Und es schrumpften die Hoffnungsgrünblätter,
Die Ideale – der Altklugkeit Raub,
Zertrümmerte Griechenlandsgötter.

Ich genoß den berauschenden, brennenden Trank,
Den fressenden Weltschmerzfusel,
Ich trank mich elend und schwelgte mich krank
Im lebenvergiftenden Dusel.

Am Bahnhof, im kribbelnden Menschengewühl,
Im Donnern und Schnauben und Pfeifen,
Da fühl' ich ein schluchzendes Stöhnen mir kühl
An die trauernde Seele greifen.

An die Mauer gelehnt ein Mädchen dort stand
Im schwarzen, schlechtsitzenden Kleide,
Das blasse Gesicht in der kräftigen Hand:
»Was tat man dir, Mädchen, zuleide?«

Und schüchtern, wie Ostwind das Röhricht durchzieht,
So erzählte sie schluchzend und leise
Ein uraltschön Proletarierlied
In modern komponierter Weise:

»Unsern Vater, den brachten sie neulich nach Haus,
Vom Rade in Stücke gerissen,
Da ging unsrer Mutter die Lebenskraft aus,
Es hat sie aufs Bett hingeschmissen.

Und der Fritz, mein Bruder, wie'n wildes Tier« –
Ihre Lippen zuckend sich schlossen,
»Den haben die Hunde vorgestern hier
Beim Streikkrawalle erschossen.

Sechs kleine Geschwister, die hungern zu Haus,
Und ich hab' kein Geld für die Reise«
Ihr Kopf sank herab – das Epos war aus –
Sie weinte bitter und leise.

Ich gab ihr das Geld in die schwielige Hand,
Nie werd' ich ihr Lächeln vergessen,
Sie hielt meine Finger festklammernd umspannt
Mit ungläubigdankbarem Pressen.

Fort dampfte der keuchende, jappende Zug
Mit Donnern und Blitzen und Rasen,
Der Weltschmerzgedanken verschrobener Flug
Zerstob wie vom Sturme zerblasen.

Ich sah den verglimmenden Glutaugen nach,
Belächlend mein trauriges Herzlein –
Was war gegen Jammer von diesem Schlag
Mein rührend Poeten-Schmerzlein?

Levin Schücking

Die Ehre der Krupps*
(1872)

Essen selbst ist eine häßliche Stadt, der nur die vor ihren Thoren liegenden villenartigen Häuser reicher Industriellen einigen Schmuck geben. Sie ist so schwarz vom Kohlenstaub wie London von seinem Nebelqualm. Der Bergbau auf Kohlen, dessen Mittelpunkt Essen ist, wird schon um 1317 erwähnt; von 1663 an läßt sich in den Urkunden des städtischen Archivs seine Entwicklung verfolgen; von der Einführung der Dampfmaschinen an beginnt sein riesenhafter Aufschwung, den schon die Schiffbarmachung der Ruhr wesentlich gefördert hatte, eine Unternehmung, welche, unmittelbar nach dem siebenjährigen Kriege von einem Schullehrer und Berggeschworenen J. G. Möser in Blankenstein angeregt und betrieben, im Jahre 1780 zur Beschiffung der Ruhr mit Kohlennachen bis Hardenstein gelangte und dann mit zäher westphälischer Ausdauer viele Jahre hindurch fortgesetzt, endlich durch die energische Theilnahme des Oberpräsidenten v. Vincke vollendet und durchgeführt wurde. Ist aber die Ausbeutung des Kohlenreichthums der Gegend um Essen zu riesenhaftem Aufschwunge gediehen, noch riesenhafter erscheint uns die Ausbeutung der Maschinenkräfte, welche mit dieser Kohle genährt werden – in dem weltberühmten Industrie-Colosseum, welches an der Westseite von Essen liegt, in der größten aller Fabriken, welche menschliche Betriebsamkeit geschaffen hat – in dieser merkwürdigen Anstalt, wo wie im Mittelalter sich das Handwerk mit der Kunst, so heute die Fabrication sich auf's engste mit der Wissenschaft verbindet und verschmilzt. Wir brauchten den Namen des Schöpfers dieser Anstalt nicht zu nennen, die Welt kennt ihn; aber wir wollen ihn nennen, um einmal in diesem Buche, in welchem so viel die Rede gewesen von den alten Kaisern und ihrer oft so melancholischen Herrlichkeit, auch die frohe Herrlichkeit unsres neuen glorreichen Kaisers und seines Kanzlers erwähnen zu können und zu sagen: wo man die großen Namen von 1870 und 1871 nennt, da muß man auch den Namen Krupp's nennen; des Mannes, dessen Energie, Ausdauer und Scharfsinn es gelang, jene Waffen von Alles zerschmetternder Wirkung zu schaffen, welche die beispiellose Heeresrüstung unsres Volkes so glänzend vervollständigten.

Die Fabrik Krupps ist 1827 gegründet; ihr erster großer Erfolg in der ihr damals noch eigenen Kunst, große Stahlblöcke durch Guß herzustellen, wurde 1851 erzielt oder wenigstens bekannt; damals sandte sie zu einer Ausstellung nach London einen Block von 45 Centnern; heute werden von ihr Blöcke von tausenden von Centnern hergestellt. Das erste Geschütz aus Gußstahl, einen gezogenen Dreipfünder, brachte Krupp 1846 nach Berlin; das 1867 in Paris ausgestellte Riesengeschütz wiegt tausend Centner. Tausend Morgen Areal nimmt auch die Oberfläche des Etablissements ein, mit fast 3 Meilen Eisenbahn-Strängen zur innern Verbindung, mit 15 Telegraphenbüreaus; der jährlich ausgezahlte Lohn an die mehr als 10 000 Arbeiter beträgt 3 Millionen Thaler; für die Schulen, die Krankenanstalten, die Pensionen derer, die 25 Jahre lang ihm ihre Kräfte widmeten, sorgt der Fabrikherr auf's Ausgiebigste. Es ist ein eigenes Polizeicorps und eine Feuerlöschcompagnie militairisch organisirt; ein Stallmeister befehligt die Roßschalke und die Menge der wirklichen Pferde, die nöthig bleiben außer den imaginären 6000 Pferden, mit deren Kraft die Dampfmaschinen die Räder schwingen, die Kurbeln drehen, die Feuer schüren, die ungeheuren

Dampfhämmer von nie dagewesener Schwere auf und nieder stampfen lassen. Der Dampfmaschinen sind 160, die täglich ihre 14 000 Scheffel Kohlen verzehren; der Gesammtwerth der Jahresproduktion soll 12 000 000 Thaler sein; und alle diese Verhältnisse sind in fortwährender rascher Fortentwikkelung und Ausdehnung begriffen und wachsen so durch ihre Riesenhaftigkeit in unser Gebiet, das des Romantischen hinüber, denn bei solchen Schöpfungen wird auch die Industrie poetisch und wird es namentlich dann, wenn auf ihren Grundlagen Schloßbauten und Parkanlagen entstehen, so zaubergärtenhaft wie der neue Wohnsitz Krupps weiter unten an der Ruhr, zu Bredenei bei Werden.

Deutsche Metallarbeiter-Zeitung

Ein Zwischenruf aus Gelsenkirchen*
(1906)

Gelsenkirchen. Blühende Industrie, wohin man blickt. Unzählige Fabrikschlote, aus denen dicker, schwarzer Rauch quillt und die Luft verdunkelt und dem Himmel eine ewig bleigraue Farbe verleiht. Schwarz verrußte Häuser, die trostlos nüchtern aussehen. Schlechte, schmutzige Straßen, die von langen, gleichförmigen Häuserreihen gebildet werden. Nicht nur einzelne Straßen, nein, ganze Viertel sind von Arbeitern übervölkert. Alles atmet Arbeit, schwere, unermüdliche Arbeit. Tag und Nacht schaffen fleißige Menschen unermeßlichen Reichtum. Und wo bleibt all dies Gold das hier geschäftige Hände hervorbringen? In den Kurgärten und Kursälen von Ostende, in Norwegens Fjorden, am Spieltisch in Monte Carlo, auf Schottlands Bergen, in den Tälern Tirols und der Schweiz, bei den Pyramiden von Gizeh, an den Gestaden von Capri, unter dem herrlich blauen reinen Himmel und den märchenhaften Gärten der Riviera. Da sieht man das Gold wieder, daß hier unter schweren Entbehrungen Menschen schufen. Man sieht es dort wieder in Händen von Herren und Damen, die nie einen Finger rühren, um auch nur etwas selbst zu verdienen. Dort wird der Reichtum verpraßt, verjubelt, verspielt, mit vollen Händen zum Fenster hinausgeworfen, während hier viele, viele tausend Menschen kaum satt zu essen, kaum Zeit zum Schlafen haben. Hier ist weder Freude noch Schönheit. Hier kann keine edle Kunst gedeihen. Hier kennt man nur Arbeit. Müde, bleich, mit schwarzumränderten Augen, das blecherne Eßgeschirr in der Hand, schleichen die Erzeuger des unermeßlichen Reichtums durch die Straßen, ihrer Wohnung zu. Wohnung? O, eher alles andere, nur kein Heim sind *diese* Wohnungen. Und die Frauen, die Trägerinnen der zukünftigen Generation? Verhärmt, interesselos, gleichgültig. Not und Sorge flimmert in ihren brennend trockenen Augen und reicher Himmelsegen vergrößert alljährlich das Elend. Polen und Tschechen, Italiener und Kroaten, die hier zu Tausenden arbeiten, drücken dem Charakter der Stadt ihren eigentümlichen Stempel auf. Alle Geschäfte fast ganz ohne Ausnahme sind nur den Bedürfnissen der Arbeiter angepaßt. Abends elf Uhr sind die Straßen wie ausgestorben, ein Nachtleben, wie es andere viel kleinere Großstädte haben, kennt man hier nicht. Kirchen und Pfaffen, Betstuben und Missionszelte in unglaublicher Menge sprechen für die Rückständigkeit der Bevölkerung. Religiöse Kost im Überfluß, wo die leibliche, Brot und Fleisch, fehlt. So sehen wir denn in Gelsenkirchen eine Stadt, die so durch und durch proletarisch und nur proletarisch ist wie kaum eine andere im Ruhrkohlengebiet. Nun sollte man meinen, daß gerade eine solche Stadt eine Hochburg der modernen Arbeiterbewegung sein müßte, denn nirgends tritt der blutgierige Kapitalismus so brutal und rücksichtslos auf wie hier. Aber weit gefehlt. Ein kleines Häuflein von den etwa 12 000 hier beschäftigten Metallarbeitern hat sich erst im Deutschen Metallarbeiter-Verband zu gemeinsamem Wirken zusammengefunden. Aber selbst diese paar Hundert können als überzeugte Anhänger der modernen Arbeiterbewegung kaum gelten. Den hohen Wert der Organisation haben sie noch nicht erfaßt, noch weniger aber arbeiten sie für das Gedeihen ihres Verbandes. Da sollte vor kurzem ein Flugblatt verbreitet werden, um neue Mitglieder zu gewinnen. Trotz mehrfacher mündlicher und schriftlicher Einladung hatten sich gerade vier Mann eingestellt. Kann man das vielleicht Interesse nennen? Da braucht sich kein Kollege wundern, wenn der Verband, statt Fortschritte hier zu machen, an Mitgliedern verliert. Geht es den Gelsenkirchener Kollegen denn schon so gut, daß sie glauben, sie brauchten keinen Verband? Sie haben doch jedenfalls Ursache genug, mit den Lohn- und Arbeitsverhältnissen unzufrieden zu sein. Der Lohn ist durchaus nicht glänzend zu nennen, um so weniger, als in Gelsenkirchen unerhörte Preise für Lebensmittel und Wohnungen gefordert werden. Und die Arbeitszeit? Überstunden, unzählige, und selten eine geregelte Arbeitszeit. Buchstäblich wahr ist es, was man oft in Versammlungen zu hören bekommt, daß viele Arbeiter ihre eigenen Kinder kaum Sonntags sehen können. Die sanitären Verhältnisse, die Behandlung, die skandalösen Arbeitsordnungen in den Betrieben spotten jeder Beschreibung. Die Lohnverhältnisse sind vielleicht jetzt noch einigermaßen günstig, zuweilen wenigstens. Dafür haben wir auch gegenwärtig eine Hochkonjunktur wie selten vorher. Arbeitslose gibt es hier nicht, im Gegenteil, überall herrscht Arbeitermangel. Die Kollegen sollen aber nur nicht denken, daß dies immer so sein wird. Kommen erst wieder die mageren Jahre und die Arbeiter haben nicht beizeiten daran gedacht, sich der Organisation anzuschließen, dann folgen Verschlechterungen der Arbeitsverhältnisse, daß es nur so eine Art hat. Jetzt ist es Zeit, Verbesserungen durchzuführen und sich für die Zukunft zu wappnen. Ja, Kollegen, es ist die höchste Zeit, die Lauheit abzutun und ein treues Mitglied des Verbandes zu werden. Wir brauchen Mitglieder vor allem, die mehr tun als nur Beiträge kleben, wir brauchen Kollegen, die eifrig bestrebt sind, der Organisation mehr und immer mehr Mitglieder zuzuführen, die ihre ganze Kraft und ihr ganzes Können einsetzen für eine starke widerstandsfähige Organisation. [...] Dann wird auch die Stunde schlagen, daß in Gelsenkirchen Verhältnisse geschaffen werden, die den Arbeitern ein menschenwürdigeres Dasein ermöglichen.

Jura Soyfer

Im Reich der deutschen Schlotbarone
(1932)

Nur hundertfünfzig Kilometer von hier entfernt rauscht der
Atlantische Ozean. Das zeigt die Landkarte; aber man ist
wenig geneigt, der Landkarte Glauben zu schenken. Hundert
Kilometer nördlich erstrecken sich die Weideflächen Oldenburgs. Aber das satte Grün der Wiesen scheint hier ebenso
um Welten entrückt zu sein wie die salzige Luft der Nordsee.
Im Ruhrgebiet, vom deutschen Volk »Kohlenpott« genannt,
sind Rasenflächen Überbleibsel einer Natur, die längst nichts
mehr zu suchen hat unter Fördertürmen und Werkwohnun-
gen, unter Schutthalden, Kohlenseilbahnen und Kokereien.

Viele Schlote gibt es hier und viele Kirchtürme; aus demselben braunroten Backsteinmaterial gebaut, vom selben
Kohlenruß geschwärzt, sehen Kirchen und Fabriken einander ähnlich. Die Fabrikschornsteine sind allgegenwärtig.
Überall, wo Häuserlücken einen freieren Ausblick erlauben,
sieht man sie den Horizont beherrschen. Sie ragen über die
Häuserdächer ins Straßenbild, sie wachsen dir, wenn du um
eine Straßenecke biegst, unvermutet entgegen, rauchend oder
ohne Rauch. Die Straßen sind ohne Ende, weil die Städte
ohne sichtbare Grenzen sind. Der Fahrdamm verbreitert
sich, nackte Häuserhinterfronten zeigen sich, von Wahlparo-
len bemalt; zwischen ihnen drängen sich ein Dutzend elender
Schrebergärten; dann beginnen gleich wieder geschlossene
Fassaden beiderseits der wiederum eingeengten Chaussee –
hier hat Gelsenkirchen geendet und Essen begonnen.

So sieht im Ruhrgebiet die Oberwelt aus. Ihr Boden aber
ist bis auf achthundert Meter tief unterwühlt. In Hunderten

von Schächten schuften laufend, hackend, kniend, auf Rücken und Seite liegend Tausende von Kumpels unter steter Bedrohung durch Steinschlag und giftige Gase. Daß sie bei der Arbeit Gesundheit und Leben ständig aufs Spiel setzen, spricht die Statistik ganz deutlich aus; sie erweist, daß von je fünf Bergleuten im Ruhrgebiet einer einmal Opfer eines Unfalls war.

So sieht die Unterwelt im Ruhrgebiet aus. Denn wenn auch, wie die katholischen Pfarrer in den rußgeschwärzten Kirchen dieses Reviers frommen Bergleuten und ihren Frauen predigen, die Felder Oldenburgs und das Wasser der Nordsee vom Herrgott erschaffen wurden – die Schöpfer der Welt zwischen Dortmund und Duisburg thronen nicht auf Wolken, sondern auf Aktienpaketen.

In der Residenz der großen Brotgeber

Ein altes Histörchen berichtet von einem Deutschen, der nach Amsterdam kam, sich angesichts jedes schönen Gebäudes und großen Schiffes nach dem Besitzer erkundigte und, als er immer wieder die Antwort »Kannitverstan« erhielt, in Bewunderung über die ungeheure Macht dieses Herrn geriet. Dann jedoch erfuhr er, daß »Kannitverstan« der holländische Ausdruck für »Ich verstehe nicht« ist, die stereotype Antwort also, die ihm die Amsterdamer auf seine in deutscher Sprache gestellten Fragen gegeben hatten.

Wer nach Essen kommt, hat sehr bald einen großmächtigen Herrn Kannitverstan entdeckt, dem fast alles gehört, was da kraucht und raucht. Aber dieser Kannitverstan entpuppt sich nicht als ein Wahngebilde. Nein, er sitzt leibhaftig in der Villa Hügel bei Essen, wenn er nicht gemeinsam mit Herrn Vögler von den Vereinigten Stahlwerken, als Vorsitzender des Reichsverbandes der deutschen Industrie, Besprechungen mit dem Reichskanzler v. Papen über die Aufteilung des großen Kuchens Deutschland zwischen Kraut- und Schlotbaronen abhält.

Friedrich *Krupp* v. Bohlen und Halbach hieß einst bloß v. Bohlen, heiratete aber im Jahre 1906 die Tochter des alten Stahlmagnaten Krupp, die er als Gesandtschaftssekretär im Vatikan kennengelernt hatte, und wurde durch diese gute Partie mit einem Schlage zum »schaffenden Kapitalisten«, zum großen »schöpferischen Wirtschaftsführer«, von der Art, wie sie von den Nazi in allen Tönen besungen werden. Herr v. Bohlen erhielt damals von Kaiser Wilhelm, der später der Taufpate zweier seiner Söhne wurde, die Erlaubnis, sich Krupp v. Bohlen zu nennen; mit Fräulein Berta Krupp und den Gußstahlfabriken ihres Vaters hatte er ein gut Stück Einfluß auf Deutschlands Politik mitbekommen; er hat sich in die Führung der »Waffenschmiede Deutschlands« (so hießen die Krupp-Werke früher), wie seine Verbindungen während des Krieges mit der französischen Schwerindustrie beweisen, gut eingearbeitet; auch ist er sich, wie seine Spenden für Hitler zeigen, bis heute seiner vaterländischen Pflichten bewußt geblieben.

Die Stadt *Essen*, die im vorigen Jahrhundert ganz und gar eine Siedlung von Krupps Gnaden war, deren Bevölkerung noch im Jahre 1909 zu fünfzig Prozent in unmittelbarer Abhängigkeit von den Kruppwerken stand, wird heute, obwohl sie sich inzwischen auch auf Handel und Verkehr umgestellt hat, als siebentgrößte Stadt Deutschlands von Ost bis West noch immer von Krupp beherrscht. Wem gehören die ungeheuren Fabrikkomplexe, die sich, wie kaum in einer andern Fabrikgroßstadt zu finden ist, mit ihrem Maschinengedröhn und Schlotrauch bis fast in das Zentrum der Stadt erstrecken? Sie gehören Krupp. Dort hat er während des Krieges die Mordwaffen Kaiser Wilhelms gießen und schmieden lassen. 115 000 Menschen arbeiteten damals in diesen Betrieben. Heute sind es nur noch 22 300; ist es da verwunderlich, daß Herr Krupp mit Sehnsucht an die glorreichen Zeiten des Gußstahlbades zurückdenkt? Und wem gehört das riesige Hüttenwerk am Rhein-Herne-Kanal? Krupp. Wem gehört das größte deutsche Schmiedepreßwerk mit seinen 15 000-Tonnen-Pressen? Hier schafft Krupp neue Metallegierungen, nie rottenden Stahl. Wem gehört dieser Konsumverein? Krupp. Er besitzt 46 Prozent der Essener Konsumvereine. Diese Anstalt für Erzeugung von Stahlgebissen? Gehört Krupp. Diese Zeitschrift? Heißt »Kruppsche Monatshefte«. Es gibt außerdem noch die »Kruppschen Mitteilungen«. Wem gehört das große, prächtige Haus, vor dem das Denkmal steht, schief gegenüber jenem turmgekrönten Gebäude? Es ist die Zentrale der Kruppschen Konsumvereine; das turmgekrönte Gebäude ist der Verwaltungssitz der Kruppschen Werke; und das Denkmal stellt Alfred Krupp dar. Krupp ist überall.

Doch er ist nicht der einzige Große dieser rußgeschwärzten Welt, der in Essen residiert. Die mächtigsten Truste und Syndikate des Ruhrreviers haben ihre Zentralen in Essen, dem Mittelpunkt des rheinisch-westfälischen Industriegebietes, errichtet. Hier ist der Sitz der Ruhrgas AG., der Verkaufsvereinigung für Teererzeugnisse des Rheinisch-Westfälischen Kohlensyndikats, das die gesamte Ruhrkohle vertrustet hat. Der »Verein für Bergbauliche Interessen«, die großmächtige Arbeitgeberorganisation, sitzt in dieser Stadt. Auf den Schreibtischen ihrer superklugen und hochbezahlten Syndici werden die Schlachtpläne für die Generalangriffe gegen die Rechte der Arbeiter ausgearbeitet.

Im Ruhrgebiet ist das Kapital so stark konzentriert, daß 1929 auf sechs von 5244 Betrieben allein 65 Prozent der

164

Produktion entfielen; etwa 60 Prozent der Bevölkerung leben von ihrer Beschäftigung in der Industrie, im Bergbau und in der Eisen- und Metallgewinnung, das heißt in direkter Abhängigkeit von jenen wenigen mächtigen Direktoren und Aktionäregruppen. Wie erfüllen die »schaffenden Kapitalisten« im Hauptindustriegebiet Deutschlands ihre Pflicht als Arbeit- und Brotgeber von Millionen?

Komm hungern nach Essen!

Lauter als jede Agitationsrede tönt die Stimme der *Arbeitslosenzahlen* für das Ruhrgebiet:

In Essen gab es gegen Ende des Jahres 1929 27 000 Arbeitslose; 1930 wurden es 60 000. 1931 76 500 und Mitte 1932 82 200. In Duisburg stiegen die Zahlen folgendermaßen: 9300, 25 200, 50 700, 64 200. Und in Düsseldorf: 18 900, 34 000, 53 300, 66 000.

In der Schwerindustrie werden die Menschen ruckweise in großen Schubs aus dem Produktionsprozeß geworfen, weil die Einstellung der Aufträge nach Tausenden von Tonnen zählt. Hier wird mit allen Vervollkommnungen der rationalisierten Metallindustrie in Massenproduktion der Hunger fabriziert.

Die Zahlen sprechen ein eindeutiges Urteil. Wer die Urteilsbegründung näher hören will, frage die Menschen, die hinter den Zahlen stehen. Sie sind in Essen in den Zinskasernen von Segeroth und den Elendsbaracken der Papestraße zu finden. Die Krise hat die Baracken – die natürlich Krupp gehören – geleert und wieder gefüllt; überdick gefüllt, mit hungrigen Kindern, mürrischen Männern und Frauen. Im Kreise von Familien, die die Papen-Notverordnung verdammt hat, für 5 Mark und 70 Pfennig die Woche zu leben, weil sie »nur« sieben Köpfe zählen, hält man nicht viel von den großen Brotgebern der deutschen Wirtschaft, und auch nicht in den Familien derer, die heute noch Arbeit haben. Ein beliebiger Krupp-Arbeiter zum Beispiel ist jederzeit bereit, vorzurechnen, um wieviel ihm der Lohn in den letzten zwei Jahren gekürzt worden ist; das Ergebnis lautet: 50 Prozent.

Sie sind sehr lebendig im Ruhrgebiet, die toten Zehntausenderzahlen der Statistiken! Sie stehen nicht nur auf dem Papier, sie stehen in den endlosen Straßen der grenzenlosen Städte, an den Stempelstellen, sie schreiben das Menetekel dieser Gesellschaftsordnung mit grellweißen Lettern an die Wand. Gewiß – heute stellen die Millionen Arbeitslosen nur Nullen im politischen Leben Deutschlands dar. Heute sind die Faktoren aller Berechnungen Herr Papen, Herr Schleicher, Herr Hitler. Aber einmal das Reich der Schlotbarone von unten zu sehen, um zu wissen: das Spiel, in dem Herr *Bracht*, einst Bürgermeister von Essen, und die Direktoren, die heute in den Verwaltungspalästen von Essen residieren, so wichtige Rollen spielen, ist nur ein wirrer Spuk. Die unerbittliche Realität Deutschlands liegt in den Elendsbaracken von Essen, sie werkt in den Zechen, lungert um die Stempelstellen und schuftet an den glühenden Metallströmen des Ruhrgebiets.

Der Spuk wird sehr schnell verfliegen, wenn die Wirklichkeit einst ihre Rechte fordern wird.

Bertolt Brecht

Song des Krans Milchsack IV
(um 1927)

1

Mein Nam' ist Milchsack Nummer IV
Ich saufe Schmieröl, du saufst Bier
Ich fresse Kohlen, du frißt Brot
Du lebst noch nicht, ich bin noch tot
Ich mache täglich meine Tour
Ich war vor dir hier an der Ruhr
Bist du's nicht mehr, bin ich's noch lang
Ich kenne dich an deinem Gang.
    Freilich, bald seh ich dich nimmer
    Doch ich denke an dich immer
    Denn du hast ja ein Gefühl für mich
    Wir gehören schon zusammen
    Als Genossen, denn wir stammen
    Aus dem Proletariat
    Du und ich.

2

Vier schon nannten mich Genosse
Führten mich an meiner Trosse
Einer gab mir Bier zu saufen
Ließ es übern Greifer laufen
Einer schob vor meinen dreckigen Rüssel
Früh zum Waschen seine Schüssel
Einer ließ auf mir vorzeiten
Die Genossen-Jungens reiten.

Freilich, bald sah ich sie nimmer
Doch ich denke an sie immer
Denn sie hatten ein Gefühl für mich
Wir gehören schon zusammen
Als Genossen, denn wir stammen
Aus dem Proletariat
Sie und ich.

3

Mein erster war ein Mann aus Hamm
Der ging verschütt' am Chemin des Dames
Mein zweiter schluckt' zuviel Kohlenstaub
Und fiel der Lungenseuch zum Raub
Meinem dritten flog ins Aug ein Ruß
Dem zerquetschte ich den Fuß
Mein vierter kam eines Morgens nicht mehr
Der war gestorben an einem Maschinengewehr.
Freilich, bald seh ich euch nimmer
Doch ich denke an euch immer
Denn ihr hattet ein Gefühl für mich
Wir gehören schon zusammen
Wir Genossen, denn wir stammen
Aus dem Proletariat
Ihr und ich.

Anna Seghers

Der Vertrauensposten
(1933)

Niemand im Abteil bekümmerte sich um den Mann, der
zwei winzige Kinder im Arm hatte. Jeder wußte so viel über
eigene Sorgen, daß es für weit längere Strecken ausreichte.
Es war im Abendzug zwischen zwei Ruhrstädten, die Landschaft mit toten Fabrikanlagen war bedrohlich, der Tag war
hart, alle waren ausgepumpt.

Auf der nächsten Station wurde das Coupé ganz voll-
gepfropft. Unter den Neuen gab es ein dünnes, sehr junges
Mädchen mit sanftem Gesicht. Aber die Männer waren nicht
auf Sanftheit. Sie konnte froh sein, daß sie nicht zerdrückt
wurde von wütenden Platzsuchern. Sie erblickte aber den
Mann mit den Kindern, sie merkte auch, daß er krank, ja,
daß er zu Tode erschöpft war. Sie nahm ihm die Kinder ab.
Sie versuchte den Oberkörper frei zu kriegen, um etwas die
Kinder zu wiegen.

»Sie sind gut.«

»Sie sind ja krank. Warum fahren Sie?«

»Ich habe eine Stelle, Fräulein. Denken Sie doch, eine
Stelle. Ich habe fünf Jahre keine gehabt, jetzt habe ich sie.
Denken Sie, mir hat ein Freund eine Stelle verschafft. So
etwas gibt es. Da muß ich hin, da kann ich nicht krank sein.«

»Sie haben Fieber.«

»Vielleicht ein bißchen. Ich war krank, meine Frau ist vorgereist, Quartier zu suchen. Ich muß unbedingt morgen an-
treten. Ein Vertrauensposten, Nachtwächter in einer Fabrik.«

»Jetzt müssen Sie schlafen.«

Der Mann folgte und schlief. Das Mädchen merkte: ein
kranker Schlaf.

169

Der Zug hielt, das Abteil wurde leer.

Sie kriegte den Mann zuerst nicht wach, dann fiel er wieder zusammen. Sie schaffte schließlich den Mann, die Kinder und das Gepäck in die Bahnhofshalle. Da fiel der Mann ganz um. Es gab einen Auflauf, aber jeder mußte bald woanders hin. Sanitäter legten den Mann auf eine Bahre. Er schrie: »Ich kann doch nicht ins Spital.« Dann fielen ihm die Kinder ein: »Meine Frau wartet. Gerbergasse 11.«

Die Frau dieses Mannes hieß Katharina. Sie war um Schlafstelle vorgereist und wartete, eine schwere, dunkle Frau. Sie freute sich, als es klopfte: Eine Fremde mit ihren Kindern! »Ich heiße Marie, Ihr Mann ist krank geworden.«

»Aber das geht doch nicht, er kann jetzt nicht im Bett liegen.«

Katharinas Gesicht wurde hart, böse.

»Gehen Sie nur zu ihm, ich gebe acht auf die Kinder, ich habe doch keine Bleibe.«

Als Katharina im Spital nach dem Mann fragte, führten sie zwei Schwestern vor die Oberin. Die hielt ihre Hand fest. »Es steht schlimm mit dem Mann. Sogar sehr schlimm. Das Allerschlimmste.«

Da wurde die Frau wild. »Aber das ist doch unmöglich. Er hat doch seinen Posten. Wir haben jahrelang gesucht.« Dann wurde sie plötzlich still. Man gab ihr Kleider und Papiere des Toten. Sie setzte sich unterwegs auf eine Bank und betrachtete alles. Sie weinte nicht, sie war hart vor Nachdenken.

Am nächsten Tag stellte sich im Büro der Fabrikdirektion der neue Nachtwächter vor, ein wortkarger Mensch. »Das sind die besten Wächter.« Seine Papiere waren in Ordnung, er war angenommen.

Marie blieb bei den Kindern. Sie hatte ja so auch ihr Brot. Sie mieteten zusammen eine Wohnung, sie gaben sich als eine Familie aus, Mann und Frau. Den Leuten im Haus gefiel die junge Frau, sie war bescheiden und schön anzusehen. Sie achteten den Mann, denn er war schweigsam und hilfsbereit bei vielen Gelegenheiten. Auch die Arbeiter in der Fabrik achteten ihn, der mit seinem Hund und seinem Revolver hart und pünktlich auf dem Posten war. Sie wunderten sich über Marie, allzu jung und zart neben dem harten Mann. Einer unter den jungen Arbeitern, George, liebte sie und quälte sich. Er spürte auch, daß sie sich zu ihm sehnte.

Katharina sagte traurig: »Wenn du zu ihm gehst, war alles unnütz.« Marie sagte: »Ich gehe nicht zu ihm. Wir dürfen unsere Stelle nicht verlieren. Dies scheint mir das Wichtigste.«

George bekam nur ihre Hand, einen Kuß in der Toreinfahrt. Ein Nachbar konnte sie sehen, er sah danach in das Hoffenster in die Stube nach dem Ehemann. Da sah er statt des Mannes einen kräftigen, nackten Frauenkörper. So strichen die beiden Männer um die Familie herum und beunruhigten sie. Nur die Kinder waren lustig. Deshalb dachten die Frauen, daß sie richtig handelten, weil die Kinder nicht hungerten. Die Reihen der Erwerbslosen wurden immer länger. Da hieß es auf seinem Posten bleiben, auch wenn er hart war.

Nachts gab es einmal einen Überfall. Aber der Nachtwächter verlor nicht den Kopf und gebrauchte seinen Revolver. Dadurch wuchs die Achtung in der Fabrik und in der Gasse. Zwar wünschten sich beide Frauen andere Nächte, aber was auch von außen an der Familie riß, was sie zusammenhielt, war stärker. Denn sie waren wegen Brot zusammen.

Der Nachbar spürte unter dem Wächterkleid die Frau, wenn sie sich bückte oder die Treppe herunterkam. Er hielt ihr eine Bibel vor: »Ein Mann soll nicht Weibsgeräte tragen, und ein Weib soll nicht Männerkleider antun.« Da klappte ihm Katharina das Buch auf dem Kopf zu: »Ich habe das getan, um die Kinder zu ernähren.« Der Nachbar schämte sich. »Ich bin kein Schwätzer.«

Marie traf sich öfter mit George, ihre Küsse wurden heiß. Aber George verlor seine Arbeit, und der Nachtwächter war unter den Männern des Hauses einer der wenigen, der Arbeit hatte.

Eines Nachts geschah in der Fabrik ein Unglück. Sirenen, Geschrei, Verwundete. Als Katharina aufwachte, lag sie in der Frauenklinik in einer Reihe mit anderen Frauen. Sie merkte nicht, daß sie verbunden war, sie sprang aus dem Bett, lief vor die Oberin. Sie sagte dieselben Worte, die sie schon einmal gesagt hatte, in einem Spital vor einer Oberin. »Das ist unmöglich. Wir haben doch eine Stelle.«

Es wurde zu spät. Die Papiere waren abgegangen, die Täuschung war bekannt geworden.

Die Polizei kam in die Gerbergasse. Die Leute im Haus begriffen die Handlung der Frau, und sie schimpften.

»Was will die Polizei? Tapfere Frauen, die niemand geschadet haben.«

Katharina bekam ihre Entlassung. Die Arbeiter der Fabrik taten sich zusammen und schrieben für sie ein Gesuch auf. Als Katharina ankam, gab ihr jeder einzeln die Hand. Sie begleiteten sie vor das Direktionszimmer. »Wir helfen dir. Sie dürfen dich nicht rausschmeißen.«

Drin schlug Katharina nach Wächterart mit der Faust auf den Tisch. Da sagte die Direktion: »Wir wollen ja nur Ihr Gutes. Wir nehmen Ihnen einen schweren Posten und geben Ihnen einen leichten.«

Der leichte Posten sah so aus: Eimer, Besen, Scheuertuch. Katharina erschrak. Aber sie nahm es an, weil Kinder Kinder blieben und Brot Brot blieb, griff zu und schrubbte.

Die Arbeiter achteten sie womöglich noch mehr als früher. Sie sagten: »Wenn es nach uns ginge, Frau, bekämst du in diesem Leben eine andere Stelle.«

Max von der Grün

Irrlicht und Feuer
(1963)

Wir bohren den Stein an.

Das Schmidt'sche Gerät saugt den Staub in Eisenkübel. Wie gut, daß es noch Menschen gibt, die bei ihren Erfindungen nicht allein an den Fortschritt denken. Hätten wir dieses Gerät nicht, wir wären mit 45 Jahren Invaliden, die Lunge wäre vom Steinstaub eingemauert oder zerfressen.

Drei Mann bohren.

Ein Singsangton stößt monoton an unsere Ohren, es blubbert und knirscht, rattert und stampft, braust und zischt, für Stunden werden wir taub. Unsere Verständigung besteht nur aus Gesten.

Neun Löcher sind zu bohren.

Jeder Mann bohrt drei Löcher zwei Meter tief in den Stein.

Ich hinke etwas nach, die Arbeit will mir nicht so recht von der Hand, meine Gedanken schwirren ab von dem Gegenstand, den ich in der Hand halte, und das ist nicht gut. Ich komme aus der Richtung, und erst ein kräftiger Rippenstoß von Karl macht mir klar, daß ich in Gedanken bohre und nicht im Stein. Die letzten Tage hatten mich aus dem Gleichgewicht gebracht. Auch körperlich fühlte ich mich nicht wohl, Kopfschmerzen und Stechen im Rücken machten mir zu schaffen.

Verflucht! Was ist los?

Zischen!

Einer schreit!

Warum schreit Karl so blödsinnig laut?

Ein Saugschlauch war aus dem Ventil gerissen, jetzt zischte die Preßluft auf die Steinwände, wirbelte Staub auf, der Schlauch schlug schlangenförmig durch das Ort.

Weglaufen!

Ein Schlag von diesem Schlauch kann Glieder zerbrechen; der Schlag an Kinn oder Schläfen kann den Tod bedeuten. Wir laufen ziellos durcheinander, finden im Staubnebel den Kübel nicht. Ich laufe in die Strecke hinein, 200 Meter zurück, und drehe den Sperrschieber in das Preßluftrohr.

Langsam erstirbt vor Ort das Gebläse, flaumweich fällt der Staub zur Sohle. Als ich wieder das Ort erreichte, arbeiteten Karl und Wilhelm schon am Ventil und versuchten, den zersprengten Schlauch zu laschen. Ununterbrochen fluchten sie drauflos. Das war verständlich, denn wir hatten Zeit verloren, jede Minute wird genau auskalkuliert. Der Schieß- hauer darf nicht warten, wenn er zum Abschießen bei uns eintrifft. Auch er hat einen Stundenplan, einen Minutenplan. Wie es sich die Herren am grünen Tisch ausrechnen, so soll es ausgeführt werden, und sie vergessen dabei oft, daß die Kalkulation von Maschinen leichter einzuhalten ist als von Menschen. Das hat uns gerade noch gefehlt, habe für vier Uhr den Schießmeister bestellt. Verflucht, verdammte Saue- rei, schimpfte Karl, hoffentlich werden wir rechtzeitig fertig. Ich kann heute unmöglich Überstunden machen, kriege wie- der Krach mit dem Steiger. Karl steigerte sich immer mehr in Wut. Kein Wunder, daß seine Reparatur am Schlauch sich hinauszögerte. Erst das Bohren wird ihn wieder beruhigen. Halb drei war es geworden.

Noch anderthalb Stunden hatten wir also Zeit, wir können es noch schaffen, wenn kein neuer Zwischenfall eintritt. Karl und Wilhelm waren fertig geworden mit Schlauch und Kübel, ich lief zurück und drehte den Schieber wieder aus dem Rohr. Die Luft zischte ein, und die beiden bohrten schon, noch ehe ich das Ort erreicht hatte.

Wir bohren den Bauch der Erde entzwei.

Von aufgetürmten Steinwänden behütet und bedroht, fressen wir uns täglich zwei Meter weiter in den Stein, in die Kohle, und wir wissen nicht, wo das Hineinfressen enden wird. Jeden Tag zwei Meter, jeden Tag dieselbe Arbeit, der Erdenbauch ist unermeßlich. Obwohl mir hundeelend war, setzte ich mein drittes Bohrloch an. Ich verschob zuerst das zwei Meter hohe Gestänge, auf dem der Bohrer ruht, und begann die linke obere Ecke anzubohren. Die Arme schmerzten. Trotzdem ging es flott, der Bohrer fraß sich in den Stein, daß es eine Freude war, die schlanke Stange zentimeterweise im Stein verschwinden zu sehen.

Bohren, abschießen, ausbauen.

Das ist ein Rhythmus zu drei Dritteln in vierundzwanzig Stunden. Haben wir gebohrt und abgeschossen, und es bleibt noch Zeit bis Schichtende, dann pfänden wir noch eine Sicherungsschiene vor, das gibt Geld – dreißig Mark pro Schicht, manchmal ein paar Pfennige mehr, manchmal weniger. Auf mehr als dreißig Mark pro Schicht kommen wir selten – und das ist nun der Spitzenverdienst des Kumpels.

Plötzlich bohrte ich auf der Stelle. Verdammt, schiebt sich jetzt zu allem Unglück eine Sandsteinader durch den Schiefer? Auch das noch, wir haben ohnehin Zeit verloren. Zeit ist Geld, weicher Stein ist viel Geld, harter Stein ist wenig Geld. Verdammt, gerade heute. Na, vielleicht ist es nur eine Konglomeratader. Wir müssen dreißig Mark verdienen, unbedingt, wenn wir das nicht verdienen bei der schweren Arbeit, dann können wir auch nach Dortmund oder Unna als Straßenkehrer gehen.

Karl und Wilhelm waren mit ihren Bohrungen fertig geworden. Sie halfen mir nun, meinen Rückstand aufzuholen. Es war auch höchste Zeit, der Schießhauer stand schon Minuten hinter uns und führte gemeine Reden. Wir verstanden zwar nicht viel von dem, was er sagte, aber wir hätten ihn gern unangespitzt in den Boden gerammt. Alle haben es auf der Zeche eilig, die Vorgesetzten und die Kumpels, wie eine Seuche ist das.

Kein Wunder, daß dann Unfälle passieren.

Der Schweiß sammelte sich am Hosenbund zu einem feuchten Streifen und fraß an der Haut; der Staub klebte in den Poren und wurde wieder vom Schweiß ausgespült. Wie oft in einer Schicht? Niemand weiß es, niemand weiß, wie-viel Pfund wir in einer Schicht verlieren, wir wissen nur, daß wir Durst haben und vor Überanstrengung oft nicht essen können. Ist der Körper schweißnaß, wird er trockengerieben, wenn man überhaupt Zeit dazu hat. Das Gedinge treibt, der Rhythmus treibt, der Druck von oben treibt, die Kalkulation vom grünen Tisch treibt, die Maschine treibt, der Mensch treibt den Menschen, und der Mensch treibt sich selbst, weil er verdienen muß.

Wir räumten die Bohrgeräte ab, den Ladewagen fuhr ich bis zum Wechsel zurück. Ein gefährliches Unternehmen; wenn er umkippt, haben wir eine Schicht zu tun, ihn auf-zurichten. Eine Schicht umsonst gearbeitet.

Der Schießhauer begann, das Ort zu besetzen.

Patronen.

Rote Drähte baumelten wenig später aus den Löchern, wie eine Kabelverteilung sah das aus, und mit Hilfe von drei Meter langen Stangen, etwas schwächer im Durchmesser als die gebohrten Löcher, stießen wir vorsichtig den Besatz hin-ein, zu Würsten gedrehten Lehm auf die Patronen. Vorsichtig, wie ein Bäcker seine Brote in den Backofen schiebt.

Der Schießhauer führte die neun baumelnden Drähte nun zusammen. Obwohl ich schon oft zugesehen hatte, war es mir heute noch ein Rätsel, wie er diesen Wirrwarr ordnen konnte, damit kein Unglück geschah. Ich schraubte die Luftlampe von der Firste, auch das herumliegende Gezähe sammelte ich und brachte es in Sicherheit.

Endlich hatte auch der Schießhauer seine Arbeit beendet, alle Drähte zum Batteriekasten gezogen und dort angeklemmt.

Fünfzig Meter vom Ort nahm er seinen Abschußstandort. Wir drei liefen weiter zurück, bis zum Sperrventil. 200 Meter vom Ort entfernt drückten wir uns in die Stöße. Vorsicht ist immer besser; der Teufel will es manchmal, daß Steine um die Ecken fliegen. Wir standen stumm in Sicherheit.

Da schrie er auch schon sein Alarmsignal.

Es brennt! Es brennt!

Bange Sekunden.

Dann bebte der Berg, über und neben uns zitterten die Ausbaue, Holz und Eisen – wir zitterten einen Augenblick selbst. Wieder einmal gutgegangen. Gott sei Dank.

Günter Wallraff

»Wir brauchen Dich«
(1968)

Von Anfang an ist mir ein sich immer wieder bewegender
Punkt auf dem Dach neben dem Kühler aufgefallen. Wenn
ich meine Staubfuhre ins Freie schiebe, entdecke ich auf dem
einige hundert Meter entfernten Dach die Veränderung des
Punktes, der sich deutlich von der riesigen geraden Fläche
abhebt. Ich nehme den Punkt hin wie alles Fremdartige an
der Anlage, selten sehe ich ihn in Bewegung, immer sehr
ruhig und gleichmäßig. Nur einmal lief der Punkt hastig am
Rand des rotierenden, etwa dreißig Meter langen Kühlers hin
und her. Seltsamerweise blieb der Kühler, der sich sonst
unentwegt um sich selbst dreht, plötzlich stehen. Und der
Punkt verschwand aus meinem Blickfeld.

Ich nahm an, daß es sich hier um eine auf Schienen
laufende Transportlore handele, obwohl ich mir das auch
wieder nicht erklären konnte, da der Rhythmus zu unregel-
mäßig war im Gegensatz zu den Bewegungen sonst in der
Anlage, die gleichförmig verlaufen, wenn auch nicht unbedingt in gleichen Abständen, so doch zusammenhängend
und aufeinanderfolgend.

Ich wundere mich sehr, als sich der Punkt einmal entgegen
seiner sonstigen Gewohnheit nicht am Rande des Kühlers
entlangbewegt, sondern auf den Rand des vorderen Daches
zu. Ich laufe ihm entgegen, in gebührendem Abstand, um zu
sehen, ob die Lore vielleicht aus den Gleisen geraten ist und
nun abstürzen wird.

Aber nichts geschieht. Bis ein Stein vor mir aufschlägt, an
dem mit Draht ein Zettel befestigt ist. Auf dem Papier steht:

»Komm mal hier nach oben und trink einen Schluck aus der Pulle. Hinter Rü II geht die Leiter hoch.«

So lerne ich H. kennen. Wie ein Leuchtturmwächter hält er hoch oben seine Wache. Er muß aufpassen, daß der Kühler nicht überlauft. Oft braucht er nur alle paar Tage einmal einzugreifen, dann muß er die Stahlleiter hinunterklettern und über die Sprechanlage den Zentralsteuerstand informieren. Die wissen meist schon Bescheid. Ein Kontrollämpchen sagt es ihnen. H. ist nur als zweite Sicherung eingeplant. Er darf seinen Posten auf dem Dach nicht verlassen, darf auch nicht lesen und keinen Alkohol trinken.

Aber heute hält er sich nicht an die Vorschrift. »Ich hab Geburtstag, prost!« und gibt mir eine Flasche Bier, die er in der Aktentasche heraufgeschmuggelt hat. »Nett, daß du mich besuchst. Wenigstens an meinem Geburtstag will ich nicht allein sein. Hier oben seh ich tagelang keinen Kumpel, mit dem ich ein Wort sprechen könnte. Dich habe ich ausgemacht, wenn du deine Karre in den Kübel schmeißt. Dann gibt's immer eine Staubwolke. Einen Feldstecher müßte man haben. Das könnte ganz amüsant sein. Meister Z., dieser Wurm, kontrolliert mich von unten schon mal mit dem Feldstecher, ob ich auch nicht lese oder mich verkrümele. Ich kann ja nicht immer auf den Kühler starren. Der dreht sich und dreht sich, und dann dreht's sich noch in meinem Kopp, wenn ich ständig draufglotze.« H. ist froh, wenn es nicht regnet und nicht zu kalt ist. Dann hockt er sich auf ein Brett, das er über seine Aktentasche gelegt hat, läßt sich von der Sonne bescheinen und ist zufrieden. Wenn es aber kalt ist, ist er in dauernder Bewegung, läuft oft nah an den Rand des Kühlers, wo glühende Sinterklumpen Hitze ausstrahlen. Schlecht ist, wenn Wind weht. Der bläst ihm die heißen Staubkörner ins Gesicht.

H. blinzelt dauernd und wischt sich mit seinem schmierigen Jackenärmel über die tränenden Augen. In seinem schwarzen Gesicht treten hellere Stellen hervor. Zahllose Falten zerfurchen wie weiße senkrechte Linien sein Gesicht. Sein Alter läßt sich nicht schätzen. Es könnte zwischen fünfundfünfzig und annähernd siebzig liegen.

Als H. mir zuprostet und sagt: »Stoßen wir noch mal auf meinen Vierundvierzigsten an«, erschrecke ich. Das muß er gemerkt haben, denn er fügt hinzu: »Das hättest du nicht gedacht, was? Das denkt keiner. Man schätzt mich allgemein ein paar Jahre älter ein. Neulich in der Straßenbahn stand doch tatsächlich so ein junger Witzbold vor mir auf und sagte: ›Setz dich, Opa.‹ Da hab ich aber doch lachen müssen.«

Ich sage: »Du bist so schwarz, als ob du frisch aus dem Pütt kämst und die ganze Schicht geschuftet hättest. Dabei ruhst du dich hier den ganzen Tag aus.« Das hätte ich besser nicht sagen sollen, denn auf das Stichwort Pütt braust H. auf: »Hör mir nur ja auf mit dem Pütt. Ich war zwanzig Jahre unter Tage. Weißt du, was das heißt? Dreimal habe ich unter Bruch gelegen. Einmal hat man mich erst nach zweiundzwanzig Stunden rausgebuddelt. Ich dachte, ich hätte dran glauben müssen. Neben mir den Kumpel hat es erwischt. Ich brüllte immer nach ihm, und er gab keine Antwort, konnte er auch nicht, denn er war so tot, wie du nur einmal im Leben tot sein kannst. Hier, das Stück vom Daumen ist auch im Pütt futsch, und mein Schienbein war zweimal gebrochen. Beim zweitenmal brach anschließend die schönste Zeit meines Lebens an, man ließ mich neun Wochen krankfeiern. Man war so großzügig, weil man den Unfall hätte melden müssen. Das wäre die Zeche dann hundertmal teurer gekommen als mein Krankfeiern. Ebenso war's bei schweren Unfällen unter Tage. Da kam's drauf an, den Schwerverletzten so schnell wie möglich über Tage zu schaffen, ob transportunfähig oder sein Kopf am letzten Zipfel hing, spielte dabei keine Rolle. Sein Leben mußte er über Tage aushauchen. Denn jeder Tote unter Tage kostet die Zeche jedesmal eine Masse Geld an den Berufsverband. – Nee, mir kann keiner mehr was vormachen. Als die Zeche vor zwei Jahren stillgelegt wurde, meldete ich mich beim Grubenarzt, um mir meine Staublunge bescheinigen zu lassen und Staublungenrente zu kriegen. Aber denkste. Zehn Prozent, sagte der Doktor, das kriegen wir schon wieder hin, und verschrieb Spülungen.

Nachher bewarb ich mich bei drei verschiedenen Firmen, und keine nahm mich. Siebzig Prozent Staublunge, hieß es da. Sie sind nicht arbeitsfähig und müssen sich frühinvalid schreiben lassen. Bis ich dann hier auf der Hütte mein Glück versuchte, und stell dir vor, der Doktor war Leutnant in Stalingrad gewesen, wo ich auch war. Als er sagte, er könne mich nicht nehmen, hab ich ihm gesagt, daß wir uns kennen. Da hat er sich gefreut und gesagt: ›Kerl, warum sagst du das nicht gleich, wir sind doch alte Kameraden‹ und schrieb zehn Prozent auf meine Karteikarte, das ist die zulässige Grenze. Nachher hat er sich noch eine Zeitlang mit mir über Stalingrad unterhalten.«

Das tut H. jetzt auch. Aber er erzählt nicht vom Dreck, von der Kälte und den Toten, er erzählt von etwas Angenehmem aus ferner Vergangenheit: »Das waren noch Zeiten, dauernd auf Reisen! Wann bin ich später noch mal ins Ausland gekommen?« Und: »Der deutsche Soldat kämpfte unerbittlich.«

Als ich fragte: »Hast du das andere alles vergessen?«, begreift H. zuerst nicht, meint dann: »Doch, es war schrecklich, aber der Pütt war noch schlimmer. Mensch, daß ich das all die Jahre mitgemacht habe, es war die Hölle. Das geht mir jetzt erst so richtig auf, wo ich hier bin. Zwanzig Jahre bei lebendigem Leib begraben! Dann ist das hier die Erlösung. Wenn ich geahnt hätte, daß es so eine Arbeit für mich gibt, hätte ich längst meine Sachen gepackt. Jetzt ist es zu spät. Mit so 'ner Silikose wirst du nicht alt.«

Dann sagt H. noch – und wie er es sagt, klingt glaubhaft –: »Wenn man mich heute zwingen wollte, wieder in den Pütt zu gehen, würde ich mich vorher aufhängen.«

H.s Arbeit hier, wenn man überhaupt von Arbeit sprechen kann, ist in Wirklichkeit nicht so rosig, wie er es darstellt. Ein Stuhl mit Lehne auf dem Dach wäre für ihn ein Geschenk des Himmels. Er kauert mit krummem Rücken auf seinem Brett und muß alle paar Minuten aufstehen, sonst würde er bald lahm.

»Im Winter, als es so eisig kalt war«, erzählt H., »habe ich mir im Gelände Bretter zusammengesucht und einen Verschlag als Wind- und Schneeschutz gebaut. Schließlich auch noch einen kleinen eisernen Ofen organisiert und den ordentlich geheizt mit Koksbrocken, die ich von den Halden am Hafen herschaffte. Der Meister hat zuerst ein Auge zugedrückt. Bis eine Woche später der Hüttendirektor seinen Besuch ankündigte. Als ich an dem Morgen zur Frühschicht erschien, war meine Hütte abgerissen und mein Öfchen auch nicht mehr da. Der Meister sagte mir, das ginge einfach nicht, wie das denn aussähe, eine der modernsten Anlagen Europas und dann dieser vorsintflutliche Bretterverhau. Dann hab ich mich eben anders gegen die Kälte zu schützen versucht. Reinen Korn in meine Thermosflasche mit Tee geschüttet. Halb und halb. Das heizte auch. Aber meine Frostbeulen an den Zehen hat es nicht verhindert. Mensch, wenn ich an den nächsten Winter denke! Da denke ich besser nicht dran.«

6.

RUHR.KRIEG

Richard Huelsenbeck

Ruhrkrieg
(1932)

Auf den Rasenflächen klebte der Schmutz, der Wind fegte
das Gras so, daß man die traurigen leeren Stellen sehen
konnte, an denen der nackte Lehm durchkam. Die Wege
waren ausgetreten und müde, müde wie der Himmel, der
über ihnen hing. Da war ein Froschteich – in anderen Gegenden wäre er ein Froschteich gewesen, hier war es ein Tümpel,
in den von den Halden die ausgebrannten Kohlestücke roll-
ten und der ebenso wie die Rasenflächen mit einem zähen,
schmutzigen Kollodium bedeckt war. Die Halde, auf der
ständig der glühende Kohleschutt sich häufte – Männer
stießen einen Wagen vor sich her, trieben ihn bis zu dem
Ende einer Schiene und kippten dann den Wagen um –,
wurde von den Kindern für ein Gebirge gehalten, und die
Erwachsenen hielten sie schließlich auch dafür.

Die Halde ist grau, grau wie die Rasenfläche, wie der
Tümpel, grau wie der Himmel. Nur die Kohleglut ist rot.
Morgens, wenn noch alles schläft und die Nebel von den
Wiesen blättern wie alte Häute, leuchtet schon das Kohleauge
von der Halde. Die Halde steht länger, als die Leute hier
denken können, sie ist sozusagen ewig, sie wird ewig dauern,
und immer wird ihr Kohleauge glühen.

Herr Doktor Z., der mit schönen Knickerbockers behaf-
tet und von seiner Gattin begleitet auf einer Rheinreise begriffen war und dabei notgedrungen das Ruhrgebiet durch-
querte, sagte laut und vernehmlich: »Ein häßliches Land …«

Herr Poincaré hatte gesagt: »Nun, wenn die Boches uns
das Geld nicht geben wollen, werden wir es uns holen!« Und

selbst der alte Clemenceau hatte diesen Plan für sehr vernünftig gehalten. Allons enfants und so weiter. Unter den Poilus gab es nicht viele, die sich nach einer Fortsetzung des Krieges sehnten. Aber wie gesagt, das Vaterland rief. Das Vaterland der Poincaré und Clemenceau.

An einem unschönen Dienstag liefen in der Stadt allerlei Gerüchte um. Die Bergleute standen vor den Zechentoren und sprachen davon, daß die Franzosen kämen. Die Meinungen über die Franzosen waren geteilt. Die einen sagten, was könne schon passieren, auch unter den Franzosen würde man viel Arbeit und wenig zu fressen haben. Die anderen haßten die Franzosen, sie spien auf den Boden und sagten, sie würden nicht den Finger krumm machen, und die Garden der Herren Clemenceau und Poincaré würden sich wundern: nicht eine Kohle würden sie bekommen.

Zwei feine Damen beobachten hinter einer Kaffeehausscheibe den Einzug der Franzosen. Erst kommt ein Mann auf einem tänzelnden Pferd, dann eine Gruppe Männer, die so etwas wie Jagdhörner in den Händen herumschwenkt, und dann die Truppe, die einen komischen schnellen Stechschritt am Leibe hat. Tamtam tatam tatamtatatam ...

»Ich habe mein ganzes Französisch vergessen«, sagt die eine feine Dame.

»Du wirst Gelegenheit haben, es wieder zu lernen«, sagt die andere.

Daraufhin bringt ihnen der Kellner eine Pflaumentorte und einen Berg Schlagsahne.

Nach den Infanteristen kommen Berittene, die sehr forsch aussehen. Und dann Tanks. Schöne graue Riesenungeheuer, die sich so schwerfällig auf dem Pflaster bewegen, daß die

Kaffeehausscheibe klirrt und die Schlagsahne auf der Pflaumentorte leise bibbert.

»Auf diese Weise sehen wir auch noch was vom Krieg«, sagt die eine feine Dame.

Auf der Stadt lagerte ein dumpfer Druck. Der Bürgermeister hatte sich geweigert, die Befehle der Franzosen anzuerkennen, und war verhaftet worden. Er war zweihundert Pfund schwer und reichlich unbeliebt; jetzt aber wurde er allgemein für einen Patrioten hohen Grades gehalten.

Die Franzosen gaben so viele Befehle, daß kein Mensch sich auskannte. Die Befehle wurden auf rötliche Zettel gedruckt und klebten, in schlechtem Deutsch verfaßt, an den Litfaßsäulen, wo sie schnell durchgelesen und, wenn niemand hinsah, kräftig angespuckt wurden.

Alle Kohlegruben waren militärisch besetzt. Man suchte Arbeiter, die für Herrn Poincaré die Kohle ausbuddelten. Der größere Teil der deutschen Arbeiter weigerte sich, für die Franzosen zu arbeiten, und die Franzosen waren genötigt, Leute aus Frankreich kommen zu lassen, zumeist Balkanesen und Polen und Abfall von anderen Völkern, die mit Frankreich befreundet waren.

Nach vier Wochen hatten sich die Generaldirektoren schon mit der Besetzung abgefunden. Es ging eigentlich alles viel besser, als man dachte. Herr Cuno schickte aus Berlin so viel Papiergeld, wie man haben wollte. Jeder, der den Witz hatte, sich als Geschäftsinhaber zu bezeichnen und Herrn Stinnes nacheiferte, konnte herrlich leben. Trotz der Besatzung. Die Franzosen kümmerten sich den Teufel darum, wer das deutsche Papiergeld auffraß. Sie waren Tag und Nacht damit beschäftigt, Kohle aus den Gruben zu holen. Es gelang ihnen nur sehr schlecht, weil sich fast niemand fand, der ihnen dabei half.

Je freundlicher die Beziehungen zwischen Generaldirektoren und Franzosen wurden, desto gespannter wurden die Verhältnisse zwischen den Franzosen und den deutschen Arbeitern. Man haßte sich, und man machte aus diesem Haß kein Hehl. Wenn die marschierende Truppe an einer Gruppe Arbeiter vorüber kam, faßte sie die Gewehre fester. Wenn sie dagegen unter den Fenstern der Generaldirektoren marschierte, spielte die Musik. Die Musik ging gewissermaßen von selbst los. Man freute sich, mal für jemand spielen zu können. Die Franzmänner sind schließlich auch nur Menschen. Auprès de ma blonde, il fait bon, fait bon, fait bon, auprès de ma blonde, il fait bon dormir.

Daß die arbeitende Bevölkerung von ihnen so gar nichts wissen wollte, regte die Franzosen auf. Die Generäle konferierten, die Untergeneräle hielten eine Konferenz ab, und die Obersten traten zusammen, um die Lage zu studieren. Man faßte einen Plan. Es sollte gehandelt werden. Erstens sollte die Platzmusik jeden Donnerstag und Montag spielen, zweitens wollte man eine Zeitung herausgeben, und drittens wollte man einen Laden mit billigen Lebensmitteln für Bedürftige aufmachen.

So geschah es. Die Platzmusik spielte vor dem Theatergebäude, aber niemand blieb stehen, die Zeitung wurde gedruckt, aber niemand las sie, der Laden wurde aufgemacht, aber die Leute zogen sich den Riemen enger und hungerten.

Unterdessen arbeitete Herr Stinnes an der Inflation; mit Waschkörben goß man die Papierscheine auf das Ruhrgebiet. Täglich gab es neue Fetzen, die alten ließ man liegen, die Kinder spielten auf den Straßen damit, man benutzte sie als Fidibusse, um sich die Pfeife anzustecken. Nur die Franzosen nahmen die Sache ernst, sie sammelten die Scheine und beschlossen, sie unter Glas zu hängen als Erinnerung an die große Zeit, für die Enkel.

In der Tertia der Bismarckschule herrschte absolut und in seiner Autorität von niemand angezweifelt Herr Professor Ernst August Franke. Er hatte in seiner Jugend die klassischen Sprachen studiert und bemühte sich nun, diese Sprachen nach den Vorschriften des Stundenplans in die Köpfe seiner Schüler zu hämmern. Er tat das mit Würde und Anstand, er war ein moderner Lehrer mit einem kleinen Schnauzbart und einem Hang für die Psychologie des Kindes. Ja, er las Freud. Er redete sich ein, Sorgen um seine Schüler zu haben. Er sagte ihnen, wie notwendig es sei, im Leben einen Halt zu haben. Diesen Halt erlange man nur durch Bildung. Stillschweigend hieß das: durch die Kenntnis der klassischen Sprachen.

»Ich mache alles mit Freundschaft«, sagte er zu den Schülern. »Ich verabscheue alle Gewaltmethoden, ich bin ein pazifistischer Pädagoge oder, wenn ihr wollt, ein pädagogischer Pazifist.«

»Er quatscht wieder«, sagten die Schüler, wenn Professor Franke auf diese Weise sein Glaubensbekenntnis zum besten gab. Andere sagten auch: »Er schleimt sich aus«, oder: »Er macht unter sich.«

Auf den Schulausflügen wurde Franke zum Kind. Man muß Kind unter Kindern sein, hatten ihm seine Bücher gesagt. Er ließ den Jungen jede Freiheit. Er sah es nicht, wenn sie hinter der Ecke Zigaretten rauchten, er wollte es nicht wissen, daß sich einer an Kognak schwer besoffen hatte. Unanständige Redensarten ignorierte er prinzipiell. Das Leben würde die Jungen schon zurechtstauchen.

Einer trat an ihn heran. »Wir würden gern Schinkenklopfen spielen. Machen Sie mit, Herr Professor ...?«

Franke fand das großartig.

»Gewiß mache ich mit«, sagte er. »Ihr könnt Ernst August zu mir sagen.«

Das war damals der Tag, an dem ihm ein Schüler mit einem Baumast so über den Hintern schlug, daß er drei Tage der Schule fernbleiben mußte. Es wurde eine Untersuchung eingeleitet, aber Franke scheute die Lächerlichkeit, und die Sache verlief im Sande.

Die Franzosen mochten ungefähr vier Wochen an der Ruhr sitzen. Sie fühlten sich nicht wohl. Sie hatten das richtige Gefühl, die rote Erde sei ein Pulverfaß. Diese ganze Unternehmung war eine zu dumme Imitation des Krieges. Jedermann sah, daß die Franzmänner nun auch mal das Vergnügen haben wollten, in Feindesland zu sein. Sie fühlten selbst, wie deplaziert sie waren, und ärgerten sich. Damit es besser klappte, gründeten sie die Regiebahn. Es fanden sich nur wenig Beamte, die die französischen Lokomotiven fahren wollten, obwohl eine hohe Bezahlung in Aussicht gestellt war.

Die Bahn fuhr sehr langsam und vorsichtig, da sie fürchtete, jeden Augenblick durch eine Mine in die Luft gesprengt zu werden. Sie fuhr in ängstlichem Zotteltrab von Dortmund bis Essen, auf beiden Seiten der Schienen waren spanische Reiter aufgestellt und Wolfsgruben ausgeschachtet.

Die Kohlebuddelei ging jetzt ein wenig besser, aber die Bahn war jammervoll, die Halden türmten sich bis zum Himmel, und es bestand keine Aussicht, daß in absehbarer Zeit eine Kohle über die französische Grenze spazieren würde.

Trotz aller Wolfsgruben und spanischen Reiter gab es etwas, was man gemeinhin Sabotage nennt. Trotz größter Wachsamkeit waren einmal hier, einmal dort die Schienen aufgerissen, oder ein Signalmast war umgelegt, oder die Leute in den Bergwerken entdeckten, daß die Seile der Förderkörbe durchschnitten waren.

Die französischen Generäle ärgerten sich blaß über die Sabotage. Sie drohten, jeden zu erschießen, der auch nur die Hand an die Bahn oder die Gruben legte.

Das waren keine leeren Drohungen; hier und da im Ruhrgebiet zog im frühen Morgengrauen ein Peloton sein Gewehr ab, und ein Mann, der unter normalen Umständen noch dreißig Jahre gelebt hätte, sackte mit einem Fluch zusammen.

An einem Freitagvormittag wurde vor dem französischen Paßbüro ein Mann verhaftet. Der Mann hieß Franz Koswolski und war ein Mensch im vierzigsten Lebensjahr ohne besondere Kennzeichen.

Koswolski war, um sich zu vertreten, vom Bürgersteig auf die Straße gegangen (er stand nämlich schon seit zwei Tagen vor dem Paßbüro), als plötzlich einer im Stahlhelm kam und ihm den Gewehrkolben in die Seite stieß.

Mit dem Stoßen kam eine Flut französischer Schimpfworte, die besagten, der Mann solle sich unverzüglich auf das Trottoir zurückscheren.

Es gab Frauen, die hier schon seit drei Tagen warteten. Sie hatten sich Stühle, Tische, Matratzen und Lebensmittel mitgebracht, sie warteten und warteten, sie hofften, sie würden einmal drankommen, sie lagen unter freiem Himmel auf den Matratzen und aßen unter freiem Himmel von ihren mitgebrachten Tischen.

Koswolski war Bergmann, er gehörte zur Belegschaft einer der vielen Zechen, die im Umkreis der Stadt ihre Förderkörbe hochrecken. Er hatte die Franzosen kommen sehen und war nicht zu bewegen gewesen, unter ihrem Kommando einzufahren. Koswolski war nichts weniger als ein Nationalist, aber er schwor, nicht eine Kohle für sie aus der Grube zu holen.

Nachdem er ein und einen halben Tag vor dem Paßbüro gewartet hatte, hieß es, es sei ein neuer Stempel eingeführt, der werde aber erst in zwei Tagen ausgegeben. Die Frauen und Männer mußten also weiter warten, oder sie hatten umsonst auf der Matratze im Regen geschlafen und konnten unverrichteter Sache nach Hause gehen. Koswolski wartete noch einen halben Tag, bis er einsah, daß er weitere zwei Tage werde warten müssen, um den Vermerk im Paß zu bekommen. Da nahm er sich die Freiheit und trat vom Bürgersteig auf die Straße, sozusagen, um sich die Beine zu vertreten, was ihm an und für sich kein normaler Mensch hätte verübeln können.

Es gab da eine Reihe von Häusern, die nicht im Villenstil gebaut waren. Diese Häuser waren niedrig und aus Ziegelsteinen, in die sich der Kohlestaub einiger Generationen gefressen hatte.

Von der Straße führte eine kleine steinerne Treppe in die Häuser. Auf der Straße spielten schmutzige Kinder. Überall spielten schmutzige Kinder. Die Straße war schlecht gepflastert, die Wagen und Autos, die hier vorbeikamen, machten auf den Kopfsteinen einen gräßlichen Lärm.

In den Häusern wohnten Bergleute, in jedem Haus zwei bis drei Familien, manchmal auch fünf. Sie wohnten eng nebeneinander bis unter das Dach. Jede Familie hatte eine Menge Kinder, und jede Familie hatte ein Schwein, das in einem selbstgezimmerten Stall hinter dem Haus grunzte.

Die Gerüche, die sich hier verbreiteten, konnten naturgemäß nicht von Coty fabriziert sein. Es roch nach Kindern und dem, was sie in die Hose gemacht hatten. Es roch nach dem Kohl, der in den Kochtöpfen schmorte, es roch nach den ausgelaugten Wäschestücken, die überall im Haus wie Theatervorhänge herumhingen. Es roch auch nach den Schweinen, die sich bemühten, gegen die menschliche Gemeinschaft anzustinken.

In Nr. 25 a wohnte die Familie Koswolski. Drei Kinder (sehr wenig für einen Bergmann). Der älteste hieß Fritz, war intelligent und ging dank einem Stipendium aufs Gymnasium, allwo er unter der Leitung des Professors Franke zu einem gebildeten Menschen herangezogen werden sollte.

An diesem Tag, als Fritz in seiner Gymnasialklasse gerade eine Klassenarbeit über den Vorfall in den Thermopylen schrieb und Frau Koswolski Kohlrabi schmorte, kam ein Mensch aufgeregt die Treppen hinaufgesprungen. Es war der krummbeinige Heini, ein Bergmann, der bei einem Unglück die Schönheit eingebüßt hatte.

»Koswolski is verhaftet!« schrie er, »die Franzmänner haben ihn eingespunnen!«

»Jesus Mariejosef!« schrie Frau Koswolski aus alter Gewohnheit.

Als sie begriff, daß der krummbeinige Heini die Wahrheit gesagt hatte, fiel sie in Ohnmacht. Die Kohlrabi verbrannten im Topf.

Auf dem Schulhof der Bismarckschule kam es zwischen den Schülern zu Streitigkeiten. In der Klasse des Professor Franke waren einige Söhne von Großbürgern. Sie trugen feine Anzüge aus gutem blauem Marinestoff und wurden von eigenen Autos mit Chauffeur abgeholt. Und es waren da auch die Söhne von Bergleuten, die ein Stipendium hatten.

Der Schulhof war groß, viereckig und öde. Es gab einige Turngeräte und eine Sandkuhle, in der Weitsprung geübt wurde, wenn Turnstunde war.

Fritz Koswolski geriet mit einem Jungen namens Biedermann aneinander. Biedermann gehörte zu den Feinen, die im Auto abgeholt wurden; sein Vater war Zechendirektor. Zwischen den Bergwerkjungen und den Direktorenjungen herrschte Krieg. Es war ein alter Haß, der sich entlud.

Der Sand der Sandkuhle spritzte umher, Kragen wurden ausgerissen, und Tritte in den Hintern gab es als Nachtisch. Als die Glocke schellte, sammelte man sich zerrissen und blutend in der Klasse unter den Augen des Professor Franke, der außer sich war, weil die Psychoanalyse ihm keine Erklärung gab. »Ihr seid ungebildete Rüpel!« schrie er zornig. »Da bemühe ich mich seit Jahr und Tag, gesittete Menschen aus euch zu machen, und das ist nun der Erfolg. Pfui!, sage ich, Pfui und nochmals Pfui!«

Hinterher vertrugen sich die meisten Schüler wieder.

»Habt ihr gehört, wie Franke unter sich gemacht hat …?«

Das war der Schlußpunkt.

Nur Koswolski vertrug sich nicht mit Biedermann.

Die Straße der Bergwerkshäuser war in Aufregung. Die Verhandlung gegen den verhafteten Koswolski, den Vater des Schülers Koswolski, sollte stattfinden. Alle Welt machte sich zum Gerichtsgebäude auf.

»Wir wollen hören«, sagten sie, »was die Schweine gegen Bernhard« (so hieß der alte Koswolski) »zu sagen haben.«

Die Frauen zogen sich ihr Sonntagskleid an, soweit sie noch eins hatten. Die Kochtöpfe wurden den älteren Mädchen anvertraut. Die Tiere bekamen Futter. Einige Familien hatten auch Kaninchen. Die bekamen frisches Gras. Das Gras hatte man im Stadtpark bei Nacht mit dem Sichelmesser abgeschnitten, ganze Säcke voll.

In den Straßen gingen die französischen Patrouillen mit aufgepflanztem Bajonett. Die Offiziere in glänzendem Lederzeug. Ein Trupp zog vorbei, und die Clairons machten ihre lustige Musik.

In den Fenstern mancher Häuser hingen französische Uniformen, da lagen Offiziere in Quartier. Vor dem Gericht stand eine ganze Kolonne mit Gewehr und Stahlhelm. Aber die Bergleute ließen sich nicht einschüchtern.

Es ist schwer, Bergleute einzuschüchtern. Die Soldaten gehen viel in ihrer Uniform spazieren und sind nur selten in Lebensgefahr, aber die Bergleute sind unter der Erde immer in Lebensgefahr. Sie sind eine Fronttruppe im Kampf gegen den Hunger, die nie in Ruhe kommt.

Als die Soldaten die Bergleute mit ihren Frauen herankommen sahen, faßten sie ihre Gewehre fester. Aber die Bergleute sahen gleichgültig und mitleidig auf die Soldaten. Nur die Frauen schimpften, weil eben Frauen nie den Mund halten können. Die Franzosen verstanden Gott sei Dank nicht, was die Frauen sagten.

So kam man unbehelligt in den Gerichtssaal und ließ sich auf den Bänken nieder. Es war ein hoher Saal mit holzverkleideten Wänden, über die preußischen Adler hatten die Franzosen die Trikolore gehängt.

Als die Wachen präsentierten, erschienen drei Herren in Uniform; es stellte sich heraus, daß es die Richter waren. Sie waren es gewohnt, über andere Leute zu Gericht zu sitzen, man sah es ihnen an. Einer von den Richtern hatte einen Klemmer und einen weißen Schnurrbart.

Die Zuhörer wagten es nicht, Bernhard zu begrüßen. Er saß zwischen zwei französischen Soldaten auf der Anklagebank. Sein Gesicht war weiß, die Zähne drückten Entschlossenheit aus.

Der Dolmetscher, ein Herr mit einer Mappe unterm Arm, machte jedesmal, wenn der Angeklagte gesprochen hatte, eine halbe Kehrtwendung (in der deutlich Ergeben-

heit vor den Richtern zum Ausdruck kam) zum Richter-
tisch.

Die ganze Verhandlung dauerte eine Viertelstunde. Als
Zeuge trat der Soldat auf, der Koswolski mit dem Kolben
bearbeitet hatte. Er redete sehr schnell französisch, und die
Zuhörer verstanden nicht ein Wort von dem, was er vor-
brachte.

Alles erhob sich, und der Herr mit dem Klemmer verkün-
dete das Urteil in französischer Sprache. Koswolski verstand
davon ebensowenig wie die Zuschauer. Der Dolmetscher
warf sich in Positur und übersetzte: »Wegen Widerstand gegen die französische Besatzungsgewalt wird der Angeklagte
Koswolski, vierzig Jahre alt, ohne besondere Kennzeichen,
von Beruf Bergmann, zur Zeit ohne Arbeit, zu zwei Jahren
Gefängnis verurteilt …«

Die Arbeiter ballten die Fäuste.

»Mit uns können sie's ja machen …«

»Aus unserer Haut schneiden sie Stücke …«

Der krumme Heini bekam auf der Straße einen Tobsuchts-
anfall.

Die Tochter des Zechendirektors Biedermann hatte ihre
Bildung in einem Schweizer Pensionat erworben. In Lau-
sanne, am Lac de Genève. Sie hieß Renate und liebte außer
ihren Eltern vor allem zwei Gestalten der deutschen Geschichte, Friedrich den Großen und Johann Wolfgang von
Goethe. Goethe liebte sie mehr als Friedrich den Großen,
weil er so schöne Gedichte geschrieben hatte. Es gab eine
Zeit, wo Renate mit Goethes Gedichten aufgewacht war,
tagsüber hatte sie Verse vor sich hingesummt, und im Ein-
schlafen fielen ihr Verse ein.

Mittlerweile aber war sie größer und kräftiger geworden,
und sie bemühte sich, das hinter dem Wald der Lyrik gelegene

Feld der realen Wirklichkeit kennenzulernen. Als Tochter des Direktors Biedermann bot sich ihr dazu allerlei Gelegenheit. Sie reiste und besuchte Bälle und sah sich in der Welt um.

In dem Verein Concordia, der für die obersten Dreihundert der Stadt reserviert war, lernte Renate einen Herrn mit südlichem Teint kennen, der auf sie großen Eindruck machte. Sie übertraf sich an Kühnheit, als sie ihm einmal ein Rendezvous im Stadtpark gab, und nach Beendigung des Rendezvous gefiel ihr der Herr noch um ein wenig besser. Als aber Vater Biedermann von der Neigung seiner Tochter zu besagtem Herrn erfuhr, sagte er: »Schluß! Hier handelt es sich um einen Tagedieb! Dieser Mann ist mittellos, er besitzt keine Fabrik und hat auch sonst keinerlei gute Eigenschaften.«

Renate wäre sehr lange traurig gewesen, wenn nicht die Besatzung angenehme Abwechslung in ihr Dasein gebracht hätte. Biedermanns hatten im Quartier einen französischen Offizier, der den kühnen Namen Gaston de la Haye führte.

Renate und der Chevalier de la Haye saßen im Rauchzimmer der Villa Biedermann und unterhielten sich über Kunst. Beide Parteien, obwohl politisch verzankt, überboten sich an Liebenswürdigkeiten. Renate schäumte vor Glück, daß sie ihre französischen Sprachkenntnisse auffrischen konnte.

»Ah, Paris …« machte Renate.

Chevalier de la Haye hatte es auf die Hand Renatens abgesehen. Erst berührte er sie vorsichtig mit einem Finger, dann ergriff er sie entschlossen und führte sie an den Mund.

»Oh …« sagte Renate. »Sie Böser«, hätte sie gerne hinzugefügt, aber sie kannte die französische Redewendung nicht.

Sie überließ also dem Herrn de la Haye ihre Hand und beschränkte sich darauf, ihm einen halb ärgerlichen, halb seelenvollen Blick zuzuwerfen.

Man sprach dann doch (wie vorauszusehen) über Goethe,

allerdings nur in sehr abgekürzter Weise. De la Haye sagte: »Ah, quel homme, votre Goethe …«

»C'est ça«, sagte Renate.

De la Haye sprach das Wort Goethe wie Go-ättt aus, es konnte auch klingen wie Poet, er meinte aber den Alten von Weimar, den Geheimbden.

»Il est grand comme homme et grand comme artiste«, sagte der Mann, der es jetzt auf mehr als auf die Hand abgesehen hatte.

»C'est ça«, bestätigte Renate.

Auf diese Weise suchten sie in die Geheimnisse der Goetheschen Werke einzudringen. De la Haye ging dabei von der Hand auf den Arm und vom Arm auf die Schulter über, er befand sich im Vormarsch, siegreich, mit seiner ganzen Bagage.

Da geschah etwas Außerordentliches. Der Bursche des Herrn de la Haye trat ein, völlig aufgeregt, ganz außer Rand und Band, ließ die einfachsten Höflichkeiten außer acht, machte sich nichts daraus, seinen Herrn im tête à tête zu überraschen, und schrie: »Alarme! Alarme! Vite! Vite!«

De la Haye erhob sich, murmelte etwas (Renate meinte später, er habe gesagt Quel Peuple!), machte eine steife Verbeugung, wie auf der Bühne, und verschwand.

Bevor wir eine Aufklärung darüber geben, was die Ursache dieser Störung war, wollen wir eine Rede des Professors Schnurrpfeifer wiedergeben, die in der Aula des Bismarck-Gymnasiums bei einer Lehrerkonferenz gehalten wurde. Sie lautete – in Auszügen, unter Weglassung der lateinischen und anderssprachlichen Zitate und Ermahnungen –: »Wir sind diesmal entschlossen, eine Bereinigung der Atmosphäre vorzunehmen, mit allen Kräften, bis zum äußersten. Es müssen im Laufe der Zeit alle Schüler von unserer Bildungsanstalt entfernt werden, die nicht vaterländisch denken. Die Verschwörung, der wir auf die Spur gekommen sind, mag noch keine handgreiflichen Folgen gehabt haben, aber von hier ist es nur ein Schritt bis zur Ausstreuung einer Weltanschauung der Empörung, die die Fundamente unseres staatlichen und persönlichen Seins zerstört. Es sind nicht nur Ohrfeigen und Fußtritte gewesen, die der Schüler Koswolski dem Sohn eines unserer geschätztesten Mitbürger versetzt hat. Auch Ideen können Waffen sein. Es sind mir Äußerungen zu Ohren gekommen, die mich das Schlimmste befürchten lassen. Es besteht kein Zweifel: die Tertia des Kollegen Franke befindet sich in offener Revolte gegen den Geist dessen, den wir als Patron unserer Anstalt verehren. Ich bitte keinen Einspruch, Herr Kollege Franke, Sie haben später das Wort.«

Fünfhundert bis sechshundert Mark im Monat verdienen Oberlehrer in ruhigen Zeiten. Aber auch in unruhigen vergißt sie der Vater Staat nicht, und sie kennen wenig von der Sorge ums tägliche Brot, mit der sich die gewöhnlichen Menschen herumschlagen müssen. So kommt es, daß sie mit Herz und Hand für den gebildeten Übermenschen eintreten.

Es waren Herren zwischen vierzig und fünfzig mit gutsitzenden Anzügen und richtigem Haarschnitt, die über den Bergmannssohn Koswolski zu Gericht saßen. Fast alle hatten sie Frau und Kind, und fast alle machten sie im Sommer eine Erholungsreise in die Schweiz.

Koswolski erhielt das Consilium abeundi.

Das bedeutete, daß er sein Stipendium verlor.

Das bedeutete, daß er keine Aussicht mehr hatte, ein gebildeter Mensch zu werden.

Infolgedessen nahm er seine Bücher und schmiß sie an die Wand.

Und beschloß, etwas anderes zu werden als ein gebildeter Mensch. Er wollte einfach ein Mensch werden. So verrückte Pläne hatte dieser vierzehnjährige Junge!

Die Ursache, die den Herrn de la Haye so unsanft aus dem Rauchzimmer der Biedermanns vertrieben hatte, war folgende: Der Ruf Alarme! Alarme! bedeutete: Zwei französische Offiziere, die Herren Leperrier und Macon, waren in leicht angeheitertem Zustand aus einer Restauration getreten. Sie waren gute französische Patrioten, aber sie liebten auch das deutsche Bier. Und deshalb waren sie ein wenig angeheitert.

Sie übten das, was man als Cameraderie bezeichnet, sie hatten sich umschlungen und waren ohne Rücksicht auf das Publikum bereit, ihre feuchten Schnauzbärte aufeinanderzudrücken.

In diesem Augenblick gab es einen doppelten Knall, und die beiden Herren wälzten sich in ihrem Blute. Hinter dem Busch des Vorgartens auf der gegenüberliegenden Straßenseite hatte ein Mann mit einer Parabellum gesessen. Die Parabellum hatte er abgezogen, und daraufhin waren die französischen Offiziere umgefallen.

»Alarme! Vite! Vite!«

Die ganze Garnison wird aufgescheucht. »Zwei unserer Offiziere von einem Boche getötet! Rache! Vengeance! Vive la France!«

Die ganze Garnison wird aufgescheucht. Es ist gerade Sonntag, ein stiller Sommersonntag, die Einwohner der Stadt machen Weekend, es ist Abend, die ersten Ausflüglerzüge kehren zurück.

Wie heißt es? Wer Gewalt sät, wird Gewalt ernten! Wo gehobelt wird, fliegen Späne!

An diesem lustigen Sommerabend werden sechs Deutsche auf die Bajonette gespießt. Für einen Offizier immer drei Deutsche – eine glatte Rechnung.

Der Freund hieß Franz Becker, er war der Sohn des verstorbenen Bergmanns Franz Becker. Er war vierzehn Jahre alt, genauso alt wie Fritz Koswolski.

»Warum haben sie dich eigentlich rausgeschmissen?« fragte Franz.

»Weil ich nicht so'n feiner Pinkel bin wie die anderen«, sagte Fritz.

Sie saßen in ihrer Erdhöhle vor der Stadt und beschlossen, nie wieder nach Hause zurückzukehren. Sie schworen sich ewige Freundschaft, und zur Bekräftigung machte sich jeder einen kleinen Schnitt in den Arm, und einer trank des anderen Blut.

»Schmeckt komisch, was?« fragte Franz.

Sie wollten ein Jahr lang in der Erdhöhle leben und sich Eßwaren in der Stadt besorgen.

Sie gingen umschichtig stehlen. Einmal Franz, am folgenden Tage Fritz.

Franz machte sich deswegen überhaupt keine Gedanken, er hatte gar keinen Begriff von Eigentum. Fritz sagte, es sei erlaubt, weil sie sonst verhungern würden.

Sie saßen etwa acht Tage in der Erdhöhle, als Franz erhitzt gelaufen kam.

»Ich habe jetzt raus, wie er heißt!«

Fritz schwieg.

»Ich weiß auch, wo er steht«, sagte Franz.

Fritz war damit beschäftigt, Kartoffeln zu schälen. Er hatte ein wunderbares großes Taschenmesser mit einem langen, blanken Griff.

»Ich kann den Namen nicht aussprechen, aber der Mann, von dem ich es weiß, hat es mir aufgeschrieben, hier …«

Fritz ließ das Messer sinken. Zögernd griff er nach dem Papier, das ihm Franz reichte.

Fritz wischte das Messer an seiner Hose ab und legte es

auf den Tisch. Der Tisch bestand aus einigen zurechtgena-
gelten Brettern.

Es war ein dreckiger Fetzen Papier. Die Tinte war aus-
gelaufen, man konnte die beiden Wörter kaum lesen. Es
stand darauf: François Hausman.

Fritz erstarrte, als er den Namen las.

Das war der Mann, der seinen Vater mit dem Kolben
bearbeitet und ins Gefängnis gebracht hatte.

»Er steht Posten an der Halde von Zeche Tannenberg«,
sagte Franz.

Fritz nahm das Messer vom Tisch.

François Hausman war ein Elsässer französischen Geblüts.
Ein Mann von sechsundzwanzig Jahren, mittlerem Ernäh-
rungszustand und zierlichem Knochenbau. Sein Vater hieß
mit Vornamen Matthieu und besaß eine kleine Landwirtschaft, außerdem verkaufte er Wein und Schnaps an die
Bauern und hielt sich für einen erfahrenen Politiker, weil er
einmal in Paris gewesen war.

François war ein harmloser Mensch, er hatte einen kleinen
rötlichen Schnurrbart und liebte es, die Mädchen in die
Oberschenkel zu kneifen. Das war seine Leidenschaft. Dafür
gab er gern seinen ganzen Sold aus. Er war wirklich ein
ausgesprochen harmloser Mensch.

Er stand vor der Halde der Zeche Tannenberg, bereit, auf
alle Menschen zu schießen, die die französische Sperre ohne
ordnungsgemäßen Paß überschreiten wollten. Er hatte neben sich ein Gewehr mit aufgeschraubtem Bajonett, es war
größer als er selbst.

Er stand da und dachte nichts. Er dachte wirklich nichts,
rein gar nichts. Da keine Aussicht bestand, daß er in den
nächsten drei Stunden abgelöst würde, dachte er wirklich
nicht einmal, daß es angenehm wäre, abgelöst zu werden.

Hin und wieder richtete er seinen Blick auf die Halde, wo Menschen damit beschäftigt waren, glühende Schlacken auf den Berg zu kippen. Aber das hatte er nun seit Tagen genau beobachtet, es war immer dasselbe, und es interessierte ihn nicht mehr. Rechts neben ihm war ein Froschtümpel ohne Frösche, mit dreckigem Wasser gefüllt. François Hausman sah hin und wieder in den Froschtümpel. Dann sah er wieder auf die Halde. Dann wieder auf den Froschtümpel.

»Ich habe festgestellt«, sagte Franz, »daß dieser Soldat, der deinen Vater ins Gefängnis gebracht hat, allein vor der Halde steht. Der nächste französische Posten ist erst hinterm Berg ...«

Es war so etwas wie ein Rapport. Er fühlte sich Fritz gegenüber als Untergebener. Immerhin hatte Fritz das Gymnasium besucht und war wegen einer Keilerei mit dem Sohn eines Millionärs von der Schule gejagt worden. Das war eine Sache! Wie gern hätte er selbst einmal den Sohn eines Millionärs in den Hintern getreten, aber so hold würde ihm das Glück wohl nicht sein. Er würde nie Gelegenheit haben, mit Millionärssöhnen zusammenzukommen.

Sie lagen auf dem Bauch im Gras. Man sah den Posten auf zweihundert Schritt Entfernung neben seinem Bajonett stehen.

»Der Wind ist uns günstig«, sagte Franz, »er kann keine Witterung von uns nehmen.«

»Hauptsache ist, daß er uns nicht hört«, sagte Fritz.

Sie waren jetzt auf hundert Schritte herangekommen. François Hausman fühlte gerade, daß er Hunger hatte. Er sah auf die Halde und auf den Froschtümpel.

»Ich werde ihm auf den Rücken springen«, sagte Fritz, »und du gehst ihm in die Beine.«

Franz nickte. Er war begeistert von dem Abenteuer.

Das Gewehr fiel gleich hin, und da Franz seine Pflicht ausgezeichnet tat, fiel auch François Hausman hin. Als er im Gras lag und ängstlich die Augen verdrehte, preßte ihm Franz beide Daumen auf die Gurgel.

Aber dann gewann François Hausman die Oberhand, er war ja schließlich ein ausgewachsener französischer Soldat, und seine Gegner waren zwei Kinder. Er schüttelte Franz ab. Er stieß ihm mit dem Fuß ins Gesicht, so daß Franz nichts mehr sehen konnte.

Aber Fritz hatte diesen gefahrvollen Augenblick vorausgesehen. Blitzschnell zog er das Messer mit dem wunderbaren blanken Griff und stieß es dem Franzosen in die Kehle, ein-, zwei-, drei- und viermal. Das Blut kam in richtigem Springbrunnenstrahl heraus. Es dauerte fast zehn Minuten, bis François Hausman sich nicht mehr rührte.

Doktor med. Hoppe, ein Mann in mittleren Jahren, ist der Arzt des Bergarbeiterviertels. Er ist ein farbloser netter Mensch, er gehört keiner Partei an, die Arbeiter sagen, er wähle SPD. Doktor Hoppe ist nicht verheiratet, er wohnt mit einer Wirtschafterin, die zugleich seine Buchführerin und seine Hilfsschwester ist, in einer Dreizimmerwohnung. Im Wartezimmer stehen vier Plüschsessel, und das »Hörrohr«, eine zerfetzte Zeitschrift, liegt auf dem Tisch.

»Wir wären durch die ganze Krise gut durchgekommen«, sagte Doktor Hoppe zu seiner Wirtschafterin, »aber daß die Franzosen das Ruhrgebiet besetzt haben, hat alles in Unordnung gebracht.«

»Heute morgen auf dem Markt kostete ein Kohlkopf hunderttausend Mark«, sagt die Wirtschafterin, die zugleich Hoppes Geliebte ist.

»Und für eine Tasse Kaffee muß man fünfzigtausend zahlen. Was sind das für Zustände«, sagt Doktor Hoppe.

»Vorhin«, sagte die Wirtschafterin, »haben die Leute von fünfundzwanzig A angeläutet. Sie möchten mal zu der Frau Koswolski kommen.«

Am Tage sagen sie Sie, nach acht Uhr abends sagen sie Du zueinander.

»Ach ja, die Frau Koswolski«, sagte Hoppe, »ich werde hingehen, packen Sie mir meine Mappe, ich vergesse immer diese verdammte Mappe, neulich habe ich sie in der Straßenbahn liegenlassen.«

Hoppe wartet in seinem eigenen Wartezimmer darauf, daß die Hilfsschwester ihm seine Mappe bringt. In der Mappe ist das Stethoskop, der Rezeptblock und eine Spritze für alle Fälle.

Hoppe wundert sich, daß es in seinem Wartezimmer so schlecht riecht, nach alten Anzügen, nach Menschenschweiß und nach weiß Gott was sonst noch. Und dann wundert er sich, daß er sich mit seiner Wirtschafterin eingelassen hat. Und schließlich wundert er sich über sein ganzes Leben.

Als er auf die Straße trat, sah er eine Menge Menschen laufen. Er fragte, was los wäre. Er erhielt keine richtige Antwort, das bedeutete, daß sich etwas Unangenehmes ereignet haben mußte. Er dachte, es sei wieder so etwas wie damals, als erst die Deutschen die Franzosen und dann die Franzosen die Deutschen ermordeten. Es ist immer unangenehm, wenn jemand ermordet wird. Hoppe fühlte das in seinem Innersten, und es war ihm nicht wohl dabei.

So weit ist es nun gekommen, daß ein Mensch den anderen mit Mord und Totschlag verfolgt, dachte er. Eine höchst unangenehme Zeit. Was hatten unsere Eltern für Tage! Das waren glückliche Leute! Damals hatte Wilhelm den Staat fest in der Hand.

Einen Augenblick empfand Hoppe warme Freundschaft für Wilhelm, aber dann sah er zwei rachitische Arbeiterkinder in der Gosse spielen, und da ging eine Verwandlung in ihm vor, bis er wieder bei der SPD angelangt war. Dann schritt er, einigermaßen im Gleichgewicht, frohgemut weiter.

Man sieht von der Straße den Rauch der Zechenschornsteine, und man sieht auch die Fördermaschinen und ihre Räder, die sich drehen, soweit noch Arbeit da ist, und soweit die Franzosen die Fabriken und Zechen in Betrieb gesetzt haben.

Als wieder ein Mensch atemlos vorbeiläuft, fragt Hoppe: »Was ist los?«

Es soll ein Unglück auf Zeche Tannenberg passiert sein, sagt der Mann.

Ein Unglück, denkt er, eine kleine Explosion, vielleicht ein paar Tote, nichts Besonderes. Die Balkanesen, die die Franzosen angeworben haben, wissen eben nicht mit den Grubenlampen umzugehen.

Was die Leute sich da so aufregen, denkt Hoppe. Unglücke geschehen hier mindestens einmal alle acht Tage, auch wenn die Franzosen nicht da sind. Aber das machen die Nerven. Sie haben alle kaputte Nerven, und da hilft nur Promonta, täglich dreimal einen flachen Eßlöffel in Wasser vor dem Essen.

Frau Koswolski ist krank, seitdem ihr Mann im Gefängnis sitzt und Fritz verschwunden ist. Es ist eine merkwürdige Krankheit. Alle Glieder sind heil, und doch ist die Krankheit da. Der Doktor Hoppe nimmt jedes Glied in die Hand, biegt es nach hinten und biegt es wieder gerade.

»Könnten Sie mal 'n bißchen Urin lassen …?« fragt er.

Frau Koswolski weiß gar nicht, wie das alles so schnell gekommen ist. Vor zwei Wochen noch war alles in Ordnung, abgesehen von dem Schwein, das sich nicht wohl fühlte. Nun, mein Gott, diese Schweine sind empfindliche Tiere. Das ist auch kein Grund zur Aufregung. Pißkötters Kaninchen sind alle an einem Tag gestorben. Die Leute haben gesagt, sterben müssen alle, auch die Kaninchen. Und was ist heute? Sie haben wieder einen ganzen Stall voll.

»Sie sollten sich mal 'n bißchen abhärten und vielleicht auch etwas Gymnastik treiben«, sagt Doktor Hoppe zu Frau Koswolski.

Ernest Hemingway

Kriegstouristen*
(1923)

Düsseldorf. – Wandert man durch die Backsteinöden der
Düsseldorfer Außenbezirke in das offene, angenehme Land
hinaus, das sich in grünen, mit Waldgebieten besetzten Wo-
gen zwischen den rauchigen Städten des Ruhrgebiets er-
streckt, begegnet man langsam rollenden französischen Mu-
nitionswagen; kleine, blau uniformierte, verschlossene Chi-
nesen, die Blechhüte auf dem Hinterkopf und die Karabiner
geschultert, lenken die Zugpferde. Französische Kavallerie-
patrouillen reiten vorbei. Zwei breitgesichtige westfälische
Eisenpuddler, die, von der Arbeitslosenunterstützung le-
bend, unter einem Baum sitzen, sehen zu, wie die Kavallerie
um eine Straßenbiegung verschwindet.

Ich bat einen der Hüttenarbeiter um ein Streichholz. Es
sind Westfalen, mit harten Schädeln und harten Muskeln,
rauh und freundlich. Sie wollen auf Schnepfenjagd gehen.
Die Schnepfen sind gerade mit dem Frühling eingetroffen,
aber die beiden haben kein Gewehr. Sie lachen über die
kleinen Indochinesen mit ihren lächerlich großen blauen
Helmen auf den Hinterköpfen, und sie applaudieren einem
kleinen Annamiten, der weit hinter der Kolonne zurück-
geblieben ist und sie im Trab wieder einzuholen versucht; er
hält sein Pferd am Zügel, der Schweiß strömt ihm übers
Gesicht, der Helm wackelt über seinen Augen. Der kleine
Annamite lächelt selig.

Dann fährt mit sechzig Sachen in einer wirbelnden Staubwolke ein französischer Stabswagen vorbei. Neben dem vor-
gekrümmten Fahrer sitzt ein französischer Offizier. Auf

dem Rücksitz erkenne ich zwei Zivilisten, die ihre Hüte im Fahrtwind festhalten, und einen zweiten französischen Offizier. Es handelt sich um eine private Tour ins Ruhrgebiet. Die beiden Zivilisten sind amerikanische Priester, die sich die Ruhrbesetzung ansehen wollen. Die Franzosen führen sie herum.

Private Exkursionen sind im Ruhrgebiet alltäglich. Die beiden Gentlemen im Auto sind dafür typische Beispiele. Sie besorgten sich aus Paris ein Empfehlungsschreiben an General Degoutte. Sie möchten die Ruhrbesetzung gründlich und unvoreingenommen untersuchen, um ihren Kirchen in Amerika Fakten übermitteln zu können. Gewiß, als sie nach Europa kamen, hatten sie nichts dergleichen im Sinn, aber die Ruhr machte Schlagzeilen, und wer bei seiner Rückkehr nach Amerika als Europa-Experte gelten will, muß die Ruhr gesehen haben. Wenn zufällig gerade die Konferenz von Genua stattgefunden hätte, wären sie nach Genua gefahren, und so weiter.

Sie wohnen in Düsseldorf, sie sprechen kaum Französisch und kein Wort Deutsch. Die Franzosen waren sehr freundlich zu ihnen. Man stellte ihnen einen Stabswagen und zwei Offiziere zur Verfügung und sagte, sie könnten überall hinfahren, wohin sie wollten. Aber sie wußten nicht so recht, wo sie hinfahren wollten, und so übernahmen die Franzosen die Führung. Mit sechzig Stundenkilometern schafften sie die Ruhr an einem Nachmittag. Sie sahen hoch aufgetürmte Koksberge, sie sahen große Fabriken, sie bestiegen den Wasserturm und blickten ins Tal.

»Dort«, zeigte ein französischer Offizier, »sind die Stahlwerke von Stinnes, und dort die von Thyssen. Dahinter die von Krupp.«

Am selben Abend sagte einer von ihnen zu mir: »Wir haben alles gesehen, und das sag ich Ihnen gleich, Frankreich ist absolut im Recht. Ich sage Ihnen, so etwas habe ich in meinem ganzen Leben noch nicht gesehen. Solche Zechen und Fabriken habe ich noch nie gesehen. Frankreich hat absolut und eindeutig recht daran getan, das alles zu beschlagnahmen. Und eins verrate ich Ihnen: Die Sache läuft wie am Schnürchen.«

Fast ebenso amüsant wie die privaten Exkursionen ins Ruhrgebiet sind die rivalisierenden französischen und deutschen Pressebüros im Hotel Kaiserhof in Essen. Der französische Presseoffizier ist ein großer blonder Mann und sieht aus wie die Verkörperung der traditionellen Karikatur eines Deutschen. Der deutsche Presseoffizier dagegen, der seine dreißig Minuten Propaganda unmittelbar nach dem französischen Presseoffizier im Kaiserhof zum besten gab, gleicht aufs Haar der Karikatur eines Franzosen: klein, dunkel, konzentriert. Beide Seiten verzerrten großzügig die Tatsachen und verbreiteten falsche Nachrichten.

Sir Percival Phillips von der *Daily Mail* erklärte, nachdem er durch eine französische Meldung, die sich am nächsten Tag als falsch herausstellte, schwer gedemütigt worden war, er werde keine Meldung mehr von einem Pressebüro übernehmen, ohne deren Herkunft genau anzugeben. »Meine Zeitung ist pro-französisch«, sagte er, »aber irgendwann ist sie vielleicht nicht mehr meine Zeitung, und ich muß meinen Ruf als Journalist wahren.«

Die Franzosen besitzen eine natürliche Gabe für Liebe, Krieg, Weinherstellung, Landwirtschaft, Malerei, Schreiben und Kochen. Von der Kriegskunst abgesehen, läßt sich keine dieser Fertigkeiten im Ruhrgebiet sonderlich anwenden. In militärischer Hinsicht wurde die Besetzung bewundernswert durchgeführt. Doch um dieses vom Militär besetzte und abgeschnittene Industriezentrum Deutschlands zu leiten, braucht es Geschäftsgeist. Nichts als Geschäftsgeist.

An dem Zollkordon, der das besetzte vom unbesetzten Deutschland trennen und gewaltige Steuer- und Zolleinnahmen einbringen sollte, bietet sich folgender Anblick: Auf der besetzten Seite der imaginären Trennlinie steht, mit Ketten aneinandergebunden, eine lange Kolonne Lastwagen, hoch beladen mit Paketen und Waren und bedeckt mit Planen, von denen einige fortgeweht sind. Sie stehen dort schon seit Wochen. Die fünf *douaniers* oder Zollbeamten waren zu beschäftigt, alle möglichen Waren abzufangen, als daß sie Zeit gehabt hätten, die bereits beschlagnahmten zu untersuchen. Neben der Abstellspur befindet sich ein riesiges Lagerhaus, das bis an die Decke mit beschlagnahmter Ware vollgestopft ist.

In einem Auto fährt ein dicker Kameramann vor; er macht Propagandaaufnahmen, die den Franzosen zeigen sollen, wie gut die Besetzung funktioniert. Er steigt aus dem Wagen, baut seine Kamera auf und schreit den *douaniers*, die pfeiferauchend an der Schuppenwand gesessen haben, Anweisungen zu. Sie setzen sich in Bewegung. Der Filmmensch nimmt eine lange Reihe von Lastwagen auf, dann klettern die fünf *douaniers* auf fünf Lastwagen und beginnen, Pakete hervorzuziehen, sie reißen sie auf, zerren den Inhalt heraus, machen ein Kreidezeichen auf das Paket und stopfen es in den Lastwagen zurück.

Als er genug gefilmt hat, notiert der Kameramann in sein Buch: »Unsere *douaniers* bei der Arbeit im Ruhrgebiet.« Er schiebt das Buch in seine Tasche, steigt in den Wagen und winkt den schwergeprüften *douaniers* zum Abschied; und die sinken mit ihren Pfeifen wieder an die Schuppenwand.

Ich habe auch gesehen, wie die Verladung von Kohle gefilmt wurde. Derselbe dicke Kameramann. Ein ungeheurer Berg Kohle. Sechs Arbeiter, die sich über die Kohle hermachten. »Bewegt euch«, sagte der Kameramann. »Mehr action.

Ihr seid doch nicht im Streik. Ihr seid bei der Arbeit.« Sie arbeiteten mit Höchstgeschwindigkeit.

»*C'est fini*«, sagte der Kameramann und ließ die Kurbel los.

Die Arbeiter richteten sich auf. Der Filmmensch zog ab. Einer der Arbeiter blickte an dem riesigen Kohlenberg hinauf.

»So ein Schwein. Genau das ist er, dieser Kinofritze.« Sein Kumpel nickte.

Der erste Arbeiter langte nach unten und zog eine Flasche guten französischen Rotweins aus seinem Brotbeutel. Sie nahmen einen langen Schluck.

Der Filmmensch notierte in sein Buch: »Unsere Arbeiter beim Verladen von Kohle im Ruhrgebiet.«

Franz Josef Degenhardt

Die Pianistin
(1973)

Das Jahr 45 kam mit Bomben, Schnee und Frost. Kohlen
gab es nur noch kiloweise, und so hockten die Nachbarn oft
zusammen um einen Herd. Die Gespräche gingen meistens
um große, lange, fette Essen, und Rezepte wurden ersonnen
von Dingen, die es nie gegeben hatte.

Oder man las die Flugblätter. Zentnerweise flogen die aus
den Flugzeugen Tag und Nacht hinter den Bomben her auf
die Straßen und Dächer. Ein Flugblatt zeigte eine Bombe
neben einem Soldaten, und die Bombe war doppelt so hoch
und so dick wie der Soldat, eine Großladungsbombe, eintau-
sendfünfhundert Kilogramm schwer. Die würde Tag und
Nacht auf das Ruhrgebiet fallen. Das Ruhrgebiet wär nämlich
jetzt eine Todeszone. »Dieses Gebiet ist ein Schlachtfeld und
wird es bis zur vollständigen Vernichtung seiner Kriegsindu-
strien bleiben. Was die Frauen und Kinder betrifft, so haben
sie auf einem Schlachtfeld nichts zu suchen. Die deutsche
Zivilbevölkerung wird daher aufgefordert, die Städte dieser
Todeszone zu verlassen«, las Tünnemann vor. Anna Spormann sagte, gut, machen wir ruhig mal Ferien und reisen in
die Schweiz, soll da ja sehr schön sein grad jetzt im Winter.
Es sind unsere Alliierten, sagte Berta Niehus, und den totalen
Krieg haben die Faschisten gewollt, das sollten wir festhalten.
Und trotzdem – das hier atmet den Geist der Feindschaft
gegen Arbeiterklasse und Volk. Die Regierenden, die so
etwas planen und ausführen lassen, sind niemals unsere
Freunde. Herta Ronsdorf sagte, soll mich mal verlangen, was
das wird, wenn sie erst mal hier sind auf der Erde bei uns.

Vielleicht kommen Unsere doch noch, meinte jemand, und sie sprachen so herum, als Lisbeth Krach reinkam und sagte, der Pater Friedrich hätte mal wieder was, müßte jemand verschwinden. Diesmal aber nicht bei uns, sagte Herta Ronsdorf, wir haben Gedöns genug gehabt in den letzten Wochen. Die Schwarzen sollen sich gefälligst selber helfen.

Fänä erzählte Stacho davon, und Stacho meinte, man könnte mit dem Pater vielleicht zusammenarbeiten. Er hätte Mut gezeigt, könnte in seinen Predigten vielleicht sogar die Leute agitieren, man sollte bei ihm nachfragen, worum es ging, aber unauffällig. Die Organisation müßte natürlich im Hintergrund bleiben. Lisbeth Krach sollte spähen und Fänä ihm dann berichten. Inner Predigt agitieren, lachte Zünder böse. Da quasselt der vom bösen Satan und Finsternis. Meint wahrscheinlich damit die Faschisten. Versteht bloß keiner.

Lisbeth Krach hatte eine Idee, die man gut fand. Zünder murrte zwar, aber er ging schon am nächsten Morgen ins Pfarrhaus, sagte dem Pater, seine Mutter wär krank, müßte beichten und so weiter, und nachmittags kam der Pater an.

Zünders Mutter hatte sich in ihr Bett gelegt, Kerze brannte auf dem Nachttisch, die Waschkommode war mit frischem Tischtuch gedeckt, und drauf standen Blumen aus Wachspapier und ein Kreuz. Bißchen wie Weihnachten, dachte Fänä, der mit Zünder in der Küche wartete. Keinen Ton sprach der Pater, hielt seine rechte Hand immer unterm Rock an der Brust. Zünder brachte ihn in die Schlafkammer, und durch die halboffene Tür hörten sie Gemurmel und Beten. Sie hatten Wein auf den Tisch gestellt. Soll er mal Blut draus machen, murmelte Zünder, kann er was erleben. Dann kam der Pater wieder in die Küche, setzte sich, trank ein Glas Wein. Ob sie denn auch schon Wein tränken, fragte er, und Zünder sagte, bloß an Feiertagen wie heute. Und der Pater wieder, dem Clemens ging es ja gut, hätte er gehört von

Lisbeth, ach diese Zeiten, bald würde alles ein Ende finden und so weiter, bis Fänä ihn unterbrach, also was ist denn nun Sache, wer soll versteckt werden? Der Pater trank ein zweites Glas Wein und sagte, eine Pianistin. Was ist das, fragte Fänä. Nun, sagte der Pater, eine Dame die Klavier spielt in großen Sälen vor Publikum. Fänä und Zünder sahen den Pater an, sprachlos. Sie ist in Lebensgefahr, sagte der Pater. Ob die einen Witz gemacht hätte über Goebbels, fragte Zünder böse, und Fänä sagte, nein, sowas können wir nicht unterbringen. Der Pater sagte, sie heißt Rosenkranz. Zünder lief rot an, der Anfang von einem Koller. Auch wenn sie noch so einen katholischen Namen hätte, Weihwasser seinetwegen oder sogar Beichtstuhl, sagte er sehr laut. Aber Fänä hatte verstanden. Er drückte Zünders Arm fest und sagte, er meint, daß sie eine Jüdische ist. Zünder schluckte ein paarmal und sagte dann Achso. Da wo die Dame jetzt haust, in einem Kohlenkeller, kann sie nicht bleiben. Die Leute, die sie verstecken, nun ja, sie haben Angst. In ihrer Nachbarschaft fand man einen Deserteur. Er wurde erschossen, und der Mann, der ihn versteckt hatte, auch. Fänä sagte, das müßte besprochen werden, der Pater würde bald Nachricht kriegen. Es drängt, sagte der Pater, ehe er ging.

Nachts beim Treff im Huck unter den Eisenbahnschwellen gab es fast Streit. Ewald Stumpe sagte, kommt überhaupt nicht in Frage. Sie sollten sich an Frau Hertzmann erinnern, die Frau von dem jüdischen Arzt, die hatten sie damals versteckt, und die hatte durchgedreht. Am hellichten Tag war sie aus Pottmanns Keller und auf die Straße gelaufen, hatte geschrien, Verbrecher, Verbrecher, bringt mich doch um wie meinen Mann. Man hatte zunächst noch das Schlimmste verhüten können, sie an die nächste Adresse gebracht. Aber dann hatte die Hertzmann paar Tage später dasselbe Theater wieder gemacht, und danach war fast der ganze Fluchtring von der Gestapo aufgebrochen worden. Die machte auch Musik, sagte Ewald Stumpe, Geige, das können wir uns jetzt nicht mehr leisten. Der kleine Pottmann wurde wütend. Ob er, Stumpe, meinte, wer jüdisch wär und Musik machte, der wär auch verrückt. Nein, sagte Stumpe, aber ich bin hier für die Sicherheit verantwortlich, und wir haben verdammt genug Ärger im Augenblick. Die Bürgerlichen müßten sich jetzt schon selber helfen, die paar Wochen noch bis Kriegsschluß. Stacho sagte wenig, aber Pjotr stand auf Stumpes Seite. Schließlich meinte Stacho, man müßte sich die Frau einfach vorher mal ansehen, vielleicht wär sie nicht so »zärtlich«. Zart, meint er, sagt der kleine Pottmann. Also, seht sie euch ruhig mal an. Wer, fragte Fänä. Natürlich du, sagte Stumpe, du machst doch auch Musik mit deine Mundorgel da, ist doch ne Kollegin. Alle lachten, und Stacho sagte, eine Frau könnte das am besten abschätzen, also Lisbeth Krach oder besser noch Anna Spormann.

Aber dann mußten doch Fänä und Sugga die Besichtigung vornehmen, weil nämlich der Mann, bei dem das Fräulein Rosenkranz wohnte, zuviel Angst hatte, Erwachsene nicht ins Spiel bringen mochte, wie der Pater sich ausdrückte, und weil der Mann Rektor war vom Gymnasium, Nachhilfestunden gab, also Besuch von Kindern bei ihm nicht weiter auffiel. Ein Buch hatte der Pater mitgebracht, das sollte Fänä mitnehmen, vorzeigen, dann wüßte der Rektor – Halsbeck mit Namen, wohnhaft in der Moltkestraße 10 – Bescheid. Morgen nachmittag zwischen vier und fünf würden sie erwartet.

Auf dem Buchdeckel stand Titi Livi. Sie hockten in Bohrs Stall, Viehmann blätterte in dem Buch herum, versuchte einiges laut zu lesen, warf das Buch dann auf eine Futterkiste. Titi Livi, sagte er, wenn ich sowas schon höre. Er wüßte doch überhaupt nicht, was das auf deutsch bedeutet, sagte Franz, der Obergefreite, das ist eben lateinisch. Titi Livi, sagte Viehmann noch einmal höhnisch, will ich auch überhaupt nicht wissen, reicht schon, Titi Livi. Sowas Dummes wie du, legte Tünnemann los, da nahm Fänä das Buch und spazierte zu Niehus' Eisenbahnwaggon Erster Klasse. Er gab es Tünnemanns Oma, die in ihrem Rollstuhl an ihrem Platz saß, und sagte, da, was soll das bedeuten. Berta Niehus las, Titi Livi, ab urbe condita libri. Das ist Latein, sagte sie. Hätten sie auch schon rausgekriegt, sagte Fänä, aber was das nun hieß. Die Alte setzte sich in Positur und fing an, die Sprache der Römer, klar und logisch gegliedert, so wie Staat und Verwaltung des Imperiums Rom. Tausend Jahre, noch mehr, wurde sie dann von den Herrschenden unter sich in Europa benutzt. Das Volk blieb ausgeschlossen von Herrschaft und ihrer Sprache und so weiter, wie Tünnemanns Oma eben so sprach. Also, fragte Fänä schließlich dazwischen, weisse nun, wie das heißt, oder nicht, auch du nicht? Er guckte Lorenz Fuchs an. Der schüttelte seinen schrägen Kopf. Ich versuche dir doch zu erklären, warum uns, dem Volk, der Zugang zu dieser Sprache verwehrt worden ist, sagte Berta Niehus. Also weisses auch nicht, sagte Fänä, nahm das Buch und ging. Er fragte noch Stacho, wie er denn feststellen sollte, ob sie das Fräulein gebrauchen könnten. Er sollte sie bloß beobachten, Gesicht und wie sie sich benähm, und dann berichten, und Sugga mitnehmen.

So zogen sie los, Fänä und Sugga, und Fänä hatte das Buch in eine Zeitung eingeschlagen, weil er die Leute im Viertel kannte. Da gehen Fänä und seine Ische, würden sie sagen, feingemacht, und haben ein Buch dabei. Ein Buch über Tittis. Sie mußten an Meurischs Mauer vorbei, als sie losgingen, und Viehmann sang, »Quinta Quarta Oberschülers Marta, kriegt ein Titti, Tittirittittitti, das darf sie nicht verraten, von einem Flaksoldaten«, ließ sich aber sofort nach rückwärts hinter die Mauer fallen, als er Fänäs Gesicht sah.

In der Moltkestraße gab es lauter kleine Villen. Vor Nummer 10 kläffte ein Köter im Käfig. Eine Frau mit Häubchen öffnete die Tür und rief dem Hund zu, ist ja gut, mein Stromer, zu Fänä und Sugga, ihr wollt sicher zum Herrn Rektor, kommt herein.

Teppiche schon im Flur, Bilder an den Wänden, alles sehr hell, die Frau klopfte an eine Tür. Herein, rief ein Mann, und dann standen sie vor Rektor Halsbeck, einem großen Breiten mit dichtem Haar.

Das Zimmer war mit Büchern vollgepackt, paar Stühle standen vor einem Schreibtisch, daneben stand eine Tafel und an der Wand hing ein Hitlerbild. Nun, fragte Halsbeck, ihr wollt zu mir, was gibt es?

Fänä gab dem Mann das Buch. Aha, sagte Halsbeck, winkte der Frau mit dem Häubchen zu, die schloß die Tür. Nehmt Platz, sagte er zu den beiden und setzte sich selbst hinter den Schreibtisch. In welcher Klasse sie wären, fragte er. Arbeiterklasse, sagte Sugga, und Fänä sagte, wir wollen das Fräulein sehen. Der Rektor war aufgeregt. Warum zwei kämen, flüsterte er, ausdrücklich hätte er nur einen Schüler gewünscht. Ob sie sich überhaupt im klaren seien, worum es hier ging und so weiter. Fänä stand auf. Also, können wir jetzt das Fräulein sehen oder nicht, sagte er. Halsbeck wollte losbrüllen, schwieg aber, stand auf. Ihr bleibt hier, flüsterte er und verließ das Zimmer.

Kerl wie 'n Baum und die Hosen voll, sagte Sugga. Der Rektor kam zurück. Ich darf noch einmal ausdrücklich darauf hinweisen, daß es sich um eine Angelegenheit handelt, die äußerste Verschwiegenheit erfordert, ist das klar, flüsterte er. Nee, sagte Sugga, sowas. Halsbeck sah aus, als ob er Wut und Angst zugleich hätte. Folgt mir, flüsterte er dann, und sie gingen hinter dem Rektor her, die Kellertreppe hinunter, an Lattentüren vorbei. Er schloß eine Eisentür auf, dahinter lagen Kohlen, mehr als sie alle zusammen im Viertel hatten, sie mußten sich an den Kohlen vorbeidrücken, kamen an eine zweite Tür, die wurde wieder aufgeschlossen, und dann standen sie in einem Verschlag zweimal drei Meter, der beleuchtet wurde von einer blauen Deckenbirne.

Auf einer Pritsche lag unter Decken eine Person und schnarchte. Halsbeck rüttelte die Person wach, die stand mit einem Ruck auf und war fast so groß wie Halsbeck und sagte, was gibt es schon wieder. Hier sind deine nächsten Helfer, Gertrude, sagte der Rektor. Die Frau sah auf Fänä und Sugga, lachte und sagte, so, jetzt sind also Kinder dran. Gertrude, ich bitte dich, sagte Halsbeck. Ach was, sagte die Frau, du bist ein erbärmlicher Feigling, der seine Verantwortung auch noch auf Kinder abschiebt. Ihr, sagte sie zu Fänä und Sugga, geht mal schnell wieder heim und vergeßt, was ihr hier gesehen habt.

Die ist doch ganz gut, sagte Sugga zu Fänä. Ob sie Fräulein Rosenkranz wär, fragte Fänä. Was willst du, fragte sie. Sie rausholen aus dem Verschlag, sagte Fänä. Gertrude Rosenkranz setzte sich auf die Pritsche, drehte sich eine Zigarette. Ihr, fragte sie, wollt mich hier rausholen? Wir und andere, sagte Fänä. Wer dahintersteckte. Der Pater Friedrich, sagte Fänä. Gertrude Rosenkranz zog unter der Decke auf der Pritsche weg eine Nullacht. Dies hier, sagte sie, kann ich ziemlich gut bedienen, und wenn was schiefgeht, wird sie sprechen. Dabei streichelte sie die große Pistole. Wohin also wollt ihr mich bringen? Wir kommen wieder, sagte Fänä.

Unterwegs sagte er, die ist wirklich gut. Das meinten die anderen auch, als Fänä berichtete. Überhaupt nicht zärtlich, sagte der kleine Pottmann, und man beschloß, die »Klaviertante«, wie Stumpe sie nannte, in der Erlenhöhle einzuquartieren. Lisbeth Krach mußte dem Pater erklären, daß Fänä die Pianistin in der übernächsten Nacht bei Fliegeralarm abholen würde. Als Mutter und Kind zum Luftschutzkeller würden sie dann durch die Straßen eilen.

In dem Zimmer, das er schon kannte, brannte nur eine Schreibtischlampe, als Fänä ankam. Auf einem Stuhl saß Gertrude Rosenkranz und hinter dem Schreibtisch der Rektor. Die beiden sprachen leise und wütend. Es ging um Geld, das die Pianistin dem Rektor gegeben hatte und jetzt zurückhaben wollte. Sie nannte ihn Feigling, Betrüger, der sich bereichern wollte an Leuten in Not. Er beschimpfte sie ungerecht, und sie habe ihn und seine Familie genug gefährdet. Im übrigen könnte er ihr das Geld nicht zurückgeben, hätte es gar nicht mehr, sie, Gertrude Rosenkranz, habe ja auch ein halbes Jahr bei ihm gelebt. Gelebt wär gut, sagte sie, nicht mal zum Klo habe er sie gelassen, in Töpfe hätte sie machen müssen. Und das alles für dreißigtausend Mark. Du bist ein Bandit. Halsbeck sprang auf, nun wär aber Schluß. Die Rosenkranz stellte sich auch, sie standen sich gegenüber, hatten zwischen sich nur den Schreibtisch. Diese Chuzpe, das ist unsagbar, ich erwarte nicht mal ein Wort des Dankes, aber … Gertrude Rosenkranz griff mit beiden Händen über den Schreibtisch, bekam den Mann aber nicht zu fassen. Er war zurückgewichen bis ans Fenster. Wir haben dich genährt und gekleidet, auf Schule und Universität geschickt, hast gelebt wie ein Sohn bei uns, sagte sie scharf, aber ruhig. Auch der Rektor wollte was sagen, aber in dem Augenblick heulten die Sirenen auf Vollalarm. Los, sagte Fänä. Gertrude Rosenkranz knüpfte ein Tuch um den Kopf, packte Fänä am Arm. Ja, sagte sie, komm, hielt aber noch einmal an, ging an das hohe Regal mit den Büchern, faßte mit beiden Händen daran, riß, und sämtliche Bücher und das Gestell fielen und brachen zu Boden. Das ist nur der Vorgeschmack, sagte sie, ich komme zurück, du Bandit.

Dann liefen sie beide zur Haustür, horchten in die brummende Luft, zogen los, Hand in Hand, und Gertrude Rosenkranz trug einen Koffer. Die Flak am Südhang ballerte los, als sie ans untere Ende der Oberstadt kamen. Leere Straßen, alle saßen schon in den Luftschutzkellern und Bunkern. Und als sie, jetzt laufend, in die Hauptstraße einbogen, sahen sie auf der Straßenmitte drei Leute, erkannten Helme und helle Knöpfe: die Streife. Ausweichen konnten sie nicht. Sie gingen langsam. Gertrude Rosenkranz ließ Fänäs Hand los, faßte in ihre Manteltasche. Lauf weg, sagte sie. Die Männer waren höchstens noch vierzig Meter von ihnen entfernt. Ruhe, sagte Fänä, erst bei Festnahme schießen, und ich schieß zuerst. Die Pianistin blieb stehen, sah ihn an, und Fänä kam es so vor, als ob sie lachte. Ruhig weitergehen, sagte er, blieb drei Schritte hinter der großen Frau, entsicherte in der Manteltasche die siebenfünfundsechzig Walther. Auf die konnte er sich verlassen, damit traf er auf dreißig Meter Latten und Steine da, wo er wollte. Er war ganz ruhig, dachte nur, jetzt muß ich wohl einen umlegen, zum ersten Mal.

Aber dann schrie der Streifenleiter, was lauft ihr denn hier noch rum. Los, in den nächsten Keller, und schnell. Fänä faßte Gertrude Rosenkranz wieder an, die beiden rannten über die Straße und in das Haus, auf das der Mann zeigte, und in den Luftschutzkeller, klemmten sich zwischen Leute, und die wollten wissen, woher sie kämen, aber die ersten Einschläge kamen, von weitem, dann näher und schneller, ein Teppich. Christbäume fehlten draußen am Himmel, und daher wußte Fänä, daß auf die Stadt kein Angriff geflogen wurde. Da schmiß einer einfach ab aus Angst vor Flak, aber die Leute im Keller schrien und warfen sich auf den Boden, lagen über- und nebeneinander. Das Licht ging aus, und der Luftdruck schüttelte sie. Jemand rief Jesuserrettemichjesuserrettemichjesuserrettemichjesuserrettemich, andere fielen in dieses Kreischen ein, und das dauerte an, als draußen längst wieder Ruhe war und Kerzen im Keller brannten.

Die beiden waren sitzen geblieben, grinsten sich an, schliefen ein bißchen und mußten fast fünf Stunden warten bis zur Entwarnung. Dann zogen sie mit den anderen auf die Straße und mit den Leuten, die aus den Bunkern und Kellern kamen und zu ihren Wohnungen eilten mit Koffern und Bündeln, und die beiden fielen dazwischen nicht auf, kamen ins Viertel und schlichen durch Hinterhöfe und Gärten zum Bahndamm in Niehus' Eisenbahnwaggon Erster Klasse.

Tünnemann goß Gläser voll mit Schabau, sie tranken, und Gertrude Rosenkranz berichtete knapp von sich. Stammte aus einer rheinischen Kaufmannsfamilie, hatte den gelben Stern tragen müssen, vor dem Abtransport konnte sie fliehen und war seitdem – Sommer 39 – auf Flucht vor den Faschisten. Sie hatte in Dachstuben, Scheunen und Kellern, Gartenlauben und Ställen gewohnt. Paarmal wär sie fast über die Grenze nach Westen entkommen, als das noch möglich gewesen war. Im letzten Augenblick ging aber immer irgendwas schief. Später, sagte sie, wollte ich mich auch ein paarmal erschießen.

Sie sei Pianistin, wie man gehört habe, fragte Tünnemanns Oma. Gertrude Rosenkranz nickte, besah ihre Hände und sagte, das war einmal, zog die Nullacht aus der Tasche, strich über den Lauf. Dies ist mein Instrument seit Jahren, sagte sie. Berta Niehus sah ihr zu, machte ihr Habichtsgesicht, aber schwieg. Und Fänä erinnerte sich an die gleiche Geste im Kellerverschlag bei Halsbeck, er dachte, ob sie nicht doch bißchen verrückt ist? Berta Niehus erzählte kurz das Notwendige über sich und die anderen, und Gertrude Rosenkranz sagte nachher, so sind wir ja Leidensgefährten. Nein, sagte Berta Niehus, und sie traf wie so oft das richtige Wort, wir sind Kampfgefährten. Gertrude Rosenkranz lachte und sagte, so ist es recht.

7.

RUHR.SAGE

Jürgen von Manger

Die Entstehung des Ruhrgebiets
(1966)

Is doch schön, wenn man in sein'n Vaterland nicht nur so rumwohnt, sondern wenn man auch mal erfährt, wie es alles gekommen ist, diese ganze geschichtliche Sachen. Denn der Mensch wäre ja ohne die Leute von früher gar nicht möglich, weil es immer weitergeht, im Leben. Und wenn einer mainzwegen am 17. Juni ein Ausflug macht zum Teutoburger Wald, ist es natürlich gut, wenn er über diesen Arminius dem Scheruskerfürsten, dann bißchen wat Bescheid weiß und stolz sein kann, daß der das Vaterland schon damals aus die römische Fangarme befreit hat.

Neuerdings weiß ich sogar über das Ruhrgebiet, mein Heimatland, schön Bescheid, weil ich in einem Bildungskurs bin, wo der Assessor Sülzkötter ein'n dat alles erklärt.

Vom Personalrat aus ham die uns da zu fünf Mann hoch inne Volkshochschule delegiert. Und wie gesagt, der Assessor Sülzkötter vom Mädchengymnasium, der bringt jetzt diese ganze Geschichte der Menschheit ... erzählt er, wat alles passiert is, im Lauf der Jahre.

Aber das is vielleicht intressant! Zum Beispiel sagt er: Deutschland – ... oder nä, nicht nur ... sondern auch drumherum ... woll'n ma sagen, die ganze Welt – dat wär einmal in eisgrauer Vorzeit wär dat alles nur Gas gewesen und Nebel ... wohl noch so paar Spiralen inne Luft – aber sonst nix!

Und wär Tausende von Jahre sonst nix gewesen, nur diese Sachen. Aber dann hätte sich allmählich doch auch die ganze Lebewelt entwickelt ... das Reich der Pflanzen ... und die Tiere wären meistens einfach aus'm Meer gekrochen.

225

Damals gab es ja zwischendurch immer eine sogenannte Eiszeit. Und die Tiere – die sind doch nicht dumm – auf die Dauer wolltense wohl im Wasser nicht immer wieder diese Kälte erdulden, und deshalb wären sie auf'm Land rauf. Dann wär das da wieder viele, viele Jahre bedeckt gewesen nur mit so ausländische Schachtelpalmen ... die ganzen Dinosaurier wären hin und her gepest ... diese Sachen.

Aber eines Tages, wie kein Mensch damit rechnete, wären auf einmal Adam und Eva auch schön mit rumgehüppt. Und die ham ja dann diese berühmte Angelegenheit da ... mit ihr'n Apfel ... is ja bekannt als ein schlimmer Fehltritt. Ja, aber dadurch haben sie sich wohl bevölkert, und sagt der Sülzkötter, die hätten dann das Menschengeschlecht über den Erdkreis ... äh ... also weiß ich auch nicht ... jedenfalls das Menschengeschlecht – daß da immer mehr von kamen.

Und jetzt war er am Erzählen: erst von die Pharaonen ... dann über Alexander, dem Perserkönig, daß der im Fluß ertrunken is, weil's den Tag grad so heiß war. Oder von die Seeschlacht bei Salamis, wie der Marathonläufer, dieser Nurmi, vierzig Kilometer gerannt is, daß er mal eben Bescheid sagt, wie der Kampf gewesen wär.

Wir sind jetzt schon nach Christi Geburt in'n Jahre 451. Wissense, wat da los war? – *Die Schlacht auf die katalaunische Gefilden!* »Osten prallt erstmals auf'm Abendland!« Die Sage berichtet sogar, drei Tage hätten die Geister der Erschlagenen noch inne Luft gekämpft. Davon kann man sich vorstellen, wat die aber schwer Wut im Bauch hatten. Sagt der Sülzkötter, eines Tages wären die Hunnen aus die Steppe ausgebrochen ... so auf ihre struppige Pferde ... und denn hattense immer Gehacktes unterm Sattel – dadurch waren die Brüder so stark! Das hat man ja heute auch noch bei Metzger, wenn die viel rohes Fleisch essen, daß sie dadurch anständig Mucki inne Arme kriegen. Jedenfalls war das

Abendland diese Kollegen damals ganz schön ausgeliefert. Aber der Karl Martell der hätt'se dann auf seine »Katalaunische Gefilde« aber ganz schön auf't Kreuz gelegt ... da hattense aber nich mit gerechnet!

Attila, der Hunnenkönig, mußte sich dann auf seine Holzburg an der Theiß zurückziehn, und ging das da später mit diese bekannte Kriemhildsage weiter.

Na ja, weil wir aber doch grade vom Ruhrgebiet erzählen, da sagt der Sülzkötter, in diese ganze Zeiten wär dat in unsern Vaterlande alles nur Wälder gewesen ... äh ... schon mal paar alte Germanen dazwischen, dat is klar ... aber sonst nix, nur das grüne Laubdach der Wälder.

Und diese Wälder wären dann eines Tages alle aus Kohle gewesen – Augenblick, daß ich jetzt nix verkehrt mache! – ja – nä, stimmt aber, nicht wahr, de Wälder wurden alle aus Kohle, bis auf de siebte Sohle – und dadurch war das dann auf einmal unser Ruhrgebiet!!!

Sicher, Kohle gibt es nicht überall, anderswo hat man andere Bodenschätze ... schon mal Salz, so Sachen. Dat is nich ganz so alt ... aber auch noch schön schlimm. Neulich stand sogar in der Zeitung, die hätten eine Bakterie gefunden im Salz, die war 230 Millionen Jahre alt. Dat muß man sich mal vorstellen! Und hättense die so rausgeprockelt und in eine Flüssigkeit rein – daß sie da richtig wieder am Krabbeln kam. So ein Ding!

Nun ham wir zu Hause überlegt, mit die Oma, wat wohl schöner is, eine Bakterie sein, mit so eine lange Laufzeit – 230 Millionen! – oder ein Mensch mit nur 70 Jahre ... oder wenn es köstlich gewesen ist: achtzig!

Ja, stellense sich vor, man hätte als Mensch die freie Auswahl, wat man ab jetzt für'n Tier sein will. Da wär dann eine Liste ... irgendwie von oben käm die runtergelassen ... und auf der ständ dat alles drauf: je kleiner das Tier – je mehr hat's dafür eine längere Laufzeit, damit sich das ausgleicht. Wenn beispielsweise ein Mensch nicht so anspruchsvoll ist, der sagt: »Ach, is egal, ich geh auch schon mal in'n Tümpel.« Da kann er dann Kaulquappe werden oder Pantoffeltierchen … sicher, is dunkel da unten, nicht viel los – aber dafür kann er dann eine Riesenlaufzeit abklappern, ne halbe Million Jahre!

Ein anderer hat wieder mehr Ansprüche, will höher hinaus im Leben, auch bißchen wat vonne Welt sehen, der wählt mainzwegen Giraffe. Is klar, da hat er von oben immer diesen herrlichen Rundblick, aber – nur fünfhundert Jahre lang.

Sehnse, so wär das alles ganz gerecht verteilt, mit Vorteile und Nachteile. Ein Spatz kriegt mehr Laufzeit wie'n Adler, weil der Adler hat ja als Ausgleich soviel andere Sachen … der is ja schon beinah 'n Flugzeug!

Oder ne Mücke kriegt natürlich mehr Laufzeit wie'n Elefant, obwohl Sie nich denken dürfen, dat ging alles nur nach die Größe. Mann oh Mann, dann wollte ja kein Mensch mehr Elefant werden, weil der hätte dann ja nur die Lebensdauer von eine heutige Eintagsfliege.

Wahrscheinlich werden alle Tiere auch umkonstruiert. Vögel kriegen Kunststoff-Flügel … vielleicht so Bakelite-Köppe … und ganz andere Scharniere, weil die dann doch viel länger halten müssen. Ja, dat hab ich beinah vergessen zu sagen: die *Laufzeit* wird einem nämlich fest garantiert!

Also ist auch nicht mehr möglich, daß ein Mensch so'n Wurm tottreten möchte. Dann hat der Wurm 'n Ausweis inne Tasche und sagt: »Hier, bitteschön – nix zu machen!«

Oder wenn die Katze wie bisher ein'n Spatz auffressen will, sagt der: »Nä, jetzt machen Sie aber kein Blödsinn, ich lauf doch noch unter Garantie!!« Ja, kannse nix machen, die Katze, muß sie sehn, daß sie jetzt vegetarisch … da nur noch diese fleischlose Sachen … ihr'n Küchenzettel mit fristet.

Unser Oma hat schon ihren Antrag am Laufen – auf Kuh.

Wissense, die stammt aus'n Münsterland von ein Bauernhof weg, und da hatte sie wohl in ihre Jugend mal so'n Krösken gehabt, mit den Großknecht. Wir nehmen an – genau weiß man dat ja nie bei so alte Damen – ... sie hofft wahrscheinlich, daß sie als Kuh wieder auf denselben Hof käm und daß das dann da vielleicht schön weiterginge wie damals.

Ich persönlich hab wat anderes vor. Ich hab mir sagen lassen, Geheimtip wär »Ameise«. Wat besseres kann man sich doch auch gar nicht vorstellen, die sind ja ganz menschlich, haben im Wald Hochhäuser, Stadtverwaltungen, alles. Dann leben sie immer in diese ozonfreie Luft. Und laut Liste hätten sie sogar 100 000 Jahre Laufzeit.

Nun stellen Sie sich mal vor, wat man da vielleicht für'n tolles Geschäft machen kann. Angenommen, die Ameise verschläft von ihre 100 000 Jahre de Hälfte, das wären dann 50 000. Jetzt müßte man noch wissen, ob Ameisen auch *träumen* – könnte man ja mal diesen Dr. Grinzmek fragen, mit sein'n Affe auf de Schulter. Ja, wat einer dann aber für'n Schnitt machen kann: anstatt Mensch tät man Ameise werden, und als Ameise könnte man dann 50 000 Jahre lang träumen, man wär ein Mensch – Junge, Junge, dat wär doch *das* Geschäft des Lebens!

Merken Sie, wat man da für'n Reibach macht?

Mein lieber Scholli, ich kann Ihnen sagen ...

Dirk Sondermann

Schweinehirt Jörgen entdeckt die Kohle
(1991)

Es war an einem Winterabend, vor langer, langer Zeit. Jörgen hatte den ganzen Tag über Schweine gehütet und wollte nun eine Kuhle graben, um darin Brennholz zu entzünden, denn bei dieser lausigen Kälte waren ein Feuer und eine warme Mahlzeit genau das Richtige, um sich wieder wohlzufühlen. Gerade als Jörgen die Feuerstelle auszuheben begann, sah er, daß eines der Schweine schon ein Loch gewühlt hatte: »Warum dann noch graben?« dachte er und entzündete dort sein zuvor gesammeltes Holz. Nach der Mahlzeit kroch er neben dem Feuer unter seine Decke und schlief ein. Als Jörgen am Morgen erwachte, staunte er nicht wenig; zwar brannte das Feuer nicht mehr, aber die schwarzen Steine, auf denen er das Feuer am Abend zuvor entzündet hatte, glühten und funkelten in den schönsten Farben und gaben Wärme ab. Er konnte es kaum fassen und hielt diese seltsamen schwarzen Steine für verhexte Zaubersteine; daher verließ er mit seiner Herde eilig diesen unheimlichen Ort. Am nächsten Tag jedoch geschah das gleiche, wieder entfachte er in einer von Schweinen vorgegrabenen Kuhle ein Feuer, wieder lagen dort diese seltsamen schwarzen Steine und wieder glühten sie, als er morgens erwachte. Doch nun war unser Hirte nicht mehr so ängstlich, nahm ein paar dieser Steine mit ins Dorf und berichtete den staunenden Leuten von seiner großartigen Entdeckung. Diese wollten nun ebenfalls solche Wundersteine besitzen, und Jörgen zeigte ihnen die Stellen, wo sie zu finden waren. Die einen sammelten die Steine vom Erdboden auf, und die anderen gruben in Löchern nach ihnen.

Zuhause angelangt, erfreuten sich die eifrigen »Bergleute« an den wärmenden Zaubersteinen, mit denen sie vortrefflich heizen konnten.

Zuvor hatten die Leute Holz zum Kochen verwendet, aber der neue Brennstoff gab viel mehr Wärme ab und war hart wie Stein, deshalb nannten sie ihn »Steinkohle«.

Eines Tages ging die Botschaft durch das Land, daß die wunderschöne Königstochter den Mann zum Bräutigam nehmen wolle, der ihr die schönsten Edelsteine bringe. Davon hörte auch der Schweinehirt und beschloß, das Herz der Schönen für sich zu gewinnen. Er füllte einige Kohlestücke in einen Beutel und machte sich auf den langen Weg zum prächtigen Königsschloß. Nach tagelanger Wanderung erreichte der Hirte endlich sein Ziel und begehrte bei den Palastwachen Einlaß. Auf die Frage, was er wolle, antwortete er nur: »Die Hand der Königstochter!« Die Wachen lachten ihn aus, sie schlugen sich auf die Schenkel und zeigten mit den Fingern auf den in schmutziger und zerrissener Kleidung vor ihnen stehenden Schweinehirten. Um noch mehr Anlaß zur Belustigung zu erhalten, ließen die Wachen den Hirten zum Schloß hinein.

Er ging auch gleich in den prächtigen Thronsaal und sah, daß schon viele Grafen, Herzöge und junge Prinzen in schmuckvollster Kleidung und mit den kostbarsten Edelsteinen in der Hand in einer langen Reihe darauf warteten, einer nach dem anderen seine Gaben vor der schönen Prinzessin ausbreiten zu können. Endlich kam auch der junge Schweinehirt an die Reihe und stand nun schmutzig und zerlumpt mit seinen schwarzen Kohlen in der Hand vor der Prinzessin. Bei diesem Anblick schrie sie laut auf und sagte: »Was willst du denn hier, du hast dich wohl verirrt, nach Edelsteinen steht mir der Sinn!« »Warte einmal ab!« sagte der Hirt und legte die schwarzen Steine ins Feuer, wo sie bald in den herrlichsten Farben, in Rot, Gelb, Blau und Orange aufleuchteten und eine angenehme Wärme verbreiteten. Die Prinzessin schaute diesem Schauspiel erstaunt zu, denn so etwas Wunderbares hatte sie noch nie gesehen.

»Diese schwarzen Diamanten sind wirklich die allerschönsten Edelsteine!« sagte die Königstochter.

Einige Wochen später heirateten Prinzessin und Schweinehirt, ein großes Fest wurde gefeiert, und beide lebten lange Jahre glücklich und zufrieden miteinander zusammen.

Gerhard Löbker

Der heilige Ludgerus*
(1883)

Als der h. Ludgerus im Dorfe Billerbeck verstorben war, wurden seine Gebeine nach der Stadt Münster gebracht und dort begraben. Allein sein Leib konnte hier nicht verwesen, und jeden Morgen stand die Todtenlade oben auf dem Grabe, und eine Stimme rief aus diesem: hier wolle er nicht begraben sein! Da grub man den Leichnam aus der Erde, legte ihn wieder in den Sarg und stellte ihn auf einen Wagen. Vor den Wagen spannte man zwei Ochsen, und ließ diese hingehen, wohin sie wollten. Und die Thiere sezten sich in Bewegung und zogen den Leib des heiligen Mannes bis vor die Kirchthüre zu *Werden*. Hier blieben sie stehen, und keine Gewalt konnte sie weiter treiben. Da erkannte man, daß der Heilige hier, wo er das Kloster erbaut hatte, und dessen erster Abt er gewesen war, wolle begraben sein. Und man gab auf der Stelle, wo die Ochsen stille standen, seine Gebeine der Erde, und sie lagen nun ruhig und liegen noch da.

Ferdinand Freiligrath

Freistuhl zu Dortmund
(um 1840)

Stock, Stein, Gras, Grein.
Losung der Vehme.

Dies sind die Linden; beide morsch und alt!
Rechts die zerbarst: – sie klafft mit jähem Spalt
Auf von der Wurzel bis zur Splitterhaube.
Weit aber greift sie mit den Aesten aus;
Fast wie die Schwester prangt sie grün und kraus,
Und schmückt die Stirn mit frühlingsfrischem Laube.

Dies ist der Tisch; – hart unter'm Lindenpaar
Erhebt er sich; – du kannst des Reiches Aar
Zur Stunde noch auf seiner Platte schauen.
Der Stadt des Reiches flog sein Adler vor;
Hier auf dem Tische, dort auch über'm Thor,
Und in den Kirchen weist er seine Klauen.

Ein todt Gethier! – Der Welschland überflog,
Um Syriens Palmen kühne Kreise zog,
Das heil'ge Grab und Golgatha beschirmte,
Der mit dem Wappenleu'n Castilia's
Auf Einem Deck, auf Einer Flagge saß,
Und durch die Wälder der Kaziken stürmte: –

234

Die Zeit erlegt' ihn! – Steine sind sein Pfühl!
Wer weckt des Kaisers trotzig Federspiel?
Im Steine träumt es, wie der Falk im Ringe. –
Sein Träumen aber? – Schlachtfeld und Gelag,
Blutbann und Blut: – auf diesem Tische lag
Das nackte Schwert einst und die Weidenschlinge.

O, träume zu! – Der Wandrer stört dich nicht!
Und doch – auch Er will hegen ein Gericht!
Er weiß das Wort; er ist befugt, zu schlichten!
Ein neuer Freigraf tritt er kühn heran;
Sein Auge blitzt: – in rother Erde Bann
Die rothe Erde selber will er richten!

Sein eigner Frohne schritt er durch das Land!
Er that den Schlag an jede Trümmerwand,
Er hieb den Span aus jeder Thurmespforte,
In Burg und Kloster flog sein Ladungsbrief,
Um Mitternacht zu dreien Malen rief
Auf jedem Kreuzweg dräuend er die Worte:

»Horch auf! – Die Ladung! – Du verschrie'ner Strich,
Land meiner Väter, ich berufe dich!
Keck vor dem Stuhle laß dein Banner strahlen!
Wie Forst und Strom und frischgepflügtes Land
Dreifarbig schimmern lassen dein Gewand,
Grün, weiß und schwarz – so stelle dich, Westphalen!

Du bist vervehmt, es ruht auf dir die Acht,
Es hat das Reich dich in Gerücht gebracht!
Begegn' ihm stolz! was schlummerst du am Heerde?
Die Rüger harren – rings die Lande sind's!
Sie rufen laut: das Fohlen Wittekinds,
Ein Schlachtroß weiland, sank zum Ackerpferde!

Nicht schallt sein Wiehern wild mehr im Gefecht;
Nicht zäumen Freiherr mehr und Edelknecht
Sein trotzig Haupt zu ritterlichem Stechen.
Sein Aug' ist glanzlos, und sein Mund ist stumm;
Auf öden Haiden treibt es sich herum,
Und weidet träg an namenlosen Bächen.

Auf seinem Nacken herrscht ein rauher Stamm;
Er treibt es ab auf steiler Berge Kamm,
Er läßt es träumend über Moore schwanken,
Zahm und geduldig schirrt er's vor den Pflug;
Des gelben Haarrauchs dunstig Nebeltuch
Umweht als Decke flatternd seine Flanken.

Wo sich der Thorweg hebt, von Rauch gebräunt,
Vom grünen Eichkamp sassisch noch umzäunt;
Wo des Gehöftes Halmendächer ragen;
Wo, von dem Kranz der Pilgerin umweht,
Der Schrein des Heil'gen dicht am Wege steht;
Da lebt es dumpf, und hat verlernt das Schlagen! –

Kannst du es hören? – In den Klageruf,
Der dich befehdet, donnert nicht dein Huf? –
O, jag' heran, laß deine Mähne fliegen!
Mit deinen Eideshelfern: Berg und Fluß,
Tritt vor den Richter, der dich richten muß,
Und übersieb'ne deiner Feinde Rügen!

In ihr Geschelt und in ihr lautes Drohn
Mische des Feldbachs und der Quelle Ton,
Die um das Eisen deiner Hufe lecken!
Wirf ab die Hülle – deiner Thale Duft!
Laß deine Berge steigen in die Luft,
Wie Zeugenfinger, die zum Schwur sich recken!

Laß deine Wälder flüsternd dich umwehn,
Laß deine Klippen dir zur Seite stehn,
Laß deine Burgen sich in's Stromthal neigen!
Laß deiner Dome farb'ge Scheiben glühn,
Laß deiner Gilden alte Pfeile sprühn –
All' deine Helfer, laß sie nahn und zeugen!

Mein Ruf gilt allen, ernst und richterlich!
Durch deine Pforte, blaue Weser, brich,
Und fluthe sanft um deine Buchenhügel!
Die Heerde blöckt, das weiße Segel schwillt,
Auftaucht die Stadt – o so, wie einen Schild,
Zeige den Klägern deinen Wellenspiegel!

Und ihr – geröthet von der Hämmer Gluth,
Als färbte Zornesfeuer eure Fluth;
Umblitzt von Schlacken und geschwärzt von Kohlen! –
Ruhrstrom und Lenne, wild und mit Gebraus
Vernehmt die Rüge! schäumend tretet aus,
Die Schmach zu waschen von Altsachsens Fohlen! –

Dann ihr im Sande! – Springt und wühlt euch durch!
Frisch durch den Schutt der Tempelherrenburg!
Frisch durch der Senne dorniges Gestrüppe! –
Laßt Waffen reden: – an das Ufer werft
Hastatenschwerter, die einst Rom geschärft!
Laßt eure Schädel reden, Ems und Lippe! –

Und nun ihr Berge, steil und laubverkappt! –
Wie ihr voll Trotzes euch gelagert habt
Rings an der Flüsse kiesigen Gestaden;
Wie euch umtönt des Habichts kurzer Schrei,
Wie euch durchbricht des Hirsches braun Geweih:
So kommt und zeugt, und so auch seid geladen!

Nicht ihr allein: – auch was auf euch gebaut! –
Die von den Bergen ihr herniederschaut,
Graustirn'ge Mahner dem Geschlecht im Thale,
In eurer Trümmer moosbewachsner Pracht
Hört meine Stimme schallen durch die Nacht,
Burg und Kapelle, Schloß und Kathedrale!

Und euch auch mein' ich, morsche Bilder ihr!
Sei's unter Harnisch, Helmbusch und Visir,
Sei's mit der Inful und dem Hirtenstabe,
Versehrt vom Regen und vom Wetterstrahl –
Verlaßt des Münsters und der Burg Portal,
Und schreitet her, umkreist von Dohl' und Rabe! –

Wandeln die Steine, mag das Erz auch nahn!
Weithin erglänzt es: – Male ruf' ich an
Der Patrioten und der Volksbefreier!
Das Schwert in Händen und die »Phantasie'n«,
Legt ab eu'r Zeugniß: Möser und Armin!
Du schon erhöht, – du noch im Essenfeuer!

Und du zuletzt, der Alles inne hält:
Wald und Gebirge, Strom und Ackerfeld,
Aus deinen Häusern komm, aus deinen Hütten!
Ob du verdienst des bösen Leumunds Schmach,
Zeig' es dem Stuhle, kräft'ger Menschenschlag,
Einfach von Wesen, schlicht und derb von Sitten!

Laß dich erschau'n, wie du die Hand mir drückst,
Wie an den Heerd du meinen Sessel rückst,
Wie du mich bittest: Iß, als wär's dein eigen!
Wie du der Väter Brauch und Vorgang ehrst,
Wie du den Stahl reckst und die Erndte fährst,
Wie du dich schwingst im lust'gen Schützenreigen!

Ich lad' euch vor, ich lad' euch allesammt!
Die Nacht ist um, die Morgenröthe flammt,
Das Schwert ist nackt, der Schöffenkreis geschlossen!
Er ist *mein Volk*! Er steht und wartet still,
Dem Munde lauschend, der euch richten will,
Baarhäuptig stehn sie, meine Vehmgenossen!« – –

So scholl sein Ruf! Die Ladung ist geschehn! –
Und jetzo harrt er, wo die Linden stehn;
Die Sonne wirft ihr Streiflicht durch die Blätter.
Wohin er schau'n mag, Licht und Leben nur!
Vor ihm des Hellwegs reiche Aehrenflur,
Und über ihm des Lerchenlieds Geschmetter!

Und dort die Mauer, zackig einst umzinnt,
Die Reinold schützt, das kühne Heymonskind,
In die er einzog, eine blut'ge Leiche!
Auf der, ein licht und strahlend Heldenbild,
Er oft erschienen ist mit Schwert und Schild,
Und abgewehrt hat der Belagrer Streiche! –

Die Sage dringt, das Leben auf ihn ein! –
Die er berief, sie nahn in dichten Reih'n;
Durch seine Seele dröhnen ihre Schritte.
Er hört des Fohlens trotzig Hufgepoch;
Die Sonne blitzt – so saß kein Richter noch
Auf diesem Stuhl in der Geladnen Mitte!

Und so denn freudig hegt er sein Gericht!
Den Boden wechselnd, die Gesinnung nicht,
Wählt er die rothe Erde für die gelbe!
Die Palme dorrt, der Wüstenstaub verweht:
An's Herz der Heimath wirft sich der Poet,
Ein Anderer und doch Derselbe!

Das Nibelungenlied

Von Siegfrieden
(um 1200)

Da wuchs im Niederlande eines edeln Königs Kind,
Siegmund hieß sein Vater, die Mutter Siegelind,
In einer mächt'gen Feste, weithin wohlbekannt,
Unten am Rheine, Xanten war sie genannt.

Ich sag' euch von dem Degen, wie so schön er ward.
Er war vor allen Schanden immer wohl bewahrt.
Stark und hohes Namens ward bald der kühne Mann:
Hei! was er großer Ehren auf dieser Erde gewann!

Siegfried war er geheißen der edle Degen gut.
Er erprobte viel der Recken in hochbeherztem Mut.
Seine Stärke führt' ihn in manches fremde Land:
Hei! was er schneller Degen bei den Burgunden fand!

Bevor der kühne Degen voll erwuchs zum Mann,
Da hatt' er solche Wunder mit seiner Hand getan,
Davon man immer wieder singen mag und sagen;
Wir müssen viel verschweigen von ihm in heutigen Tagen.

In seinen besten Zeiten, bei seinen jungen Tagen
Mochte man viel Wunder von Siegfrieden sagen,
Wie Ehr an ihm erblühte und wie schon er war zu schau'n:
Drum dachten sein in Minne viel der weidlichen Frau'n.

Man erzog ihn mit dem Fleiße, wie ihm geziemend war;
Was ihm Zucht und Sitte der eigne Sinn gebar.
Das ward noch eine Zierde für seines Vaters Land,
Daß man zu allen Dingen ihn so recht herrlich fand.

Er war nun so erwachsen, mit an den Hof zu gehn.
Die Leute sahn ihn gerne; viel Frau'n und Mädchen schön
Wünschten wohl, er käme dahin doch immerdar;
Hold waren ihm gar viele, des ward der Degen wohl gewahr.

Selten ohne Hüter man reiten ließ das Kind.
Mit Kleidern hieß ihn zieren seine Mutter Siegelind;
Auch pflegten sein die Weisen, denen Ehre war bekannt:
Drum möcht' er wohl gewinnen so die Leute wie das Land.

Nun war er in der Stärke, daß er wohl Waffen trug:
Wes er dazu bedurfte, des gab man ihm genug.
Schon sann er zu werben um manches schöne Kind;
Die hätten wohl mit Ehren den schönen Siegfried geminnt.

Da ließ sein Vater Siegmund kund tun seinem Lehn,
Mit lieben Freunden woll' er ein Hofgelag begehn.
Da brachte man die Märe in andrer Kön'ge Land.
Den Heimischen und Gästen gab er Ross' und Gewand.

Wen man finden mochte, der nach der Eltern Art
Ritter werden sollte, die edeln Knappen zart
Lud man nach dem Lande zu der Lustbarkeit,
Wo sie das Schwert empfingen mit Siegfried zu gleicher Zeit.

Man mochte Wunder sagen von dem Hofgelag.
Siegmund und Siegelind gewannen an dem Tag
Viel Ehre durch die Gaben, die spendet' ihre Hand:
Drum sah man viel der Fremden zu ihnen reiten in das Land.

Vierhundert Schwertdegen sollten gekleidet sein
Mit dem jungen Könige. Manch schönes Mägdelein
Sah man am Werk geschäftigt: ihm waren alle hold.
Viel edle Steine legten die Frauen da in das Gold,

Die sie mit Borten wollten auf die Kleider nähn
Den jungen stolzen Recken; das mußte so ergehn.
Der Wirt ließ Sitze bauen für manchen kühnen Mann
Zu der Sonnenwende, wo Siegfried Ritters Stand gewann.

Da ging zu einem Münster mancher reiche Knecht
Und viel der edeln Ritter. Die Alten taten recht,
Daß sie den Jungen dienten, wie ihnen war geschehn
Sie hatten Kurzweile und freuten sich, es zu sehn.

Als man da Gott zu Ehren eine Messe sang,
Da hub sich von den Leuten ein gewaltiger Drang,
Da sie zu Rittern wurden dem Ritterbrauch gemäß
Mit also hohen Ehren, so leicht nicht wieder geschäh's.

Sie eilten, wo sie fanden geschirrter Rosse viel.
Da ward in Siegmunds Hofe so laut das Ritterspiel,
Daß man ertosen hörte Pallas und Saal.
Die hochbeherzten Degen begannen fröhlichen Schall.

Von Alten und von Jungen mancher Stoß erklang,
Daß der Schäfte Brechen in die Lüfte drang.
Die Splitter sah man fliegen bis zum Saal hinan.
Die Kurzweile sahen die Frau'n und Männer mit an.

Der Wirt bat es zu lassen. Man zog die Rosse fort;
Wohl sah man auch zerbrochen viel starke Schilde dort
Und viel der edeln Steine auf das Gras gefällt
Von des lichten Schildes Spangen: die hatten Stöße zerschellt.

Da setzten sich die Gäste, wohin man ihnen riet,
Zu Tisch, wo von Ermüdung viel edle Kost sie schied
Und Wein der allerbeste, des man die Fülle trug.
Den Heimischen und Fremden bot man Ehren da genug.

So viel sie Kurzweile gefunden all den Tag,
Das fahrende Gesinde doch keiner Ruhe pflag:
Sie dienten um die Gabe, die man da reichlich fand;
Ihr Lob ward zur Zierde König Siegmunds ganzem Land.

Da ließ der Fürst verleihen Siegfried, dem jungen Mann,
Das Land und die Burgen wie sonst er selbst getan.
Seinen Schwertgenossen gab er mit milder Hand:
So freute sie die Reise, die sie geführt in das Land.

Das Hofgelage währte bis an den siebten Tag.
Sieglind die reiche der alten Sitte pflag:
Daß sie dem Sohn zuliebe verteilte rotes Gold:
Sie konnt' es wohl verdienen, daß ihm die Leute waren hold.

Da war zuletzt kein armer Fahrender mehr im Land.
Ihnen stoben Kleider und Rosse von der Hand,
Als hätten sie zu leben nicht mehr denn einen Tag.
Man sah nie Ingesinde, das so großer Milde pflag.

Mit preiswerten Ehren zerging die Lustbarkeit.
Man hörte wohl die Reichen sagen nach der Zeit,
Daß sie dem Jungen gerne wären untertan;
Das begehrte nicht Siegfried, dieser weidliche Mann.

Solange sie noch lebten, Siegmund und Siegelind,
Wollte nicht Krone tragen der beiden liebes Kind;
Doch wollt er herrlich wenden alle die Gewalt,
Die in den Landen fürchtete der Degen kühn und wohlgestalt.

Ihn durfte niemand schelten: seit er die Waffen nahm,
Pflag er der Ruh nur selten, der Recke lobesam.
Er suchte nur zu streiten und seine starke Hand
Macht' ihn zu allen Zeiten in fremden Reichen wohlbekannt.

Friedrich Engels

Siegfrieds Heimath
(1840)

> Do wuchs in Niderlanden eins richen Küneges kint,
> Sin vater hiez Siegmunt, sin muoter Siglint,
> In einer bürge riche, diu witen was bekant,
> Niden bi dem Rine, diu was ze *Santen* genant.
>
> *Der Nibelunge Not, 20.*

Nicht allein oberhalb Köln sollte der Rhein besucht werden, und namentlich die deutsche Jugend sollte sich nicht dem reisenden John Bull gleichstellen, der sich von Rotterdam bis Köln in der Kajüte des Dampfschiffes langweilt, und erst dann auf's Verdeck steigt, weil hier sein Panorama des Rheins von Köln bis Mainz oder sein Guide for travellors on the Rhine beginnt. Die deutsche Jugend sollte sich einen wenig besuchten Ort zum Wallfahrtsorte wählen, ich meine die Heimath Hürnensiegfrieds, *Xanten.*

Römerstadt, wie Köln, blieb es im Mittelalter klein und äußerlich unbedeutend, [...] aber Xanten hat Siegfried, und Köln nur den heiligen Hanno, und, was ist das Hannolied gegen die Nibelungen!

Ich kam vom Rheine her. Durch enge, verfallene Thore trat ich in die Stadt; schmutzige, enge Gassen führten mich auf den freundlichen Markt, und von dort schritt ich auf ein überbautes Thor in der Mauer zu, die den ehemaligen Klosterhof mit der Kirche umgränzte. Über dem Thore, rechts und links, unter den beiden Thürmchen, standen zwei Basreliefs, unverkennbar zwei Siegfriede, leicht von dem Schutzpatron der Stadt, dem über jeder Hausthüre abgebildeten heiligen Viktor zu unterscheiden. Der Held steht da, im enganschließenden Schuppenpanzer, den Speer in der Hand, auf dem Bilde rechts dem Lindwurm den Speer in den Rachen rennend, links den »starken Zwerg« Alberich niedertretend. Es war mir auffallend, diese Bildwerke in Wilhelm Grimms deutscher Heldensage, wo doch sonst Alles gesammelt ist, was sich auf den Gegenstand bezieht, nicht erwähnt zu finden. Auch sonst erinnere ich mich nicht, von ihnen gelesen zu haben, und doch gehören sie mit zu den wichtigsten Zeugnissen für die örtliche Anknüpfung der Sage im Mittelalter.

Ich durchschritt den hallenden, gothisch gewölbten Thorweg und stand vor der Kirche. Die griechische Baukunst ist helles, heiteres Bewußtseyn, die maurische Trauer, die gothische heilige Ekstase; die griechische Architektur ist lichter, sonniger Tag, die maurische sterndurchflimmerte Dämmerung, die gothische Morgenröthe. Hier vor dieser Kirche empfand ich, wie niemals, die Gewalt des gothischen Baustyls. Nicht zwischen modernen Gebäuden, wie der Kölner Dom, oder gar verbaut mit Häusern, die sich Schwalbennestern gleich daran gehängt haben, wie die Kirchen in den norddeutschen Städten, erregt eine gothische Kathedrale den bewältigendsten Eindruck; sondern nur zwischen waldigen Bergen, wie die Kirche von Altenberg im Bergischen, oder wenigstens getrennt von allem Fremdartigen, Modernen, zwischen Klostermauern und alten Gebäuden, wie der Dom von Xanten. Da erst empfindet man es tief, was ein Jahrhundert vollbringen kann, wenn es sich mit aller seiner Macht auf ein Einziges, Großes wirft. […]

Ich trat in die Kirche; es wurde gerade das Hochamt gehalten. Die Orgeltöne braus'ten vom Chor herunter, eine jubelnde Schaar herzenerobernder Krieger, und jagten durch das hallende Schiff, bis sie sich in den entfernteren Gängen der Kirche verliefen. Und laß auch Du Dein Herz von ihnen bezwingen, Sohn des neunzehnten Jahrhunderts – diese

Klänge haben Stärkere und Wildere gebändigt, denn Du! Sie haben die alten deutschen Götter aus ihren Hainen vertrieben, sie haben die Helden einer großen Zeit über das stürmische Meer, durch die Wüste und ihre niebesiegten Kinder nach Jerusalem geführt, sie sind die Schatten thatendürstender, heißblütiger Jahrhunderte! Dann aber, wenn die Posaunen das Wunder der Transsubstantiation verkünden, wenn der Priester die blitzende Monstranz erhebt und alles Bewußtseyn der Gemeine trunken ist vom Wein der Andacht, dann stürze hinaus, rette Dich, rette Dein Denken aus diesem Meere des Gefühls, das durch die Kirche wogt, und bete draußen zu dem Gott, deß Haus nicht von Menschenhänden gemacht ist, der die Welt durchhaucht und im Geist und in der Wahrheit angebetet seyn will. […]

Ich ging vor die Stadt und bestieg einen Sandberg, die einzige natürliche Erhöhung in weitem Kreise. Das ist der Berg, wo nach der Sage Siegfrieds Burg gestanden hat. Am Eingange eines Fichtenwaldes setzte ich mich nieder und sah auf die Stadt herab. Von allen Seiten durch Dämme umgeben, lag sie in einem Kessel, über dessen Rand sich nur die Kirche majestätisch erhob. Rechts der Rhein, der mit breiten, blinkenden Armen eine grüne Insel umschließt, links die Clevischen Berge in blauer Ferne.

Was ist es, das uns in der Sage von Siegfried so mächtig ergreift? Nicht der Verlauf der Geschichte an sich, nicht der schmählichste Verrath, dem der jugendliche Held unterliegt; es ist die tiefe Bedeutsamkeit, die in seine Person gelegt ist. Siegfried ist der Repräsentant der deutschen Jugend. Wir Alle, die wir ein von den Beschränkungen des Lebens noch ungebändigtes Herz im Busen tragen, wissen, was das sagen will. Wir fühlen Alle denselben Thatendurst, denselben Trotz gegen das Herkommen in uns, der Siegfrieden aus der Burg seines Vaters trieb; das ewige Überlegen, die philiströse

Furcht vor der frischen That ist uns von ganzer Seele zuwider, wir wollen hinaus in die freie Welt, wir wollen die Schranken der Bedächtigkeit umrennen, und ringen um die Krone des Lebens, die That. Für Riesen und Drachen haben die Philister auch gesorgt, namentlich auf dem Gebiete von Kirche und Staat. Aber das Zeitalter ist nicht mehr, man steckt uns in Gefängnisse, Schulen genannt, wo wir statt selber um uns zu schlagen, das Zeitwort: schlagen, so recht zum Spott durch alle Modi und Tempora griechisch durchconjugiren müssen, und wenn man uns aus der Disciplin losläßt, so fallen wir der Göttin des Jahrhunderts, der Polizei, in die Arme. Polizei beim Denken, Polizei beim Sprechen, Polizei beim Gehen, Reiten und Fahren, Pässe, Aufenthaltskarten und Douanenscheine – es schlage der Teufel Riesen und Drachen todt! Nur den Schein der That haben sie uns gelassen, das Rappier statt des Schwertes; und was soll alle Fechterkunst mit dem Rappier, wenn wir sie nicht mit dem Schwerte anwenden dürfen? […]

Doch ich will hinuntergehen an den Rhein und lauschen, was die abendrothumstrahlten Wellen der Muttererde Siegfrieds erzählen von seinem Grabe zu Worms und vom versenkten Horte. Vielleicht daß eine gütige Fee Morgana mir das Schloß Siegfrieds neu erstehen läßt oder mir vorspiegelt, was seinen Söhnen im neunzehnten Jahrhundert für Heldenthaten vorbehalten sind.

Michael Klaus

Schalke 04 – eine Legende
kommt in die Jahre
(1995)

Die Bauerschaft Schalke ist unter den wechselnden Namen
Scadeleke, Scedelike, Schedelicke, Schedelike, Schadelick,
Schalicke und Schaleke seit dem 12. Jahrhundert nachweis-
bar, wobei Schadelike »Siedlung in schädelförmiger Gegend«
bedeutet. Inzwischen ist Schalke ein Stadtteil von Gelsenkirchen und in der Region bekannt als industrieller Ballungsraum. Berühmt aber wurde der Name in ganz Europa allein
durch einen Fußballclub.

Der FC Schalke 04 wurde sechsmal Ruhrbezirksmeister, elf-
mal Westfalenmeister, dreimal Westdeutscher Meister, einmal
Westdeutscher Pokalsieger, siebenmal Deutscher Fußballmei-
ster und zweimal Deutscher Pokalsieger, aber außer bei der
Meisterschaft von 1958 und dem Pokalsieg im Jahre 1972
fanden alle Siegesfeiern schon bis zum Jahre 1942 statt. In
den 80er Jahren bietet die A-Mannschaft nur noch sportliches
Mittelmaß. Wie erklärt es sich aber, daß Schalke als Kassen-
magnet und Presseliebling immer noch mit Vereinen wie
Bayern München oder dem Hamburger Sportverein und ihren aktuellen Deutschen Meisterschaften und den viel höher
zu bewertenden Erfolgen im Europapokal mithalten kann?
    Der Verein wurde von 14- und 15jährigen Jungbergleuten
gegründet, von Spielern, die kein Feld, kein Trikot und
keinen Ball besaßen und sich in keinem Vereinslokal treffen
konnten, weil sie eben minderjährig waren. Lange mußten
sie als »Wilder Verein« spielen, da der »Westdeutsche Spieler-
verband« ihnen die Aufnahme verweigerte. Aufgenommen

wurden sie erst 1915, als viele der anderen Vereine während des Ersten Weltkrieges keine komplette Mannschaft mehr stellen konnten. Warum wurde ausgerechnet dieser zuerst verachtete, dann nur als Notlösung akzeptierte Verein zum bestimmenden Fußballclub der dreißiger Jahre, wo doch die Stars dieser Blütezeit, Fritz Szepan und Ernst Kuzorra, einen Lebenslauf hatten, den so oder ähnlich in dieser Region Tausende besaßen?

Szepans und Kuzorras Eltern wurden um 1890 aus dem Kreis Osterode in Ostpreußen nach Westfalen verschlagen. Fritz Szepan ist in der Grenzstraße, Ernst Kuzorra in der Blumendelle geboren. Szepan war Installateur-Lehrling bei Küppersbusch, Kuzorra arbeitete Untertage am Leseband, war Bremser und Schlepper. Und all die Geschichten, die einen Star zu einem volkstümlichen Star werden lassen, mußte man bei Ernst Kuzorra nicht erfinden, sie waren tatsächlich passiert. Er hat sich zum Fußballspielen aus dem Hause geschlichen und wurde Nationalspieler. Er hat von seiner Mutter eine Ohrfeige gekriegt, weil er einmal zu spät nach Hause gekommen war, und hat geantwortet: »Aber, Mutter, ich hab doch heute abend bei Schalke unterschrieben!« Er hat die Schuhe, mit denen er für Schalke zwei Tore geschossen hat, abends im Stall versteckt, weil sie »im Eimer« waren, und ist deshalb morgens vermöbelt worden. Und weil er ein guter Fußballspieler war, brauchte er nicht schwer zu »malochen«, konnte sich Untertage aufs Ohr legen. Die anderen Kumpel hauten auch seine Kohle raus. »Was der Ernst damals an Kohlen losgemacht hat, das reichte kaum, um ein Pfund Erbsen damit gar zu kochen.«

Kuzorra, 31 Jahre lang Aktiver, war mit der Schwester vom Vereinswirt Gehring verheiratet und Fritz Thelen mit der Schwester von Kuzorra, Szepan mit der anderen Schwester von Kuzorra, Karl Ambriss mit der Schwester von

Szepan und Reinhold Lütterforst mit der Tochter von Papa Unkel. Außerdem waren die Ehefrauen von August Sobotka und Ernst Reckmann Cousinen. Ein einziges Mal in der Geschichte des deutschen Fußballs war die Redewendung vom Verein als einer großen Familie nicht aufgesetzt und nicht abgedroschen, sondern wahr. Und für diese Familie begann die Zeit ihrer größten Erfolge so: Kuzorra trickst einen Nürnberger aus, macht noch ein paar Schritte, legt seine ganze restliche Kraft in den Schuß zum 2:1 und sackt entkräftet zusammen. Der Fußballclub Schalke 04 war nach der Saison 1933/34 zum erstenmal in seiner Geschichte Deutscher Meister. Über die Ankunft der Mannschaft in ihrer Heimatstadt brachten die »Vestischen Neuesten Nachrichten« unter der Überschrift »Das Chaos der Freude« folgenden Bericht:

»Eine Triumphfahrt sondergleichen war die Rückkehr der elf Knappen, die am Sonntag in dem so mitreißenden, bis auf die letzte Sekunde dramatischen Endkampf verdient den Sieg bei der Deutschen Fußballmeisterschaft errungen hatten ... Es ist fast unfaßlich, was sich da an Sportbegeisterung und Fußballfanatismus zuhauf türmte. Stunden vorher standen schon die Menschen an, säumten die Straßen, erzwangen Verkehrsumleitungen und warteten auf ihre Fußballkönige ... Schon auf dem Bahnsteig, als der Eilzug ... mit der Knappenelf einlief, fegte die Sportbegeisterung jede Ordnung weg. Nur zu einem kurzen Händedruck hatte der Oberbürgermeister Böhmer am Abteilfenster Gelegenheit, dann trug man Szepan, Kuzorra und die Meistertrophäe, die ›Viktoria‹, jubelnd hoch über den Köpfen herunter auf den Gelsenkirchener Bahnhofsvorplatz. Hatte bisher ein Aufgebot wie nie zuvor die Ordnung hier mühsam aufrechterhalten können – als das Volk seine Sportlieblinge ... in der Bahnhofstür erscheinen sah, war nichts mehr zu halten. Da halfen drei- und vierfache SA- und SS-Ketten nichts. Da wurde einfach alles an Ordnung und Disziplin überrannt und versank alles in einem grandiosen Chaos von Begeisterung und einer einzigen großen unaufhaltsamen Welle von überströmender Sportfreude, die alles hinwegfegte ... Und wie die großen Triumphatoren zogen die Schalker Knappen durch das ungeheure Spalier einer hunderttausendköpfigen Gefolgschar zum Schalker Markt, wo die große Siegerehrung stattfand ...«

So entstand aus sportlicher Begabung und solidarischem Tauschhandel (»Ich hau die Kohle raus, hol du die Deutsche Meisterschaft«) nicht nur einer der wichtigsten Fußballvereine Deutschlands, sondern auch die besondere, kaum wirklich erklärbare Popularität des FC Schalke 04. Erklärt sie sich durch den sportlichen Erfolg oder durch die besondere soziale Situation im Ballungsraum Gelsenkirchen oder durch das Hochkommen einiger weniger aus der Vielzahl der Namenlosen? So viele Begründungen es für Schalkes besondere Ausstrahlung geben mag, so unglaublich zählebig ist sie bis in die heutige Zeit.

Der Tauschhandel überlebte sich schnell. Die Fußballclubs wurden zu Wirtschaftsunternehmen, die nur bei zumindest ausgeglichener Bilanz existieren konnten. Als die großen sportlichen Erfolge in Schalke ausblieben, wurde unter den Jungen das, was die Alten tatsächlich gelebt hatten, zur Legende. Die versuchte man zu konservieren. Deshalb verpflichtete man ehemalige Spieler als Trainer und machte einen der letzten Meisterschaftsspieler zum Präsidenten. Der ökonomische Aufstieg zum mittelständischen Unternehmen überforderte diesen Vorstand. Einmal war er persönlich darüber enttäuscht, daß Spieler zu einem kapitalkräftigeren Verein wechselten, ein anderes Mal zahlte der Verein selbst so horrende Spielergehälter, daß in anderen Vorstandsetagen über so viel Emotion und so wenig Kalkulation die Köpfe geschüttelt wurden. Die Schulden wuchsen und waren bei gleichbleibendem Geschäftsgebaren der Vereinsführung nicht mehr zu tilgen.

Ende der 70er Jahre entschloß man sich zu einer grundsätzlichen Änderung der Geschäftsführung. Die Legende wurde von der Wirtschaftlichkeit getrennt und der Vorstand mit Juristen und Kaufleuten besetzt, die zu ihrer Unterstützung einen Manager einstellten. Das sportliche Mittelmaß wurde zugunsten einer ausgeglichenen Bilanz in Kauf genommen. So behindert der besondere Ruf oder die Legende des FC Schalke 04 nicht mehr das ökonomische Kalkül, sondern besitzt, jetzt richtig eingesetzt, einen enorm hohen Marktwert. Bayern München oder der HSV sind schon lange gut funktionierende Wirtschaftsunternehmen, bleiben aber auf kontinuierlich gute Leistungen angewiesen und könnten sich nie das kalkulierte Mittelmaß leisten. In Schalke reicht ein Klassespiel, lange Flauten vergessen zu machen. Viele der heutigen Fans, die von den Einwanderern aus Italien, Spanien, Griechenland oder der Türkei befürchten, sie könnten ihnen ihren Arbeitsplatz streitig machen, fühlen sich unbewußt solidarisch mit dem Kampf um den Aufstieg der alten Einwanderer, mit Zajons, Tibulsky, Kalwitzki, Marzinzik, Nischkowski, Butzko, Jaczek, Czerwinski und Przybylski, die immer noch mitzuspielen scheinen, wenn der Gladbecker Präsident und der Dortmunder Manager und der Trainer aus Wien oder aus Hannover den bayerischen Glasbläser, den türkischen Schüler, den jugoslawischen Bürokaufmann und den deutschen Hausbesitzer aufs Spielfeld schicken.

EPILOG

Hans van Ooyen

Vision Metropole Emscherland 2031
Mit dem Ballon vom Phoenix-See
zur Emscher-Insel
(2006)

Der Wind steht günstig für Entdeckungen. Unser Ballon steigt still hinauf in den Himmel über dem Phoenix-See, fängt eine Brise Richtung Westen. Ein Junimorgen mit blauem Himmel – kein Wölkchen steht über Emscherland.

Die Segelboote unter uns schmelzen auf Spielzeuggröße. Im grünen Osten kann ich den Kirchturm von Holzwickede an der Emscher ausmachen. Vom »Johannes-Rau-Airport« erhebt sich die 9-Uhr-Maschine nach New York in die Lüfte. Auf der Phoenix-Promenade zwischen Marina und »Multimedia-Factory« sind Skater, Solarpedos und Spaziergänger unterwegs. Hinter einem Haus im noblen Phoenix-Quartier nutzt eine Frau im gelben Bikini die frühe Stunde für ein Sonnenbad am Pool. Auf den Terrassen der Restaurants werden die Tische für den Ansturm der Sonntagsgäste eingedeckt. Wir bewegen uns Richtung Phoenix-Arkaden mit ihrem »Zentrum für Biosensorik und Mikroelektronik«; seit der Verleihung des Nobelpreises an Mehmet Ünlü geben sich Wissenschaftler aus der ganzen Welt hier die Türklinke in die Hand.

»Hätte nicht gedacht, dass das mal die teuerste Ecke Dortmunds werden würde«, sagt Jurij. Er ist der Pilot unseres Ballons und bietet mit seiner Firma »Magic Heaven« Fahrten über Emscherland an. »Mein Vater hat hier gearbeitet«, erzählt er. »Als Hilfsarbeiter beim Kanalbau.«

2014 war der Emscherkanal fertig. Damit wurden die

Abwässer aus dem Fluss verbannt, und die Emscher konnte wieder das Atmen lernen. Die Betonarmierungen wurden abgebaut, die Ufer wurden aufgeweitet, die Emscher wurde wieder zu einem richtigen Fluss. Auch die Industriekulisse an ihren Ufern verwandelte sich nachhaltig: Das Grün der Auen, das Blau des Flusses und das Rostrot der Industrieanlagen vergangener Zeiten verschmolzen zu den neuen Farben des Reviers zwischen Dortmund und Dinslaken.

Damals kamen Landschaftsplaner, Architekten und Politiker aus der ganzen Welt an die Emscher. Ein regelrechter Know-how-Tourismus entwickelte sich, und am Nordwestufer des Sees entstand das »Kompetenzzentrum Wasser und Industrie« mit seinem interdisziplinären Forschungsinstitut WTC und der Kreativ-Akademie »Waterfront«. Die Umgestaltung des Emschersystems wurde zu einem in der ganzen Welt diskutierten Beispiel für den strukturellen Wandel in Industrieregionen; auch beim 14. Wasser-Gipfel in Mexico-City im vergangenen Jahr haben Experten aus der ganzen Welt sich erneut mit den Erfahrungen des Emscher-Umbaus beschäftigt.

Seit dem letzten Jahr jedoch ist der grüne Gürtel am Fluss gleich hinter dem Phoenix-See wieder unterbrochen. Gerade erreichen wir das riesige Areal vor der historischen Westfalenhalle. Baufirmen haben mit schwerem Gerät tiefe Wunden in die Landschaft geschlagen – es sieht fast aus wie einst beim Braunkohlentagebau in Sachsen. Nur der Westfalenpark und das Naturschutzgebiet Bolmke leuchten als grüne Inseln in der zerklüfteten Mondlandschaft unter uns.

»Darauf seid ihr wohl alle ganz heiß«, stichele ich und zeige über die Baustelle. »Das werden eine Menge Flüge für euch.« »Fahrten«, korrigiert Jurij mich gleich. »Ballone fliegt man nicht.« Dann überzieht ein breites Grinsen sein Gesicht. »Ja«, sagt er, »davon versprechen wir uns eine deutliche

Belebung des Geschäfts.« In seinen Augen kann ich sehen, dass er schon den Gewinn ausrechnet, den die Weltausstellung »EXPO Emscherland – Wasserräume : Wasserträume« ihm im nächsten Jahr einbringen soll.

Es war ein langer Weg zur EXPO 2032: Begonnen hat er 2010 mit der »Kulturhauptstadt Ruhrgebiet«. Damals begriffen viele Lokalpolitiker der Revierstädte, dass das Gebiet zwischen Dinslaken und Dortmund eine einzige Stadt ist, eine Metropole von internationalem Rang. Doch es sollte noch 15 Jahre dauern, bis in der Kommunalkonferenz von Essen 2025 endlich der Beschluss gefasst wurde, die Städte zur Metropole Emscherland zusammenzuführen.

»Mein Vater wollte, dass ich ins Ausland gehe«, erinnert Jurij sich. »Du hast hier keine Chance, hat er gesagt, als Russlanddeutscher wirst du immer Hilfsarbeiter sein.« Jurij blickt prüfend zum Ballon hinauf. »Aber ich wollte nicht gehen. Ich bin geblieben, und jetzt kommen die Leute aus der ganzen Welt hierher, um mir ihr Geld zu bringen.« Wieder lacht er, stellt sich mit ausgestreckten Armen in den Wind. »Gibt es ein schöneres Gefühl als in den Himmel zu greifen?«

So leicht, wie es heute scheinen mag, ist es Jurij nicht gefallen, seinen Weg zu finden. Als er hier ankam, konnte er nur ein paar Brocken Deutsch, und die Ausbildung zum Karosseriebauer hat er nicht geschafft. Getrunken hat er damals viel, auch geprügelt hat er sich oft, einmal hat er sogar wegen Körperverletzung vor Gericht gestanden. Es sah alles danach aus, als sollte der Vater Recht behalten.

Dann aber lernte er Olesja kennen. Die wollte eigentlich nichts mit ihm zu tun haben, hatte gerade das Abitur geschafft und bereitete sich auf ihr Medizinstudium vor. »Sie hat mir klar gesagt, wenn du nicht an dir arbeitest, hast du bei mir keine Chance«, hat Jurij mir einmal beim Kaffee erzählt. Die Liebe, heißt es, sei eine Himmelsmacht – für ihn wurde sie zur treibenden Kraft seines Lebens. »Ich habe mit dem Trinken aufgehört, ich habe Deutsch gepaukt, ich habe jeden Job angenommen, den ich kriegen konnte«, hat Jurij erzählt und mich dabei im Album mit den Hochzeitsfotos blättern lassen. »Ich verdanke ihr mein Leben«, hat er dabei liebevoll gesagt und dann noch: »Außerdem habe ich jetzt eine Ärztin, der ich ganz vertrauen kann.«

In der Ferne entdecke ich die Faultürme der Kläranlage Deusen. Die Rieseneier mit ihren blau-grauen Schalen wirken wie das Gelege eines Urzeitvogels, vielleicht auch wie das Raumschiff außerirdischer Besucher. Zeugnisse der Vergangenheit – Vorboten der Zukunft? Heute jedenfalls bilden sie das nördliche Eingangstor zum »Village«, der Dortmunder Party- und Erlebnismeile im Hafen. Im Osten reicht der Freizeitpark »Fredenbaum« bis an die Kaimauer heran. Gegenüber ziehen die Großraumdiskotheken mit ihren Strandbars an den Wochenenden Zehntausende an, die hier die Nacht zum Tag machen. Dann tanzen dort Industrials und Robots am Strand zwischen brennenden Ölfässern zu dumpfen Rhythmen, und in den Jazzclubs geben sich Stars aus der ganzen Welt ein Stelldichein.

Ein besonderer Anziehungspunkt ist das »Nautilus«, die schwimmende Konzertbühne auf dem Kanal; dort finden während der warmen Monate regelmäßig Open-Air-Konzerte statt, und bei der »Fete ohne Knete« locken bekannte Bands aus der Region regelmäßig viele tausend Besucher an. Überhaupt herrscht im »Village« mediterrane Lebensfreude vor, was sicher auch darauf zurückzuführen ist, dass sich das Klima in den letzten zwanzig Jahren merklich erwärmt hat.

Im »Village« liegt die »Weiße Flotte« vor Anker. Ein paarmal habe ich selbst die Gelegenheit genutzt, mit einem der Schiffe über den Kanal zum Rhein zu fahren – eine muntere

Reise durch den grünen Emscherpark. Bei langsamer Fahrt begegnet man vielen Spaziergängern und Solarpedisten, die die schönen Wege an Kanal und Emscher zur Erholung nutzen. Ein Höhepunkt der Tagesfahrt ist der Urwald bei Oberhausen: Auf einer Industriebrache hat man dort einen Auenwald angelegt, den man seitdem ganz sich selbst überlässt. Das Schiff hält hier für eine Stunde an, damit man das einzigartige Biotop mit den seltenen Vögeln aus nächster Nähe erleben kann.

»Weißt du eigentlich, dass in ›Music-Valley‹ jede Woche ein neues Album produziert wird?« fragt Jurij mich und deutet auf den Gebäudekomplex gleich hinter dem »Village«. Aus kleinen Anfängen zur Zeit der »Kulturhauptstadt Ruhrgebiet« hat »Music-Valley« sich zum Zentrum der europäischen Jazzszene entwickelt – zweitausend Leute arbeiten inzwischen hier daran, den unverwechselbaren Lighthouse-Stil aus Emscherland in alle Welt zu tragen. »Wer weiß das nicht?« frage ich zurück und habe längst ein anderes Ziel meines Interesses ausgemacht.

In der Kokerei »Hansa« wird die industrielle Geschichte der Region lebendig gehalten. Ich entdecke die Museumsbahn, die hier zu ihrer Rundreise zu den Stätten der Industriekultur startet. Zwischen den rostigen Anlagen wuchert das Grün – die Natur holt sich zurück, was ihr in den Jahrzehnten von Kohle und Stahl genommen wurde. Nirgendwo sonst habe ich deutlicher gespürt, wie stark die Kräfte der Natur sind, und bei meinem Besuch dort habe ich auch verstanden, dass die Periode der Schwerindustrie nur ein sehr kurzer Zeitraum unserer Geschichte war. Wandel ist die bestimmende Konstante unseres Lebensraumes.

Das Klärwerk zieht unter uns vorbei, und damit beginnt das Grünland an der Emscher erneut. Der Fluss hat das Betonkorsett von einst verlassen und fließt mäandernd durch

Deusen und Niedernette. Der »Strom der Bäume« begleitet seinen Lauf wie ein zweiter Fluss. Auf der Halde am Gut Königsmühle sind Mountainbiker unterwegs. Im Volksgarten Mengede bietet der Ferienspaß wie in jedem Jahr Spiel und Sport für alle Altersgruppen. Ein besonderer Blickfang ist das Jugendhotel »Riverboat«: Das Haupthaus ist als Mississippi-Dampfer gestaltet, die Gemeinschaftshütten wirken wie eine Flotte von Segelschiffen. Derzeit sind dort die Teilnehmer der Weltmeisterschaften im Roboter-Fußball untergebracht.

»Da«, stößt Jurij mich an, während wir über die Mengeder Heide treiben. »Dort war früher die Stadtgrenze zwischen Dortmund und Castrop.« »Wo?« frage ich zurück, und Jurij deutet auf einen Gebäudekomplex mit vielen Blumenbeeten. »Gleich hier, vor dem Knast«, sagt er. Die Justizvollzugsanstalt »Meisenhof« ist ein Gefängnis für Häftlinge, die auf ein Leben in Freiheit vorbereitet werden sollen. Unmittelbar dahinter beginnt ein ausgedehntes Siedlungsgebiet mit kleinen Häusern und großen Gärten. Die Bergarbeitersiedlungen von einst haben sich herausgeputzt und sind nicht mehr wiederzuerkennen – eine begehrte Adresse für junges Wohnen am Fluss.

Jurij erzählt, dass es zum Ende des Emscher-Umbaus einigen Ärger in Castrop-Rauxel und Recklinghausen gegeben habe. »Früher wollte keiner an der Emscher wohnen«, erinnert er sich. »Dann wurde es mit einem Mal attraktiv, hier zu leben. Da hat es Stunk gegeben.« Vor allem Migrantenfamilien und Arbeitslosen sei damals oft nichts anderes übrig geblieben, als sich anderswo nach bezahlbarem Wohnraum umzusehen. »Da haben sich manchmal anderswo so was wie Ghettos entwickelt«, meint Jurij und fügt noch hinzu: »Beim Emscher-Umbau hat es nicht nur Gewinner gegeben.«

»Was ist das?« unterbreche ich seinen Vortrag, denn ich habe ein imposantes Bauwerk am Fluss entdeckt. »Kennst du den Düker nicht?« fragt Jurij erstaunt zurück. »Wie lange lebst du in Emscherland?« Ich antworte nicht auf seine Frage. Jetzt fällt mir natürlich ein, dass die Emscher am Düker unter dem Kanal hindurch geführt wird, doch es ist wohl zu spät, um mit meinem Wissen zu prahlen. Deshalb sage ich nur kleinlaut: »Von hier oben sieht alles ganz anders aus.« Jurij nickt und lacht, meint dann: »Wer den Düker nicht kennt, hat Emscherland verpennt.«

Das Aktiv-Zentrum am Düker ist ein besonderer Höhepunkt der Region. Disney will in ein paar Jahren hier sein »Waterworld« anlegen und mit sechs Abenteuerwelten Alt und Jung an die Emscher locken. Schon jetzt kann sich das Angebot am Düker sehen lassen: Das Strandbad an der »Alten Fahrt«, einem toten Arm des Rhein-Herne-Kanals, ist an jedem Sonnentag reich bevölkert. Auch die Sportanlagen, das Freiluftkino und das Skiparadies an der Wartburg sind immer gut besucht.

Ein Ort der Besinnung unmittelbar am Fluss hat mich bei meinen Ausflügen ins Emschertal stets besonders angezogen: die »Gärten der Kulturen«. Durch acht Gärten kann man hier flanieren und sich dabei mit Gartenbaukunst aus der ganzen Welt vertraut machen. Ein polnischer Garten ist ebenso vertreten wie ein orientalischer Garten und einer mit mediterranem Flair. Die »Gärten der Kulturen« sind nicht nur Ruhezonen für Erholungssuchende; sie sollen auch das Bewusstsein dafür lebendig halten, dass Emscherland in den letzten zweihundert Jahren immer Einwanderungsland gewesen ist und dass die Region den Menschen aus der Fremde viel verdankt.

Ich schalte meinen Router ein und lasse mir den »Pfad der Kulturen« erklären: Die interkulturellen Gärten wurden gemeinsam mit den Anwohnern entwickelt und zeigen deshalb an jedem Ort ein anderes Gesicht: In Dortmund zum Beispiel hat man die Kleingartenanlagen zum »Gartenland an der Emscher« verbunden. In Herne wurden die Deiche mit in die Gartengestaltung einbezogen und Abenteuerspielplätze mit Deichrutschen, Kletterrohren, Wassertreppen und Irrgärten wurden eingerichtet. Im Essener Norden entstand rund um die Moschee ein türkischer Erlebnisgarten mit Hamam und einem Museum der Migration.

Unser Ballon passiert die Brandheide, ein ausgedehntes Grünland, in dem sich Auenwälder und die Felder der ansässigen Bauern abwechseln. Weil es inzwischen viele Angebote entlang der Emscher gibt, hat sich hier eine fast ungestörte Landschaft entwickeln können. Hierher fahren die meisten Leute nur, wenn sie sich auf den Bauernhöfen mit frischen Waren eindecken oder ihren Kindern das Erlebnis eines Geburtstages auf dem Bauernhof bieten wollen. Wie sich das Leben hier verändern wird, wenn eines Tages »Disney's Waterworld« tatsächlich Einzug halten sollte, kann ich mir allerdings gut ausmalen.

»Unsere Insel!« sagt Jurij mit leuchtenden Augen und deutet auf das Land zwischen Kanal und Emscher. »Früher haben die meisten Leute nicht einmal gewusst, dass sie auf einer Insel leben«, meint er, fügt dann hinzu: »Es waren die Künstler, die uns das klar gemacht haben.«

Ich erinnere mich an ein Kunstwerk unter dem Namen »Mährenfurt«. Zu Beginn des Emscher-Umbaus hat ein Künstler mit Kindern und Jugendlichen am Pöppinghauser Bogen eine Brücke aus Phantasiepferden gebaut. Damit wollte er nicht nur an die ausgestorbenen Wildpferde im Emscherbruch erinnern, sondern eine symbolische Brücke zwischen den Menschen an beiden Ufern schlagen.

Viel ist damals in Gang gekommen: Zuerst wurde nur über

das Kunstwerk geredet, später über das Leben am Fluss, schließlich über die Möglichkeiten der Anrainer, die Veränderungen mit zu gestalten. In diesem Dialog lernte auch die Emschergenossenschaft hinzu – vor allem, dass man ein solches Jahrhundertprojekt nicht ohne die Menschen vom Fluss verwirklichen kann.

Mehr und mehr rückte in der Diskussion über die Zukunft des Emschertals die Insel selbst in den Fokus. Künstler aus Emscherland richteten im ehemaligen Stadthafen Recklinghausen ihre Ateliers ein und zogen ein paar Jahre später Kulturschaffende aus ganz Europa nach. Auf dem Gelände einer alten Kläranlage gegenüber dem Museum »Strom und Leben« entstand das »Erlebniszentrum Emscher-Insel« mit seinem unterirdischen Restaurant »Die Röhre« und dem Aktivraum »Emscherklang«. Auf den alten Gewerbeflächen siedelten sich Dienstleistungsunternehmen, Kultureinrichtungen und Betriebe der Medienbranche an. Bald war es schick, sich eine Wohnung auf der grünen Emscher-Insel zu leisten und die Nähe zum Fluss zu genießen. Die Insel wurde zur angesagten Adresse für Leute, die mit Kunst und Kultur ihr Geld verdienen – ein Zentrum der Kreativität im Herzen der Metropole Emschertal.

»Wir Insulaner sind ein ganz besonderes Völkchen«, meint Jurij stolz, während er unseren Ballon auf die Landung vorbereitet.

Ich sage nichts, blicke nur schweigend über Emscherland und habe wieder einmal das Gefühl, dass ich in einem außergewöhnlichen Stück Deutschland zu Hause bin.

ANHANG

Nachwort

»Das Ruhrgebiet ist noch nicht entdeckt worden«, schrieb vor gut einem halben Jahrhundert Heinrich Böll. Ein erstaunlicher, ja provokanter Satz – mit dem sich Böll, der gebürtige Kölner, im Ruhrgebiet alles andere als beliebt machte. Wer will schon gern eine Region bewohnen, die im Rest der Welt als *terra incognita* gilt? Und worin lag für Böll das Unbekannte, Unentdeckte am Ruhrgebiet?

Bölls Beschäftigung mit dem Land an Rhein und Ruhr, an Lippe und Emscher – ihr Ergebnis war der Text-Bild-Band ›Im Ruhrgebiet‹, 1958, gemeinsam mit dem Fotografen Chargesheimer publiziert – hatte für den Autor durchaus persönliche Bedeutung. Der Sohn eines aus Essen stammenden Schreiners und Holzbildhauers lernte hier die Natur- und Industrielandschaft, das soziale Milieu und die Alltagskultur kennen, in die sich die einstige, frühe Lebenswelt seines Vaters gewandelt hatte. Bölls Auseinandersetzung mit dem Ruhrgebiet lässt sich als eine Art Selbstbegegnung verstehen: eine Begegnung mit der Vergangenheit der Elterngeneration, mit der eigenen Herkunft, eine Bewusstwerdung der vom Vater an den Sohn weitergegebenen Prägungen.

Als Modell und jenseits des biografischen Einzelfalls genommen, ist Bölls Unternehmen einer Entdeckung des Ruhrgebiets noch heute aktuell. Im Bewusstsein des deutschen Lesepublikums bildet das Ruhrgebiet oft genug einen weißen und wohl auch blinden Fleck: Das »Revier«, der »Kohlenpott«, der »Pütt« und seine literarische Wahrnehmung und Spiegelung sind etwas Abgetrenntes, etwas Verschüttetes, das zu entdecken und freizulegen auf Widerstände stößt. »Was lange Zeit für das Revier selbst galt, gilt noch mehr für seine Literaturlandschaft: Terra incognita – zwischen Industrie und Heimat«, meinte im Jahr 2000 Dirk Hallenberger, ein Kenner der Literaturgeschichte des Ruhrgebiets.

Woher die Widerstände? Hässlich, dreckig, uninteressant lauten die Vorurteile gegenüber dem Revier – dabei ist das Ruhrgebiet sicherlich nicht abstoßender, schmutziger und langweiliger als mancher Stadtbezirk Berlins. Man muss weiter zurück, tiefer in der Vergangenheit graben, um Abneigung und Vermeidung zu verstehen: Die Geschichte des Ruhrgebiets ist eine deutsche Geschichte, und die Begegnung mit ihr und ihren Folgen ist nicht immer angenehm. Hierfür drei Beispiele.

Das Ruhrgebiet und die Kultur, genauer: das Ruhrgebiet und die vom Bildungsbürgertum getragene Kultur. An ihrer Pflege und Entwicklung hatten im 19. und frühen 20. Jahrhundert die Universitäten mit ihrem akademischen Leben entscheidenden Anteil. Die einzige im Ruhrgebiet bestehende Universität, gegründet 1655 in Duisburg, wurde 1818 durch Friedrich Wilhelm III. geschlossen. Bis ins Jahr 1965, dem Eröffnungsjahr der Ruhr-Universität Bochum, war einer der größten Ballungs- und Industrieräume Europas ohne eigene Universität. So konnte im Ruhrgebiet keine bildungsbürgerliche Kulturlandschaft wachsen. Erst spät und sparsam, gegen Ende des 19. und zu Beginn des 20. Jahrhunderts, erhielt das Land an Rhein und Ruhr Konzerthallen, Theater, Museen; nur das seit 1543 bestehende Archigymnasium Dortmund (heute Stadtgymnasium), eine der ältesten Schulen Deutschlands, verbürgte eine gewisse kulturelle Kontinuität durch die Jahrhunderte. Das Ruhrgebiet war keine Region, in der Bildung, Wissenschaft und Kunst gepflegt wurden, hier gab es keinen Nährboden für eine »schöne Literatur«, und dieser Mangel durch fast anderthalb Jahrhunderte hindurch haftet der Region an – noch immer. Dem Ruhrgebiet gegenüber verbindet sich im deutschen kulturellen Gedächtnis ein ausgeprägtes Desinteresse mit unverblümter Arroganz.

Das Ruhrgebiet und der Krieg, vor allem der letzte und größte, der Zweite Weltkrieg – die Region hat den zweifelhaften Ruhm, Deutschlands »Waffenschmiede« gewesen zu sein. Hierfür steht der Name Krupp. 1811 gründete Friedrich Krupp in Essen eine »Gußstahlfabrik«; aus ihr entwickelte sich ein Montanindustrie-Imperium, das zeitweilig zum größten Industrieunternehmen Europas wurde. Mehr als ein Jahrhundert nach der Firmengründung, 1933, nahm Gustav Krupp von Bohlen und Halbach an einem Geheimtreffen der Großindustriellen des Ruhrgebiets mit Hitler teil. Der NSDAP wurden bei diesem Treffen insgesamt 300 Millionen Reichsmark zugesagt – die Großindustrie wiederum, darunter die Krupp AG, war Hitler für die nationalsozialistische Rüstungspolitik dankbar. Hitler hämmerte den Namen Krupp ins deutsche Bewusstsein: Der »deutsche Junge der Zukunft« müsse – so in einer Reichsparteitagsrede von 1935 – »hart wie Kruppstahl« sein (als geflügeltes Wort hat der Vergleich, leider, bis heute überlebt). Die ökonomische und politische Geschichte des Ruhrgebiets verzeichnet seit der industriellen Revolution im 19. Jahrhundert viele dunkle Kapitel; und eine Literatur, die diese Kapitel dokumentiert oder im Nachhinein aufdeckt, rührt an Verdrängtes oder zumindest gern Beiseitegeschobenes. Das Ruhrgebiet bildet einen Teil des schlechten Gewissens der deutschen Nation, auch und gerade der Kulturnation.

Schließlich: das Ruhrgebiet und die Krise. Die wirtschaftliche Erfolgsgeschichte des Reviers erreichte 1956 ihren Höhepunkt: Fast eine halbe Million Kumpel arbeiteten im Bergbau, die Steinkohleförderung betrug annähernd 125 Millionen Tonnen. In den Jahren 1957/58 aber kam es zur sogenannten Kohlekrise, die sich zu einer Dauerkrise auswuchs.

Das große Zechensterben begann, und eine jahrzehntelange Entwicklung wurde eingeleitet, die mit der Bezeichnung »Strukturwandel« vornehm umschrieben ist. Kein plötzlicher Umbruch, sondern die allmähliche, oft äußerst schmerzhaft empfundene Umstellung der Lebensgrundlagen im größten zusammenhängenden Wirtschaftsraum Europas ist damit gemeint – eine gewaltige gesellschaftliche Anstrengung. Unausweichlich die Tristesse, die mit der Umstellung verbunden war: Industriebrachen mit stillgelegten Anlagen, alte Sozialstrukturen in Auflösung, der Niedergang alltagskultureller Traditionen. Die Literatur des Ruhrgebiets reflektiert solche und andere Aspekte der Krise und des Wandels, sie benennt beispielhaft Probleme, die sich einer zunehmenden Zahl von Menschen auch außerhalb des Reviers stellen – Situationen und Lebenslagen, die beunruhigend, ja bedrohlich sind.

Das Ruhrgebiet und die Kultur – der Krieg – die Krise: Nähert man sich der Gegenwart, so ist bemerkenswert, dass es letztlich die ökonomische Krise und der durch sie erzwungene »Strukturwandel« waren, die das Ruhrgebiet in jenen Kulturraum verwandelt haben, als den man es heute kennt. Denn seit Beginn der 1960er Jahre entsteht, zunächst langsam, dann immer schneller, hier etwas in der Tat Neues: Das Ruhrgebiet beginnt sich umzugestalten von einer Region, in der vor allem »malocht« wird, zu einer, in der auch kulturelle Arbeit zählt. Dabei wird Kultur nicht von außen implantiert, sondern entwickelt sich gemäß den Besonderheiten, die das Ruhrgebiet von jeher ausgezeichnet haben. Dies lässt sich ablesen, zum Beispiel, am Gang der regionalen Literaturgeschichte. Die Literatur des Ruhrgebiets entfaltet Außenwirkung; und zwar wie nie zuvor:

1961 bildet sich, zunächst unter dem eher schwerfälligen Namen »Arbeitskreis für künstlerische Auseinandersetzung mit der industriellen Arbeitswelt«, die »Dortmunder Gruppe 61«, der Autoren wie Josef Reding, Max von der Grün und Günter Wallraff angehören. 1970 spaltet sich von dieser Gruppe der »Werkkreis Literatur der Arbeitswelt« ab, der in Bochum, Oberhausen, Recklinghausen und in anderen Städten des Ruhrgebiets seine »Werkstätten« unterhält. Einige Autoren der Gruppe 61 und des Werkkreises – darunter die schon genannten, aber auch Erika Runge mit ihrem Buch ›Bottroper Protokolle‹, 1968 – haben die deutsche Literatur der 1960er und 1970er Jahre maßgeblich beeinflusst; nicht allein durch ihre Themen (Alltag, Erwerbsleben, Industriewelt) und die Form ihrer Texte (Reportage, Bericht, dokumentarische Literatur), sondern auch durch eine Schärfung des gesellschaftskritischen Blicks.

Seit den 1980er Jahren differenziert sich die literarische Szene des Ruhrgebiets zunehmend. Neben älteren Autoren mit einem ausgeprägt regional- und kulturpolitischen Bewusstsein – etwa Jürgen Lodemann, der die gesprochene Sprache der Region literarisch vermittelt wie in ›Essen, Viehofer Platz oder Die letzte Revolution‹, 1985 – beginnt sich eine jüngere Generation zu etablieren, die das Ruhrgebiet oft autobiografisch aus der Retrospektive betrachtet. Zu ihr gehören, stellvertretend für viele, Ralf Rothmann mit seinen Ruhrgebietsromanen seit ›Stier‹, 1991, und Marion Poschmann, die in ihren ›Schwarzweißroman‹, 2005, episodenhaft einen Rückblick einfügt. Mit den Texten der 1990er und der folgenden Jahre – seien sie erzählend, poetisch, reflektierend oder experimentell – gewinnt die Literatur des Ruhrgebiets als Literatur aus der Region und/oder über die Region eine Lebendigkeit und Vielschichtigkeit, die sie mit eigenem Profil den Texten älterer Literaturlandschaften zur Seite stellt; dann jedenfalls, wenn man bereit ist, die literarische Szene an Rhein und Ruhr ohne vorschnelles Urteil auf sich wirken zu lassen.

Wenn Literatur immer auch eine Selbstbegegnung meint –
eine Auseinandersetzung des Autors mit seinem Gegenstand,
darin mit sich selbst, und das Angebot an die Leser, eigene
Erfahrungen, Einstellungen und Erwartungen zu reflektie-
ren –, dann sind es wohl gerade die jüngeren, autobiografisch
geprägten Texte über das Ruhrgebiet, die die Region über-
regional interessant machen: Vergangenheit verbindet sich
hier mit Gegenwart und lässt die Möglichkeiten der Zukunft
erkennen.

Gregor Gumpert

Herausgeber und Lektorat danken Dr. Jan-Christoph Hau-
schild, Bochum, und Holger Wolandt, Stockholm, für wert-
volle Hinweise.

Inhalts- und Quellenverzeichnis

Die mit * gekennzeichneten Titel sind von den Herausgebern gewählt.

Jürgen Lodemann
Siegfried und Krimhild
Die Nibelungen
Mit einem Nachwort des Autors
ISBN 978-3-423-**13359**-3

Mit diesem Roman schuf der Autor Jürgen Lodemann eine neue Version
des altbekannten Stoffes um das Geschlecht der Nibelungen, der die
Menschen seit mehr als 1500 Jahren fasziniert.
Es beginnt wie immer mit der Ankunft des Recken Siegfried auf der
Rheinburg Worms und endet mit Krimhilds Rache an Etzels Hof. Dazwischen jedoch erzählt der Autor die Nibelungensaga ganz anders:
Er gibt sich als Übersetzer einer bislang verschollenen Chronik aus dem
späten 5. Jahrhundert aus. Dieser Kunstgriff gibt ihm Gelegenheit, den
vermeintlich historischen Text mit vielen gelehrten Anmerkungen zu versehen, die – farblich abgesetzt – direkt in den Fließtext eingewoben und
dem Leser so unmittelbar präsent sind.

Bitte besuchen Sie uns im Internet: www.dtv.de

»Ein Sachbuch, das sich liest wie ein Familienroman.«
Hannoversche Allgemeine

Diana Maria Friz
Margarethe Krupp
Das Leben meiner Urgroßmutter
Mit 122 Abbildungen
ISBN 978-3-423-**24703**-0

Als Friedrich Alfred Krupp im November 1902 überraschend stirbt, ist seine Frau Margarethe zunächst fassungslos. Dieser Tod trifft die Familie und das Unternehmen zum Zeitpunkt eines gewaltigen Skandals: Man wirft Krupp vor, auf Capri homosexuellen Umgang gehabt zu haben – zur damaligen Zeit die denkbar größte Schande. Margarethe muss nun dafür sorgen, dass weder ihre halbwüchsigen Töchter noch die Firma Krupp Schaden nehmen.

Auf der Basis zahlreicher, bisher unveröffentlichter Briefe und Dokumente, illustriert mit vielen Privatfotos aus dem Familienarchiv erzählt die Urenkelin Diana Maria Friz die Geschichte dieser außergewöhnlichen Frau, die nach ihrer Heirat mit dem Erben des Krupp-Konzerns die Leitung des feudalen Haushalts in der Villa Hügel in Essen übernimmt und nach dem Tod ihres Mannes den Konzern führt.

»Geld allein macht nicht glücklich – diese Binsenweisheit bestätigt
sich in der Biografie einer der reichsten Frauen der Welt zu
Beginn des vergangenen Jahrhunderts ... ihrer Urenkelin ist ein
faszinierendes Buch über eine resolute Persönlichkeit gelungen.«
Badisches Tagblatt

»Das Leben eines Mädchens aus altem, eher unvermögendem
preußischem Adel, dessen Schicksal es sein wird, den reichsten
Junggesellen des Landes zu ehelichen. Was eine Kitsch-Story
sein könnte, war in Wahrheit anders ... Es ist interessant
zu lesen, ... wie prosaisch das Leben an der Seite des großen
Kauzes Friedrich Alfred Krupp ablief.«
Neue Ruhr Zeitung

Bitte besuchen Sie uns im Internet: www.dtv.de